Adriana Meluk Orozco
Compiladora

Olga Bechara - Miriam Jacobson
Adriana Meluk Orozco - Leticia Villagómez
Eugenia Valdés

TERRITORIOS PSICOSOMÁTICOS

Recorriendo diferentes senderos

Ricardo Vergara
Ediciones

Olga Bechara - Miriam Jacobson
Adriana Meluk Orozco - Leticia Villagómez
Eugenia Valdés
Territorios psicosomáticos : recorriendo diferentes senderos . - 1a ed. - Ciudad Autónoma de Buenos Aires : RV Ediciones, 2025.
384 p. ; 23 x 15 cm.
ISBN 978-987-8984-67-4

1. Psicoanálisis. 2. Enfermedades Psicosomáticas. I. Título.
CDD 150.195

Coordinación de Producción y Edición: Ricardo Vergara
Te: 54911-6-231-2760
email: edicionesvergara@gmail.com
Facebook: Ediciones Ricardo Vergara
www.edicionesvergara.com.ar
@ediciones.vergara
Buenos Aires, República Argentina

Ilustraciones: Estefanía Martilla Meluk
@melukestefania

Queda hecho el depósito que marca la ley 11.723
Impreso en Argentina - Printed in Argentina
Noviembre 2025
Imprenta Dorrego, Av. Dorrego 1102
Buenos Aires, Argentina

Índice

Inmensa gratitud

"Dedico este libro a Dios y a mis padres que me entregaron todas las fuerzas para vivir.
A mi padre por su amor incondicional y a mi madre quien me entrego su fuerza y tenacidad.
A mi querido marido quien ha sido mi compañero incondicional toda una vida.
A mis queridas hijas: Paulina, Estefanía, Constanza y Rocío por su paciencia y comprensión en los desafíos que he emprendido y a Adriana Meluk quien sin su empeño y empuje este libro no hubiera nacido"

Eugenia Valdés Salas

"Gracias papá y mamá por amarme, cuidarme, apoyarme y acompañarme a ser yo.
Gracias Félix, por ser el amor de mi vida, mi amigo y mi cómplice, mi compañero de camino.
Gracias, amigas del corazón por ser hermanas, fuente de sabiduría y comprensión.
Gracias, colegas del grupo de psicosomática por su sabiduría, por ser amigas y cómplices de esta aventura"

Adriana Meluk Orozco

"Este libro se lo dedico a mis padres e hijos: Juan Martín e Ignacio Agustín porque siempre estuvieron a mi lado. A mis amigas del corazón y a las integrantes del grupo de psicosomática de FEPAL que me han ayudado a ser mejor persona y psicoanalista"

Olga Bechara Moscardi

"Mis agradecimientos a mi esposo, hijos y nietos por su afecto y paciencia. A mis maestros y mentores; Elsa Aisemberg y Javier Alarcón.
A la Asociación Psicoanalítica de Asunción. A la Federación Psicoanalítica de América Latina. A las colegas del grupo de Psicosomática por ser fuente nutricia y estímulo permanente para la investigación"

Miriam Jacobson Ihlenfeld

"Con todo mi amor a mis hijos: Anayansi, Yosua y Daniel, a mi nieta Irán.
Enorme gratitud y cariño a mis queridas amiga y colegas del grupo de psicosomática de FEPAL: Adriana, Miriam, Olga y Eugenia"

Leticia Villagomez Tovar

Nuestra gratitud infinita a todos los pacientes que nos han enseñado tanto y nos han permitido crecer a su lado.

Historia del grupo de trabajo y estudio de psicosomática FEPAL

En el año 2013 en el Congreso Internacional de Psicoanálisis en la ciudad de Praga, un grupo de varios analistas de distintas partes del mundo (Colombia, México, y Argentina) se reunieron de manera informal para hablar de su interés por compartir conocimientos y trabajo en el área de la psicosomática. En ese primer momento Adriana Meluk Orozco (Sociedad Colombiana de Psicoanálisis y miembro invitado APM de Madrid) junto a Leticia Villagómez Tovar (Sociedad Freudiana de la Ciudad de Mexico), dejan planteada la necesidad de iniciar en Latinoamérica una formación especializada en Psicosomática, considerando que era un tema de relevante interés y que atravesaba de forma significativa el trabajo que como analistas realizaban.

Quedan en que, al regresar a sus lugares de origen, van a retomar la idea y ver la posibilidad de iniciar un grupo de estudio, trabajo y discusión por vía telemática.

Durante ese año se mantuvo comunicación por correspondencia y se acordó iniciar la lectura de algunos textos de D. Winnicott, P. Marty, A. Garma, A. Green, J. Mc Dougall y C. Smadja (entre otros) para tener una idea general sobre el tema y se señaló la importancia de retomar la lectura de los trabajos de Freud sobre la histeria, las neurosis actuales y de destino, los procesos de somatización e hipocondría. Les pareció significativo estudiar en general las referencias al cuerpo, soma, pulsiones entre otros conceptos.

Adriana Meluk Orozco, quien ya había realizado un Máster de psicosomática Psicoanalítica, decide empezar su formación con SEPIA (Sociedad de Estudios Psicosomáticos Iberoamericana) junto a los analistas, José María Franco, Francisco Javier Alarcón y Mikel Zubiri, buscado una formación específica en el tema que favoreciera a futuro la formación en América.

En julio del año 2015, en el Congreso de IPA en Boston, se decide que ya era hora de convocar un grupo de trabajo formal con el propósito de iniciar el estudio de casos clínicos e ir apoyándo los mismos con la comprensión teórica. Se asiste a las ponencias específicas del área de psicosomática y se empieza a proponer a diferentes analistas el que se vinculen al grupo de estudio.

En enero 2016 la Dra. Leticia Villagómez Tovar, quien ha dedicado más de 20 años al trabajo en el área de la psicosomática en México, da forma al primer grupo a través de Skype con el propósito de iniciar estudios en el área y empezar a escribir un trabajo conjunto.

Se vinculan a ese proyecto las analistas:

- Leticia Villagómez, Sociedad Freudiana de la Ciudad de México (SFCM)
- Adriana Meluk, Sociedad Colombiana de Psicoanálisis (SOCOLPSI) y miembro invitado de la Asociación Psicoanalítica de Madrid (APM)
- Miriam Jacobson, Asociación Psicoanalítica de Asunción, Paraguay (APU)
- Silvia Ortega, Sociedad Freudiana de la Ciudad de México (SFCM)
- Norma Slepoy, Asociación Psicoanalítica de Buenos Aires (APA)
- Mabel Alicia Marcinavicius, Asociación Psicoanalítica de Buenos Aires (APA).

Fruto del trabajo sostenido durante ese año, se revisan diferentes conceptos, temas y se propone la asistencia al XXXI: Congreso Latinoamericano de Psicoanálisis que tenía por tema

"Cuerpo" (FEPAL, septiembre del 2016 en Cartagena de Indias, Colombia) donde se presenta un panel sobre: *Cuerpo y sujeto.*

Después de este enriquecedor encuentro, se acuerda seguir los encuentros periódicamente vía telemática para seguir trabajando y escribiendo artículos, producto de las discusiones y debates. Se pretende poder seguir difundiendo el conocimiento en Psicosomática y favoreciendo su investigación.

Varios de los miembros que participaron en este panel posteriormente manifestaron la dificultad para seguir la asistencia al grupo de estudio. Se mantienen las analistas Meluk, Villagómez y Jacobson.

Meluk y Villagómez se encuentran en la Ciudad de México en el año 2017 para asistir al encuentro Latinoamericano del pensamiento de D. W. Winnicott donde se presenta un trabajo sobre cuerpo y trauma. Desean seguir nutriéndose del pensamiento de este autor en lo relativo a la psicosomática. Allí deciden iniciar la elaboración de un trabajo para el encuentro de FEPAL en Lima del 2018 y presentar formalmente a la federación el proyecto de creación oficial del grupo de psicosomática.

Las participantes presentan diferentes casos clínicos de pacientes graves a nivel físico y como los podían comprender en su funcionamiento mental. Se estudian en profundidad los trabajos pre publicados de dicho congreso. (Transformaciones y construcciones) y se decide con los casos clínicos presentados, escoger el caso de la Dra. Villagómez sobre una paciente con importantes dificultades físicas. Se envió la propuesta para un panel en el congreso de FEPAL 2018 con el tema: *Transformaciones y construcciones en el encuentro analista- analizando en la clínica de lo psicosomático: Un sueño transformador en el análisis de Sofía.*

Dicho panel fue aceptado y presentado durante el congreso, siendo de nuevo una experiencia muy gratificante y donde se aprueba formalmente por FEPAL el grupo de trabajos y estudio de psicosomática a nivel Latinoamericano.

En los siguientes siete años se ha continuado trabajando arduamente en la visibilización de la psicosomática en América Latina y el mundo, incentivando los espacios en las diferentes sociedades y manteniendo la investigación, capacitación y producción científica en esta área.

Este libro es el resultado de los trabajos hechos por el grupo y sus miembros en todos estos años y reúne el pensamiento y actividad como psicoanalistas psicosomatólogas.

Ha sido una marca identitaria del grupo el trabajo alrededor de la clínica como base del trabajo y posteriores elaboraciones teóricas, que soportan su pensamiento e intervenciones.

En esta clínica una brújula ha sido el respeto y manejo ético de cada paciente, es por ello que se ha contado con su autorización para compartir un trozo de su historia y se han cambiado datos, no relevantes al caso, pero sí a la guardia y custodia de datos personales según las leyes de protección de la información, y sobre todo al cuidado que como analistas tenemos por ellos.

Las autoras

Adriana Meluk Orozco

-Lic. en psicología Pontificia Universidad Javeriana. Psicoanalista titular de la Sociedad Colombiana de Psicoanálisis (SOCOLPSI) y miembro invitado de la Asociación psicoanalítica de Madrid (APM).
-Máster en psicología psicosomática /Máster en Trastornos de la conducta alimentaria/Especialista en duelo y tanatología.
-Psicosomátologa y miembro titular con funciones docente de la Sociedad de estudios psicosomáticos Iberoamericana (SEPIA)
-Miembro de la AIPPM (Asociación Internacional de psicosomática Pierre Marty (París).
-Miembro y fundadora del grupo de psicosomática de FEPAL (Coordinadora). Miembro IPA Y FEPAL.

Leticia Villagómez Tovar

-Dra. en psicología. Miembro titular con función didáctica de la Sociedad Freudiana psicoanalítica de México (SFPM).
-Presidente Sociedad Freudiana de la ciudad de México (SFCM).
-Psicosomátologa en formación (Sociedad de estudios psicosomáticos Iberoamericana) SEPIA. Miembro IPA Y FEPAL.
-Miembro grupo de psicosomática FEPAL (Fundadora y Co-coordinadora).

Olga Bechara Moscardi

-Lic. en psicología, Psicoanalista con función didáctica Sociedad Psicoanalítica de Mendoza (Argentina).
-Directora y miembro docente del instituto Sociedad psicoanalítica de Mendoza (Argentina).
-Psicosomátologa en formación (Sociedad de estudios psicosomáticos Iberoamericana) SEPIA.
-Miembro grupo de psicosomática FEPAL (secretaria).

Eugenia Valdés Salas

-Psicoanalista de adultos de la Asociación Psicoanalítica Chilena (APCH).
-Psicoanalista de niños y adolescentes (APCH).
-Miembro de ALOBB (Asociación Latinoamericana de Observación de bebes).
-Miembro grupo de psicosomática FEPAL (Vocal).
-Psicosomátologo en formación (Sociedad de estudios psicosomáticos Iberoamericana) SEPIA. Miembro IPA Y FEPAL

Miriam Jacobson Ihlenfeld

-Lic. en psicología. Miembro fundador titular con función didáctica de la Asociación Psicoanalítica de Asunción (Paraguay) ApdeA.
-Psicosomátologo en formación (Sociedad de estudios psicosomáticos Iberoamericana) SEPIA.
-Miembro grupo de psicosomática FEPAL (Fundadora y vocal)
-Miembro IPA Y FEPAL

Acerca de la exposición de pintura en el libro

En psicosomática muchas de las experiencias están el territorio de lo sensoperceptivo. Estefanía logra captar esa esencia, aquello que está lejos de las narraciones verbales para adentrarnos en el mundo de las imágenes, de fragmentos de psiquismo, de trozos de piel y carne que reclaman ser ligados, atravesados de pasiones.

Hemos querido acompañar los textos de este libro con una exposición de arte, donde lo dicho, se completa con lo actuado y sentido.

Estefanía Mantilla Meluk

Diseñadora gráfica publicitaria colombiana, egresada del Instituto Técnico Incap (2010). Dibujante artística, egresada de la Academia de Artes Guerrero (2019). Estudió Publicidad en la Universidad Central de Colombia (2003).

Desde sus primeros años de vida, ha demostrado su profundo amor por el arte y su historia. Sus aptitudes artísticas le han permitido plasmar la esencia de la figura humana y los objetos, de la mano de la libre creación de nuevos conceptos, como el arte antiestético, que permea su obra.

Su pasión por los temas psicoanalíticos gracias a varios de sus familiares y su propia historia corporal y vital, son plasmadas en esta obra: **Sensotismo corporal.**

Bienvenidos a esta exposición de palabras e imágenes.

Prólogo I
por Karina Soldati

Territorios psicosomáticos es un libro que resulta del trabajo y la puesta en común del pensamiento de 5 mujeres psicoanalistas, latinoamericanas, que se reunieron para pensar los procesos de somatización. Todas atravesadas profundamente por su formación freudiana dentro de la IPA, buscan dar cuenta de este fenómeno que acampa fuera de las fronteras de lo simbólico. Para ello, necesitaron deambular en este terreno que inquieta la práctica actual del psicoanálisis y reconocer en las producciones de sus pacientes los vestigios de afectos, rudimentos relacionales que no pudieron encontrar forma, para permitirles desarrollarse en el presente de la relación terapéutica con el analista. Ellas dan cuentan en sus artículos sobre los *diferentes senderos que fueron recorriendo.*

En esta búsqueda, en esta investigación, las vemos sentir en sus propios cuerpos aquello que está negativizado en el paciente, las vemos olerlo, captar movimientos afectivos manifestados en un gesto, las vemos angustiarse, tener insomnio, verse asaltadas por imágenes que surgen del vínculo terapéutico. En íntima identificación sensoriomotora con sus pacientes, usan sus propios cuerpos para identificar aquello que no puede ser figurado, representado ni nombrado de sus conflictos, de sus duelos, de sus historias, de las historias de sus antepasados que están impidiendo el libre fluir representacional y afectivo. Emociones y sensaciones que, sin embargo, se están manifestando en un lenguaje primitivo, más cercano al utilizado en los primeros años de vida a través del comportamiento y la sensorialidad.

Este tipo de lenguaje es privado y no aparece en la libre asociación. Demanda de una atención particular, de una actitud especial del analista, que se acerca a la *preocupación maternal primaria* de la que habla Winnicott al referirse al estado mental particular que atraviesa la madre en el período alrededor del nacimiento del bebé, y que Marty conceptualiza como la *función materna del analista.* Esta identificación extrema y transitoria, aparece por momentos en los casos que nos presentan nuestras autoras, y les permite identificar estos vestigios anteriores a la época de la palabra para, a través del vínculo terapéutico, ir integrándolos al tejido representacional y simbólico.

Los marcos teóricos de las autoras difieren, aunque todas están de acuerdo sobre un hecho: el síntoma somático no está expresando un sentido inconsciente a descifrar, sino que testimonia de una dificultad a simbolizar, que deja energía liberada que resulta tóxica, impidiendo su procesamiento psíquico. Ya sea a través del modelo de las neurosis actuales de Freud, la falla de la función alfa sobre los elementos beta de Bion, la noción de no integración de Ester Bick, la teoría más específica de la Escuela de París, las autoras visitan "lo primitivo" "lo arcaico", porque es allí donde deberán enfocar la lente teórica para entender por qué surge el fenómeno somático. Otros autores como Liberman, Meltzer, Aisemberg y Mc Dougall, son visitados y puestos a trabajar en los casos que discuten y ponen en común, respetando siempre sus diferencias.

Este es un libro sobre clínica psicosomática, sobre teoría de la clínica, y las autoras nos invitan a visitar paisajes desolados, aquellos de los traumatismos tempranos que desmezclan las pulsiones, abriendo el camino a la pulsión de muerte, o a las desorganizaciones, al decir de la teoría de Marty. La enfermedad aparece allí, cuando se reactivan las huellas de sufrimientos que no pudieron ser elaborados en una época temprana, porque el sostén estuvo en falta.

Los casos presentados son muy ilustrativos en este punto. La cuestión de los duelos, imposibles a elaborar, se trabaja especialmente en dos capítulos, pero se encuentra presente, como telón de fondo a lo largo de todas las lecturas. El desamparo psíquico heredado de lo determina el funcionamiento psíquico que queda clivado, dejándolo vulnerable.

Psoriasis, fibromialgias, linfoma no Hodgkin, diabetes mellitus, ictus, cardiopatías, son algunas de las manifestaciones somáticas que surgen en los casos que nos presentan las autoras, producto de esta vulnerabilidad. Ellas lo trabajan, cada una desde su marco teórico, pero siempre dentro de una dinámica psicosomática. Quiere decir, que lo que surge como enfermedad, tiene su corolario en lo psíquico, en lo comportamental y ellas lo trabajan con minuciosidad. Así podemos entender el síntoma somático que aparece cuando la regulación psíquica se halla en falta, cuando la persona está tan desbordada por eventos externos e internos imposibles de ser tratados por la vía mental, que producen una desorganización psicosomática. La pulsión se degrada y la patología somática viene a detener, a contra-investir este movimiento de desorganización. En alguno de los casos presentados vemos los intentos de encontrar otras salidas, la hipocondría, fobias, delirios, defensas que, al no encontrarse suficientemente instaladas, no impiden que la desorganización continúe y el paciente termina enfermando.

Lo traumático está presente en todos los casos. Un traumático actual que excita traumatismos que nunca pudieron elaborarse, en algunos casos impidiendo el buen desarrollo psicosexual. Y se ve a las analistas trabajando allí, contrainvistiendo los excesos de excitación de lo traumático. Aparecen como el elemento que permite *el tropismo*, la vectorización de la pulsión, permitiendo que las energías desbordantes se compartan en un espacio tercero, como diría Green, que modifica inmediatamente la economía psicosomática del paciente.

No es habitual en nuestros días encontrar un libro que esté tan ilustrado clínicamente. En el que podamos seguir la singularidad de cada caso. Y es este detalle que habla de la calidad de las analistas. No están buscando identikits, están frente a sus pacientes, en su calidad de analistas, identificando en ellos los elementos más sanos, más neuróticos, mientras están en profunda conexión con lo arcaico, reconociéndolo, descifrándolo y poniéndolo en palabras. Nos invitan a sus consultorios a seguirlas en sus movimientos contra-transferenciales, que luego son trabajados en el *grupo de estudio y trabajo de psicosomática de FEPAL* que dio nacimiento a esta obra. Tal vez fue este trabajo, esta puesta en común, que les permitió exponer un trabajo tan auténtico y difícil.

Muchas gracias a las autoras, a *Adriana Meluk Orozco* (Colombia), a *Leticia Villagómez Tovar* (México), a *Olga Bechara* (Argentina) a *Eugenia Valdés* (Chile) y a *Miriam Jacobson Ihlenfeld* (Paraguay) por estos 17 artículos que comparten hoy con nosotros.

Gracias a todas por invitarme a prologarlo.

Prólogo II
por Elsa R. de Aisemberg

Agradezco a Adriana Meluk Orozco la invitación a escribir este prólogo para el libro *Territorios Psicosomáticos*, libro realizado por este espléndido y entusiasta Grupo de psicoanalistas de FEPAL.

El equipo está coordinado por Adriana Meluk, quien es Miembro de la Sociedad Colombiana de Psicoanálisis y Miembro invitado de la Sociedad Psicoanalítica de Madrid, y constituido por Leticia Villagómez Tovar, Miembro de la Sociedad Freudiana de la Ciudad de México, Olga Bechara, de la Sociedad Psicoanalítica de Mendoza, Argentina, Eugenia Valdés Salas, de la Asociación Psicoanalítica Chilena y Miriam Jacobson Ihlenfeld de la Asociación Psicoanalítica de Asunción, Paraguay. Ante todo, felicito a las autoras por el entusiasmo y el talento desplegado en la tarea realizada.

También quiero mencionar las atractivas imágenes de Estefanía Mantilla Meluk sobre el cuerpo fragmentado que acompañan al texto.

Las colegas nos ofrecen un magnífico y apasionante texto que da cuenta preferentemente, de la Psicosomática dentro del campo del Psicoanálisis Contemporáneo y que manejan con gran solvencia.

Así nos ofrecen una riqueza de apasionantes casos clínicos, todos ellos sustentados en una sólida bibliografía desde Freud, Marty, Smadja, Fain, Bion, Winnicott, Mc Dougall, Liberman, y yo misma, entre tantos otros destacados autores.

Quiero remarcar la riqueza clínica de cada capítulo, mayormente en colaboración, que nos transmite diversas patologías, tanto en adultos como en niños, con una generosa riqueza. Todo siempre sostenido en sólidas apoyaturas teóricas.

Es remarcable, que las autoras enfrentan casos de patologías graves o complejas con un abordaje creativo y con gran éxito habitualmente. Haré un breve recorrido de los textos.

Quiero destacar así el trabajo inicial realizado por Leticia Villagómez, Adriana Meluk y Miriam Jacobson, trabajo que nos ofrece una rica apoyatura teórica en Freud, especialmente en el tema de las pulsiones y en el de los traumas para dar cuenta de las somatosis. Hipótesis que comparto y que son centrales en mis formulaciones sobre este tema.

Por su lado, Adriana Meluk nos trae el caso de Ana, una niñita de 3 años y medio que viene con su madre Violeta y que presenta vómitos cíclicos. Caso que la analista maneja con gran solvencia y creatividad.

También es destacable el capítulo sobre la migración y sus secuelas somáticas realizado por A. González, Olga Bechara, Leticia Villagómez, Eugenia Valdés y Adriana Meluk.

En su sólida teorización describen el papel del duelo y del trauma en estos casos. Enunciado que comparto y que he descripto como duelo somático.

Otro trabajo interesante de Leticia Villagómez y Adriana Meluk da cuenta de un caso que transcurre en época de pandemia. Se trata de Mane, un hombre de 29 años, a quien describen con un funcionamiento neurótico, que además tiene un cuerpo que desborda en enfermedad somática.

Formulación con la que coincido, así como la convivencia del funcionamiento neurótico y el no-neurótico y con la del "trauma actual que desencadena los duelos primitivos no resueltos" que al ser investidos por la pulsión de muerte dan cuenta de las somatizaciones. Además, Mane presenta hipocondría, otra expresión diferente en el cuerpo, tema que también desarrollan.

Por su lado, Miriam Jacobson nos ofrece una importante experiencia hospitalaria con pacientes psicosomáticos. Esta autora transmite varios modelos teóricos, en los que se sustenta, incluido mis conceptualizaciones sobre los dos funcionamientos psíquicos: el neurótico y el no-neurótico, estando la somatización en este último campo.

Es remarcable la experiencia hospitalaria que realiza Miriam Jacobson con estos pacientes que están en situaciones límite.

Tenemos también un caso de fanatismo religioso presentado por Adriana Meluk, Olga Bechara, Eugenia Valdés y Leticia Villagómez.

Se trata de un impactante caso de fanatismo religioso. La paciente es una púber de 12 años que llega con un cuadro alimentario, al que se agrega una grave enfermedad autoinmune. Esto se inicia cuando los padres entran en una secta religiosa que se apodera del funcionamiento familiar. La terapeuta describe esta patología familiar en un interesante trabajo sobre este fanatismo.

Además de los capítulos mencionados tenemos una riqueza de textos, que recomiendo al lector o lectora ya que transmiten experiencias clínicas y sólidas teorizaciones.

Entre otros tenemos a Leticia Villagómez en "El cuerpo en la transmisión delirante", a Adriana Meluk, Miriam Jacobson y Leticia Villagómez en "Lo infantil en el desamor".

A Leticia Villagómez, Miriam Jacobson y Adriana Meluk en "La escucha de lo Psicosomático". A Olga Bechara en "Los tropismos".

A Adriana Meluk en "Matices y colores. La desorganización Psicosomática" y "Los lunes a las 11 con Ana".

A Leticia Villagómez en "Pulsión de muerte y estados somáticos".

Miriam Jacobson va cerrando este libro con un texto sobre los conceptos teóricos de Freud acerca del funcionamiento psíquico, como así también la necesidad de un encuadre flexible para acompañar a los pacientes con dificultades narcisistas y síntomas psicosomáticos. Aseveración que comparto, por cierto.

Finaliza el recorrido Eugenia Valdés con una mirada histórica de la psicosomática que nos recuerda la importancia de este concepto dentro de los desarrollos psicoanalíticos.

Después de transmitir esta riqueza de contenidos clínicos y teóricos quisiera remarcar al lector o lectora que pienso que encontrarán en este magnífico libro un despliegue de materiales de excelente nivel y muy estimulante para pensar en nuestra tarea, que da cuenta del *Psicoanálisis Contemporáneo*, con su riqueza y flexibilidad.

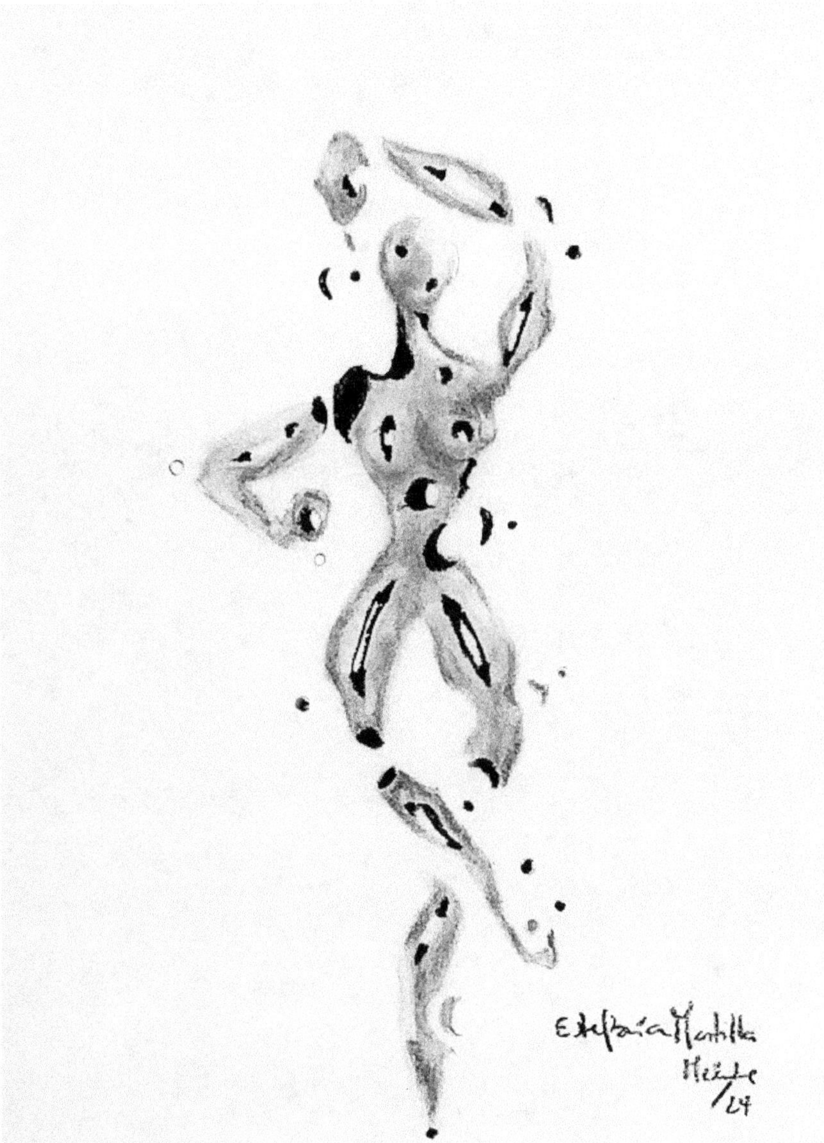

Obra: Transformación sensitiva

Habitando la frontera desolada: Pulsiones y Psicosomática[1]

Leticia Villagómez Tovar
Adriana Meluk Orozco
Miriam Jacobson Ihlenfeld

Al imaginar límites y fronteras, relacionamos espacios arbitrarios que separan territorios y lo llevamos al sujeto, se abre la idea de territorios internos a nivel psíquico y somático. En lo psicosomático desde el psicoanálisis, definir si existe *algo* que sirva a manera de puente, límite, o frontera entre estos territorios, acudimos a *la pulsión c*omo ligadura, carga movilizadora, es desde donde centraremos este trabajo. Tina, será la analizante que nos acompañe dentro del territorio clínico en la exploración de la pulsión como "concepto fronterizo entre lo psíquico y lo somático".

Nos preguntamos: ¿Dónde lo psíquico se vuelve piel, carne, expresión corporal?, ¿Dónde, el cuerpo se ve atravesado por la psiquis o sus representaciones? Retomaremos planteamientos de Freud sobre la pulsión, desde la primera y la segunda teoría, para acercarnos a que toda desintrincación pulsional conducirá a alteraciones.

Bordearemos concepciones de la Escuela Psicosomática de París con las ideas de P. Marty y C. Smadja, acerca del lugar significativo del trauma en los procesos de somatización. El análisis nos lleva a las fronteras de este aparato psique-cuerpo escindido para ligar, intrincar y tejer las representaciones y afectos desde las transferencias, construcciones e historización a través de la escucha y la palabra.

La definición de frontera que trae el diccionario de la Real Academia de la Lengua Española es simple, y nos habla sólo de la

---

[1] Ponencia presentada en el 33° Congreso Latinoamericano de psicoanálisis, FEPAL. Tema: Fronteras. 2020.Uruguay.

idea de límite, de línea, de un lugar que marca la división de territorios y queda abierta a nuestra mente el ampliar tal idea y lo que en dichos espacios ocurre.

El psicoanálisis complejiza como se piensan las fronteras desde diversas conceptualizaciones, y nos invita a indagar el concepto. Surge en nosotros la primera idea, de que los límites son una construcción arbitraria y que, si viéramos un paisaje o una extensión de tierra real, difícilmente en la superficie tendríamos la idea de dónde termina un lindero y se establece otro.

Con un ser ocurre igual, no resulta una tarea sencilla establecer fronteras y se abre ante nosotros la idea de territorios internos a nivel psíquico que se mezclan y tejen en un cuerpo psique, con linderos externos (objetivos), poblados de redes y conexiones de relaciones.

Cuando nos adentramos en el estudio de la psicosomática, vemos como los desarrollos teóricos han pasado por diferentes momentos, lo que nos ha llevado a establecer varios modelos para la comprensión de la geografía somato psíquica. Los mismos intentan dar cuenta de esas unidades psicosomáticas con funcionamientos intrincados de maneras diversas. Una de las ideas fundamentales y ampliamente extendida, es la complejidad para definir si existe *algo* que sirva a manera de puente, límite, o frontera entre el cuerpo y la mente.

La respuesta nos llega de la mano de la *Pulsión como ligadura*, carga movilizadora entre lo psíquico y lo somático y es desde aquí que orientaremos este escrito.

Tina es la paciente que nos acompañó dentro del territorio clínico en la exploración conceptual de la pulsión como "concepto fronterizo entre lo psíquico y lo somático" (Freud, 1915). Una mujer muy dolida y con una serie de traumas acumulados a lo largo de su vida, que la llevaron a que los hilos pulsionales que mantenían la unidad psicosomática se vieron desintrincados, dando lugar a importantes regresiones somáticas.

La pulsión como frontera

Freud desde el principio de sus desarrollos teóricos, nos presenta el sujeto como una unidad con diferentes grados de integración somato psíquica y se pregunta por esa mente encarnada en el Yo cuerpo. Es decir: ¿Dónde la mente se vuelve piel, carne, expresión corporal? ¿Dónde el cuerpo se ve atravesado por la psiquis y sus representaciones?

Freud se ocupa durante toda su obra de los síntomas corporales y las diferentes afecciones somáticas, intentando integrar éstos a los desarrollos teóricos que va efectuando, así incorpora los fenómenos somáticos a la economía pulsional. Con los planteamientos de 1910 -hechos por él- en su primera teoría pulsional, nos expone la existencia de dos tipos de pulsiones: las pulsiones de conservación (Yoicas) y las pulsiones sexuales (Libido), que se oponen a las primeras.

Desde estas ideas él menciona que, con estos dos grupos de pulsiones, se invisten todas las funciones somáticas; y nos refiere la pulsión como: "un concepto fronterizo entre lo psíquico y lo somático, como un representante psíquico de los estímulos que provienen del interior del cuerpo y alcanzan el alma" (Freud, 1915).

La pulsión circula permanentemente y no cesa hasta lograr su descarga. De ella se menciona que es de naturaleza endógena y el individuo no puede escapar de ella como lo haría de los estímulos externos. Ella misma es representante de las excitaciones endosomáticas.

La pulsión sólo puede ser conocida por sus representantes psíquicos o el representante de la pulsión, que comprende el representante-representación y el "quantum de afecto". La pulsión a través del afecto y las representaciones habitan el cuerpo, y el afecto sería la expresión cualitativa de la cantidad de energía pulsional como de sus variaciones.

"El factor cuantitativo de la agencia representante de la pulsión tiene tres destinos posibles: la pulsión es sofocada por completo, de suerte que nada se descubre de ella, o sale a la luz como un afecto coloreado cualitativamente de algún modo, o se muda en angustia" (Freud, 1915, p. 148, Carta a Fliess del 21 de mayo de 1894).

Freud define la pulsión por su fuente, su fin, su perentoriedad o fuerza y el objeto al que se dirige. Nos deja claro que la fuente es somática y la meta es psíquica, y es en ese recorrido que se intrincan las funciones biológicas y psíquicas.

Con los trabajos sobre narcisismo y los desarrollos de 1920 en "Más allá del principio del placer", se nos plantea un cambio del modelo pulsional, donde de nuevo se proponen un dualismo entre pulsiones de vida (Eros) y pulsiones de muerte (Tánatos),' y se reconoce en ambas el valor de fuerzas que dirigen toda la vida del sujeto. Estos dos grupos de pulsiones se mantienen con un cierto grado de intrincación y estarán presentes en todos los procesos del individuo.

El dualismo de pulsiones yoicas y pulsiones sexuales entra pues en confrontación a la pulsión de muerte como "estímulos interiores no ligados".

En la medida en que el principio de placer se sostiene en la ligadura, es como se posibilita la investidura de las representaciones y sus desplazamientos. Freud delimita con claridad el más allá de ese principio y el lugar de la pulsión de muerte como lo que excede a lo ligado. De aquí podemos extraer una idea en lo psicosomático y es que toda desintrincación pulsional conducirá a alteraciones en los dos territorios, donde lo no ligado se acerca a Tanatos.

En este punto, Claude Smadja (2019) nos menciona: "Dos observaciones freudianas ilustran este proceso psicosomático. La primera concierne a la neurosis traumática rica en sintomatología psíquica en general. Sí al mismo tiempo observa Freud, existe una lesión corporal, la sintomatología psíquica se borra y desaparece". Así podemos ver como con el borramiento de la respuesta psíquica ante el trauma cede territorio, es decir, se moviliza la frontera a la expresión de un trastorno corporal.

La segunda teoría de las pulsiones por tanto nos ha permitido entender las enfermedades orgánicas globalmente. Desde aquí podemos comprender cómo, las inscripciones o huellas traumáticas que no han podido ser ligadas, ni representadas, que permanecen en el sujeto como huecos sin historia, sin ligadura, pueden ser investidas y descargarse en acto o en soma, como un intento fallido de ligadura.

Para el analista trabajar en las fronteras de este aparato psique-cuerpo escindido, exigirán a éste y su analizante, ir ligando, intrincando y tejiendo juntos las representaciones y afectos desde las transferencias- contratransferencias; favoreciendo la articulación de éstas en las construcciones e historización a través de la escucha y la palabra. Es como retomar los hilos rotos pulsionales que dejó el trauma y lo no representado, e irlos anudando en el trabajo analítico, para reconstruir esa red psicosomática.

Es importante señalar cómo en el paciente psicosomático, la red simbólica se rompe en oposición a los síntomas histéricos.

Marty, P. citado por Smadja, C. (2019) en su conferencia, "Los trabajos de somatización" describe esquemáticamente los tres terrenos de donde fluyen las excitaciones pulsionales: las funciones somáticas, el funcionamiento mental y los comportamientos y menciona que la somatización resulta de un proceso en que fracasan de forma momentánea o duradera el trabajo mental y/o la expresión en los comportamientos. Se da un lugar significativo al traumatismo en los procesos de somatización.

El trauma desorganiza y rompe la continuidad de un cierto funcionamiento psíquico y afectivo, y la causa sería una pérdida -de un objeto, función o relación- y dicha pérdida puede ser real o fantaseada.

Como lo menciona Freud (1920), es una cantidad de excitación que sobrepasa las posibilidades elaborativas del Yo, con lo que la somatización es una de las soluciones de esa sobrecarga pulsional que ha quedado desligada.

Dicha desintrincación, libera una cantidad de energía significativa que se pone al servicio de la pulsión de muerte y aumenta los fenómenos de desintegración y desorganización, siendo la regresión la manifestación clínica de dicha ruptura. Aunque es de mencionar que la pulsión de vida en algunos momentos tendría una importante función de restitución y vitalización del Yo.

Es decir, al no existir suficientes representaciones mentales, ni una descarga en acto, la expresión somática estabiliza movimientos de desorganización y regresión. Menciona C. Smadja (2019) al respecto de las manifestaciones corporales que: "son susceptibles de taponar, bloquear o atemperar los movimientos de desorganización" introduciendo la idea de fijaciones somáticas como plataformas que van favoreciendo la estructuración mental y que sirven como anclaje ante la ruptura en el trauma de la continuidad psíquica.

Por tanto, la fijación somática puede surgir como defensa o función reorganizadora del psiquismo.

En este punto se puede introducir las ideas de: regresiones y desorganizaciones somáticas. Las primeras funcionan como las regresiones mentales y darán origen a las enfermedades reversibles y las segundas van después de las desorganizaciones mentales y darán lugar a las enfermedades evolutivas. Como se ve entonces los fenómenos regresivos como lo señala Freud, se extiende tanto a la mente como al cuerpo, pero al analizar pacientes psicosomáticos serán las regresiones del yo y de la libido las más significativas, porque lo psíquico según lo menciona P. Marty (1995) estaría en la punta jerárquica evolutiva.

Michel Fain (1957) menciona al respecto: "El trastorno somático restablece la situación, detiene la regresión y salva así al yo" siendo una solución para el yo que evita su desintegración y por lo tanto la psicosis".

Así y para concluir, el trabajo de somatización según la escuela de París comportaría dos momentos a nivel pulsional: uno destructor o tiempo de lo negativo que comienza con la situación traumática que genera más o menos una herida narcisista que a su vez reactiva antiguas heridas del yo. Se señala como los afectos dolorosos o de desamparo movilizan la pulsión de muerte que tendrían tres caminos: ser proyectada al exterior, ser intrincada al masoquismo o la opción auto calmante. El trabajo de la pulsión de muerte es casi todo silencioso y buscará reducir el monto de la excitación traumática o dolorosa.

El segundo momento es un tiempo erótico o de curación, en el que el yo puede disponer de más libido. Se señala entonces algo interesante, y es que parte de la libido también ha sido proyectada al exterior como forma de preservarla y se equipara así la somatización al delirio y se sugiere cómo para el paciente psicosomático el enfermar, equivale al delirio del psicótico como forma de preservar lo más que se pueda ese yo, que se ha visto embestido por el trauma y que se ve en la tarea de resistir la energía pulsional liberada e intentar ligarla para evitar el colapso psíquico y corporal del sujeto. El segundo momento de la somatización es pues, un tiempo de cura cargado de potencialidad y posibilidades de reintegración.

Tina: Las marcas en una historia de vida
Analista: Dra. Leticia Villagómez

En mi primer acercamiento a Tina percibo una voluminosa masa corporal que me hace sentir disminuida o tal vez frágil, se contrapone este cuerpo con su cautela para darme un espacio y poder pasar, así como sus movimientos casi imperceptibles. Es joven, tiene 31 años, muy blanca y de cabellos largos y ondulados, pintados de luces claras, su caminar es silencioso. Su vestimenta denota importante descuido, tenis rotos y sucios, "jeans" y blusas sueltas en exceso, la percibo también desde su mal olor, como si pasara días sin bañarse. Sus hermosos ojos azules quedan cubiertos por unos gruesos lentes. Su apariencia es la de una mujer sufriente, triste, habla con voz baja y pausada.

Mi sorpresa continúa en su descubrimiento, al decirle que me cuente a que ha venido, menciona que hace dos meses terminó con su novio, con el que inició una relación hace 4 años y tenía 3 de vivir con él. Me acerqué entonces a Tina muy lentamente ante el dolor que percibo en ella, venía desbordada de angustia y llanto. Mencionó que uno de los motivos del conflicto con su novio es porque ella no tiene interés por la sexualidad.

Al pedirle hable, toma la palabra y sin interrupción relata

una historia que me sorprende desde el primer momento, me cuenta sobre su madre. Cuando Tina tenía 7 años murió, todos dicen que fue un ACV, pero ella sospecha que fue un suicidio, ya que había pleitos frecuentes entre sus padres a causa de la existencia de otra mujer en la vida de él. El 24 de diciembre estuvieron todos en la cena y a la hora de despertar al siguiente día para ver los regalos, Tina subió a ver a su mamá y estaba su cuerpo vestido, desfallecido sobre la cama, con los ojos cerrados y con espuma en la boca, le hablaba, pero no le contestó. Su padre se había dormido en otra habitación y después fue a verla. Ahora ha pensado que si hubiera ido a avisar como vio a su mamá tal vez alguien hubiera podido hacer algo por ella. Tina sabe que tuvieron fuertes pleitos un día antes y que su madre tal vez ingirió veneno para suicidarse, la llevaron al hospital el día 25 y murió el 26. Recuerda que la cremarofn y estaba con su abuelo materno llorando y él le decía que se calmara, también recuerda que estuvo con su abuela paterna y sus 2 hermanas, dice que lloraba, "pero no sabía por qué".

Al referirse a su padre, lo hace con molestia, dice que lo ha cuidado desde que es niña, siempre que no llegaba se preocupaba y le llamaba para que fuera, se dormía con él después de que perdió a su madre y hasta los 9 años. Es médico, se casó con la mujer con la que tuvo una relación antes de la muerte de la madre, hay un hijo de esta relación. Después de la muerte de la madre el padre tuvo múltiples intentos de suicidio por ingerir medicamentos y alcohol, actualmente lleva tratamiento psiquiátrico. Tina relató que de continuo se encuentra ocupada pensando en su padre y la posibilidad de que le suceda algo.

Ante la pérdida de la madre y la enfermedad del padre regresan a una relación estrecha con la familia paterna, los abuelos se ocupan de los 4, como si fueran los padres los que los sostuvieran. Tina mantiene además una estrecha cercanía con las dos hermanas mayores.

En diferentes momentos se ha hablado de la presencia importante de la madre y su pérdida en esta familia, lo que me hace pensar en la culpa que circula entre ellos.

Viñeta de la sesión del 29 de julio del 2019, primer año de análisis

Hoy habla de que no pudo dormir, ha seguido pensando en D., sabe que está por el momento en el extranjero y esto la ha mantenido tranquila, sabe que regresa pronto y estará muy cerca de ella y tal vez pierda la tranquilidad. Se ha quedado pensando en lo que hemos hablado, de cómo ha permitido que él como el novio anterior tuvieran ese comportamiento de ignorarla, ella sabe que no puede aguantar este trato de él, si se acercaba a él, le decía que era una empalagosa.

A: ¿Será que con él pasaba lo que has hablado qué sucede con tu padre? Permites un mal trato, te llama por apodos (su padre le puso un apodo relacionado a un muñeco diabólico) y se pone violento frente a ti.

Tina llora todo el resto de la sesión y continúa señalando que le hacen sentir muy mal.

A: ¿Y cómo lo permites?

Tina señala que no se había dado cuenta de lo que permitía que le hicieran. Con su novio anterior bajo de peso, nunca había estado en el peso de 60 kilos y ni así le daba gusto. Siempre han querido que ella haga lo que los demás quieren.

A: ¿Qué sucede con tu sobrepeso?

T: Es que ahora peso más de 100 kilos, también por eso

vine contigo porque sé que tengo que buscar ayuda para poder con mi peso, también voy a la nutrióloga. Como alimentos que me hacen daño como una bolsa de papas (señala el tamaño grande) y me la termino en un momento. No tengo horas para comer.

A: ¿Será que no sólo permites que los demás te lastimen, también tú lo haces contigo misma, como agrediéndote con tu alimentación?

T: También lo hago fumando en exceso.

Comentario a la sesión

En esta sesión aparecen los síntomas corporales de perder o ganar peso, así como de la angustia asociada, recobra importancia desde las pérdidas que se van dando en su vida, donde se repiten las vivencias traumáticas, surge así el predominio de lo oral y de la satisfacción pulsional de este período, apareciendo en su sexualidad infantil una niña perversa polimorfa.

Viñeta de la sesión del 2 de septiembre del 2019, primer año de análisis.

T: Me quedé encerrada con mis alumnos, no se podíaabrir la puerta y se pusieron angustiados, me contagió esta angustia.

A: ¿Qué más te pone angustiada?

Habla de que hay ruiditos casi imperceptibles que no tolera y no sabe a qué se debe, como el chasquido de una pluma.

Le señaló que hay momentos en que escuchó ruidos con su boca y que no sé de dónde vengan.

Tina habla de que tiene un problema de sinusitis y que tiene que abrir la boca para que no se le tapen los oídos, desde niña, al igual que su madre, ha tenido este problema, es por tener el tabique de la nariz desviado, pero no se quiere operar ya que le gusta su nariz, le dicen que es como la de su madre.

A: ¿Será que la angustia también te lleva a comer?

T: Yo fui una niña gordita después de que se murió mi mamá, yo tenía 7 años, me imaginó que fue porque mi abuela me alimentaba y lo hizo con abundancia. Para mis quince años yo tomaba dos clases de baile por dos horas cada una y bajé mucho de peso, después me sacaron de las clases de baile por ir mal en la escuela y subí mucho de peso como 10 kilos, cuando terminé con mi primer novio, después cuando terminé con otro novio también subí de peso. Ahora que terminé con D. subí hasta más de 100 kilos, nunca había tenido tanto peso, estoy asistiendo a la nutrióloga y ya bajé 5 kilos.

A: ¿Con qué relacionas tú incremento de peso?

T: Es que, como mucha "chatarra", me termino una bolsa grande de papas, me gustan mucho, también a que mi abuela hace mucho de comer y si no comemos su comida se enoja, también si subimos de peso.

Me quedo pensando que lleve su asociación a la comida y no le sea posible acercarse a sus dificultades emocionales.

Comentario a la sesión

En esta viñeta se asoma la angustia de una manera importante, al quedarse encerrada. También a los ruiditos que hace con la boca, la sinusitis, el comer y fumar compulsivamente, son manifestaciones de la angustia que circula todo el tiempo en ella sin la posibilidad de tramitarla y representarla. Estos contenidos empiezan a cobrar sentido en el análisis ya que estas producciones sonoras, y el mirarse sus manos empiezan a dar cuenta del contacto entre sus dos fronteras (Interior-exterior, psique-soma, analizanteanalista).

Viñeta de la sesión del 17 de septiembre del 2019, primer año de análisis

Habla de que se quedó pensativa la sesión pasada de lo que hablamos de su abandono, señala que no se había dado cuenta, en general no pone cuidado en su arreglo personal.

A: ¿Con qué lo relacionas?

T: Me acordé de las fotografías que tenía de niña en la primaria, siempre iba despeinada y con la cara sucia, no me lavaba la cara, iba con la pasta dental en la boca, de niña me peinaba R., ella nos cuidaba cuando murió mi mamá, nos hacia el lunch y se hacía cargo de nosotras. (Llora durante todo este relato) Recuerdo que las mamás de mis compañeros se acercaban a mi como para apoyarme, es triste todo esto que sucedió.

A: ¿Tienes algún otro recuerdo?

T: No recuerdo todo esto por lo que pasé, de mi mamá, no recuerdo nada, sólo cuando la vi tirada en la cama, ¡todo se me borro! (Se hace un silencio)

T: Hay otros abandonos, he dejado mi tesis de maestría sin terminar.

A: Te da trabajo ver que también te has abandonado en tu salud.

T: Hasta que llegué aquí me he percatado de que también mi descuido ha sido con mi peso y mi alimentación, no sabía que la muerte de mi mamá me ha causado tantos problemas.

Comentario a la sesión

En esta sesión surgieron recuerdos infantiles desde sus fotografías donde se ve como una niña descuidada y sucia a pesar de que menciona que tuvo una nana que la asistía, trató de cuidarla, pero parece no fue suficiente. Tina relaciona su abandono (corporal-emocional) a la pérdida de la madre, sin la posibilidad aún de apropiarse de sí misma. Es en el análisis y a través de la analista que, con sus señalamientos y mirada vital, va devolviendo a Tina la posibilidad de cuidar de sí misma.

Viñeta de la sesión del 30 de septiembre del 2019, primer año de análisis.

En algún momento de la sesión me percato de que no me ve, como sucede en otras sesiones, su mirada está atenta a sus manos, que siempre están bien arregladas, no les ha faltado el "manicure" desde el inicio de su análisis.

A: Tina me he dado cuenta de que no pierdes la vista a tus manos desde que iniciamos tu análisis.

T: Mi papá dice que mis manos son igualitas a las de mi madre, que son muy finas, así como las de ella, quizá por eso las miro tanto.

Comentario a la sesión

Me llamó la atención como Tina sólo ha tenido ojos para sus manos, no le era posible ver otras partes de su cuerpo, como si fuera un bebé que tan sólo se recrea mirándola. Es para mí una escena desde donde me es posible percibir cómo su libido está vuelta a sí misma, circulando hacia algunas partes de su cuerpo. Ella ha relacionado, sus manos y nariz y señala el parecido que tienen a las de su madre. También pienso que ha libidinizado las partes del cuerpo en donde le han dicho que se parece a ella, como forma de apropiarse de dichas partes lo que muestra una cierta incorporación del objeto vivo. Otra ocurrencia en esta sesión fue que se mira a través de los ojos de su padre.

Discusión

Apropiarse de un cuerpo-psique, habitar la frontera pulsional.

Tina se nos presenta en el territorio analítico como una paciente con un cuerpo enorme, inmenso, sin bordes, sin límites. Ocupa el espacio, pero ella no se ocupa de sí misma. Tiene un importante sobrepeso que parece inicialmente no ser una inquietud para ella, pero que poco a poco y con la aparición del cuerpo en la escena analítica es posible representar.

Muy pronto Tina nos revela los traumas que han marcado su historia y que van a romper el intrincado pulsional, dejando a Tina a merced de sus afectos. Siendo una niña de 7 años pierde a su madre de una manera trágica, pues ella supone se ha suicidado y piensa murió por su "culpa", al no avisar rápidamente a su padre que la ha visto desfallecida en la habitación. También pierde posteriormente a su padre como figura protectora y de cuidado, ya que este se ha sumido en la depresión y culpa, y no logra ocuparse a cabalidad de acompañar a Tina a sobrellevar y elaborar la ausencia de su madre. Tina pasa a ocupar el espacio de la cama de la madre, pero ella no es asistida como niña en duelo.

Es decir, Tina pierde a sus dos padres, uno de forma real y el otro de forma simbólica. Es asistida entonces por su abuela paterna, quien la alimenta como forma de cuidar, quizás consolar y llenar el vacío que ahora reina en la vida de la niña.

El trauma se ha instalado, y con este el desligazón pulsional. En la escucha analítica de Tina, su analista nos revela el encuentro de una escisión psicosomática, donde parece no apropiarse de su cuerpo, no ha logrado investirlo libidinalmente, hay una desconexión y una regresión pulsional a lo oral, quedando fijada en esta etapa. Los efectos del trauma sobrepasan lo fantaseable, lo representable, lo pensable y se pasa a la acción comprometiendo riesgosamente la vida. Junto al predominio de la acción surgen elevadas aspiraciones narcisistas e intolerancia a emociones y a ansiedades.

Tina no tiene una vida de "mujer deseante", vive con su pareja buscando una cercanía parental, parece que su sexualidad infantil ha quedado atrapada, desarticulada en los tempranos destinos pulsionales.

Por otro lado, su psiquis no ha logrado simbolizar, ni representar el abandono y la muerte, a las que se enfrenta. Vemos como la angustia desplegada al llegar a su análisis, y como consecuencia de la terminación de la relación de pareja, la conectan de nuevo con el abandono, separación, muerte original.

Pronto se revela en el análisis otro hecho somático, Tina no duerme, no sueña, no descansa. No puede parar de comer ni fumar, no le es posible calmar la ansiedad desbordada que parece estar relacionada a la impulsividad (acción), donde no le es posible ligar, simbolizar, tramitar y representar.

Como lo menciona la escuela de psicosomática de París, una parte del contenido pulsional desligado pasará al acto y otro al cuerpo, dejando anémico el contenido psíquico y representacional. El proceso secundario se ve seriamente dañado y por tanto la desmantelación del preconsciente es evidente.

Se impone corporalmente a la analista y de esta forma hace presencia; pero no figura para sí misma. Es un cuerpo que no se nombra, no existe, no se siente y cuando ha sido nombrado por otros, se señala como el cuerpo de "un muñeco diabólico". La analista hace evidencia de esta situación y con ella va dando las puntadas iniciales de ligazón de los hilos pulsionales de los afectos y las representaciones del cuerpo, acercando las orillas, bordes de un mismo territorio que han sido separados, por una frontera afectada por lo traumático y que previamente han revelado un tejido escindido, desarticulado, roto, quizá desaparecido o desolado. Se despliega otra idea corporal y es que Tina gana o pierde peso con relación a los otros, desde ahí no se apropia de su deseo. El peso que gana o pierde está cercano a lo que gana y pierde en la vida. Cada vez que rompe con sus parejas o existe la amenaza de muerte de su padre se dan cambios significativos en su corporeidad. Es como si quisiera retenerlos dentro de sí y tratar de ligar lo desolado en un hecho vital como es el comer.

Busca ser asistida por una nutricionista, pero ella no logra realmente apropiarse de los procesos de pérdida, de incrementos de peso, porque no se ve radicado allí su deseo y está perdida como ya lo mencionamos está ligada al acercamiento, al trauma de objetos valiosos. (no le sirven las dietas necesita otra cosa)

Tina muestra en fotos la imagen de esa niña abandonada y sucia que es recogida e investida por la analista, y es quien devuelve a la paciente una nueva mirada de sí misma. De repente ante los ojos de la analista, aparece en escena un bebé que se mira las manos, hace ruiditos (balbucea), habla de su nariz y se identifica corporalmente con su madre.

Es decir, el análisis permite a Tina restablecer el curso pulsional que hace posible el surgimiento de la unidad Psicosomática y por tanto la posibilidad de ligar la pulsión de muerte de sus relatos para acercarlos a los de vida. El cuerpo va tomando un lugar junto a su analista desde las transferencias, es así como se van favoreciendo las construcciones psíquicas, la historización y la reconstrucción de las ligaduras pulsionales, alejándola de las marcadas actuaciones o a la aparición de una desorganización que la llevaría a graves enfermedades.

Conclusión

Tina ha puesto en evidencia una real escisión entre el cuerpo erógeno y el soma, un cuerpo real, un cuerpo biológico que presupone la inexistencia de representación mental. Aunque aún investida por restos libidinales, quedan subsumidos en las fronteras que surgen de lo traumático suceso de la muerte de su madre, con quien se identifica parcialmente desde lo corpóreo , pero que melancólicamente irrumpe en su yo, perturbando la construcción de la imagen corporal, impulsándola a engullir todo aquello que venga de afuera , ese mundo que quedó fuera del psiquismo, el mundo externo, que la conmina a comer en forma compulsiva, una sensible invitación al acto ante la imposibilidad de la tramitación de su dolor y sus emociones.

Esta incapacidad nos remite a un deficitario objeto de sostén, que ahora la analista trata de reconstruir, desde una función materna, sumándose a las otras vivencias desvitalizantes, tales como el padre alcohólico y psicótico, quien la coloca en lugares humillantes, que han desvalorizado su imagen.

Así también la dependencia afectiva con sus parejas, donde no ha podido conectar sus propios afectos, porque hay una especie de angustia automática, pero que procede de una desorganización de índole traumático.

El camino que construye el analista con la paciente es bordeando las fronteras, de lo intrapsíquico y el trazado intersubjetivo que pasa por la relación analista, analizando, y que tiene la tarea de lograr convertir las excitaciones somáticas en lenguaje, en dominio del campo intrapsíquico que lo aproxime al cuerpo erógeno, y que produzca en Tina la posibilidad de hacerse cargo de su deseo, saliendo del desamparo.

Restablecer la circulación e intrincación pulsional, así como la elaboración traumática, favorecen en Tina, el que su cuerpo y su psiquis se integren y funcionen como territorios interrelacionados. Es así como se detiene la regresión y se favorece la reorganización psíquica al disminuir las somatizaciones y actuaciones de la paciente. Si la regresión no se detiene, la paciente podría terminar en una desorganización progresiva y por tanto en la posible aparición de enfermedades evolutivas. El análisis favorece la función de ligar, apalabrar, pensar, fantasear, representar, simbolizar, como parte de los procesos secundarios de investidura y asociación del aparato psíquico.

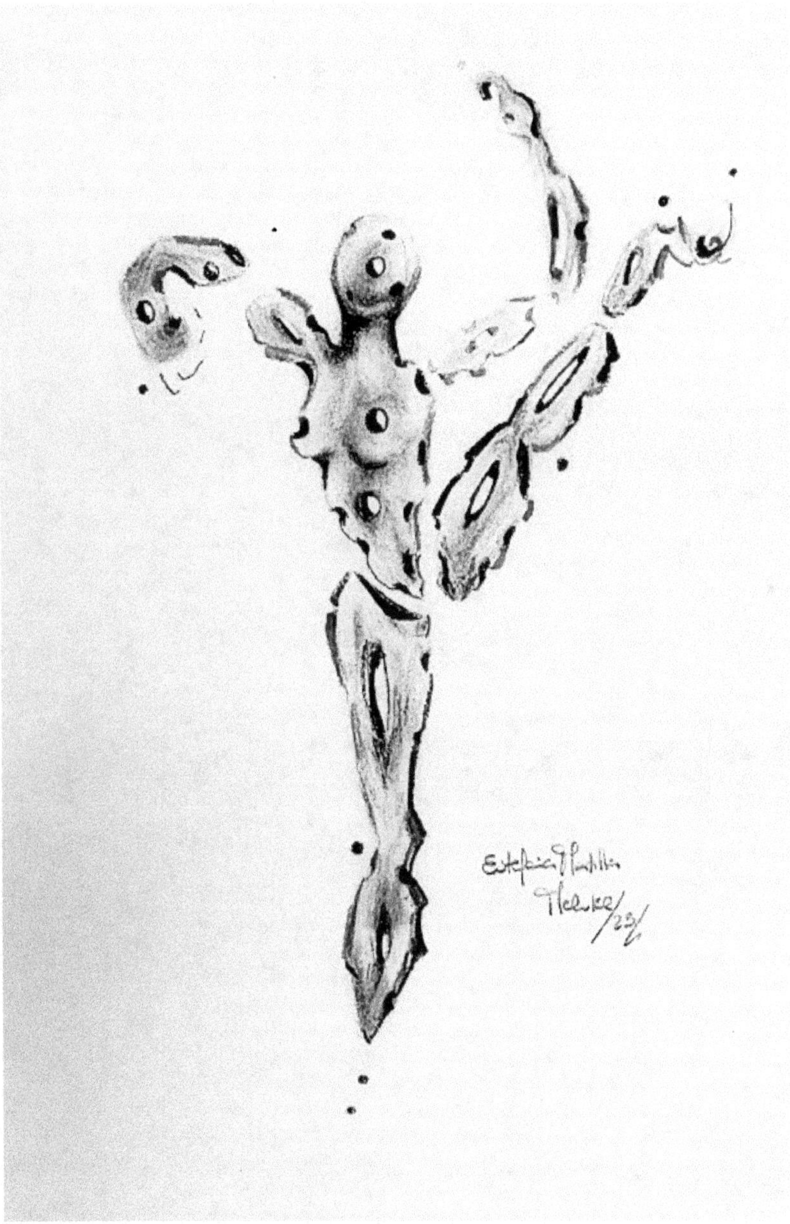

Obra: Simbología Incomprensible

Experiencias infantiles olfativas en busca de una representación: transferencia olfativa[2]

Olga Bechara Moscardi

> "Los psicofisiólogos han recogido cuatro tipos de señales olfativas: el deseo amoroso, el miedo, la cólera, el olor a muerte de las personas que se saben condenadas..."
>
> (D. Anzieu, El yo piel)

En este trabajo se pretende a través de un caso clínico poder comprender la importancia de los olores en la sesión psicoanalítica. En realidad, de forma más apropiada, de la transferencia olfatoria por la que un paciente intenta comunicarnos estados emocionales. Además, se articula con la intuición de parte del analista como instrumento privilegiado para captarla.

Caso clínico

L. es una joven que viene a la consulta por sus dificultades para estudiar y una marcada obesidad. Vive en su casa con su madre, padre y hermanos mayores. En cuanto a su medio familiar L. cuenta que de chica nació y vivió durante varios años en la casa de sus abuelos paternos junto a varios tíos, además de sus padres y hermanos. Una de las características más marcadas de su grupo familiar era la adicción al alcohol, ya que el abuelo, los tíos y el padre de L. se emborrachaban con frecuencia y tenían "manifestaciones agresivas" o actitudes de familiares "absorbentes, demasiado cariñosos", cuando consumían.

---

[2] Ponencia presentada en el VII Simposio de la Sociedad Psicoanalítica de Mendoza (Argentina). 2023.

Sin embargo, fueron estos tíos — especialmente, una tía— quienes los contenían, cuidaban y consentían cuando sus padres trabajaban. De todos ellos, es su padre quien más ha consumido alcohol y cuando lo hace, se transforma en una persona muy cariñosa o en exceso agresiva, situación que a L. le produce un profundo rechazo. Su madre y tía son profesionales muy dedicadas del ámbito docente.

Debido al clima de violencia que se vivía en la casa, la paciente y su familia se mudaron primero a vivir unos años en la casa de un familiar y posteriormente a la casa de su abuela materna. Cuando L. tiene 12 años consiguen tener una casa propia donde ella cuenta con su habitación.

Durante su infancia y adolescencia L. no tuvo dificultades para estudiar, lo hacía en una escuela con pocos alumnos donde era contenida. El problema se plantea cuando ingresa a la universidad, que tiene un alto nivel de exigencia. Si bien ingresa en el primer examen que rinde, con el tiempo empieza a tener cada vez más dificultades para estudiar, concentrarse y especialmente para relacionarse con sus compañeros.

L. tiene pocos amigos y durante su paso por la universidad, no logró establecer una amistad con nadie, aunque hubiese muchos otros alumnos.

Su relación con las personas de su edad también es muy limitada; no ha tenido pareja ni relaciones sexuales, a pesar de desearlo mucho y sufrir al ver a sus amigas en pareja.

Tiene mucho miedo al rechazo. Le provoca enojo y malestar que, cuando va a bailar, sus amigas la empujen para que se acerque a un chico. El tema de la obesidad le produce una constante angustia, y ha hecho varios tratamientos, pero sin resultados duraderos. Cuando se ve en el espejo se descalifica, así como también cuando ropa le ajusta o no consigue ropa de su talla.

Comenzamos a trabajar con dos horas semanales, con un tratamiento de psicoterapia. El relato de las sesiones en el primer tiempo se refería a la facultad, a su dificultad para estudiar y relacionarse con sus compañeros. En ocasiones, ni siquiera podía entrar al aula de clases por temor a las miradas. Asistir a la facultad era una experiencia cada vez más insoportable y la paciente no podía decirles a sus padres que deseaba abandonar.

En un momento, regresando de la facultad a su casa, tuvo una especie de desvanecimiento como producto de una crisis de ansiedad. Fue entonces, cuando pudo decirles a sus padres que no iba a seguir estudiando y que iba a tratar de analizar qué quería hacer. Se hacía evidente que L. tenía varias cosas que resolver antes de elegir trabajar o estudiar. Se había estado sobreadaptando a la situación para evitar el conflicto con sus padres.

En los primeros tiempos el tratamiento avanzaba sin mayores dificultades. L. no faltaba a las sesiones y colaboraba con el tratamiento; sin embargo, yo siempre me preguntaba: ¿cuánto de todo esto era cierto?

Podría haberlo definido como una transferencia positiva, idealizada y dependiente. No obstante, el contenido de las sesiones estaba poblado del relato de situaciones de índole agresiva con diferentes personas, tales como: "Mi papa me descalifica y empieza a andar detrás mío, "mi hermana tiene toda la atención de mi tía, que en mí ni se fija", "yo me preparo la comida y vienen y me sacan la comida del plato", "mi mamá no me atiende como yo a ella"; "la madre de mi amigo me usa para que pague cosas en su casa", "me presentaron un chico y se quiso volver temprano", etc.

Todas estas situaciones le provocaban resentimiento. Las sesiones funcionaban como una especie de receptáculo donde L. depositaba todo el malestar a la vez que iba haciendo intentos de elaboración.

Con el trabajo psicoterapéutico se lograban avances; su relación con su papá iba mejorando, empezó a trabajar en la empresa del padre y decidió estudiar un idioma, actividad que ha mantenido hasta la actualidad y con la que se ve cada vez más entusiasmada.

A continuación, mencionaré un hecho que cambia totalmente la dinámica de las sesiones y que llama notablemente la atención. En un momento de la terapia, L. comenzó a llegar a la sesión con un fuerte olor desagradable que invadía todo el consultorio, entrelazado con sus relatos de enojo.

En ese momento, intenté no darle importancia; lo atribuía a la temperatura ambiental y a su constitución biológica, aunque me preocupaba el olor en el consultorio, sobre todo en relación al próximo paciente y a la afectación de la tarea. No alcanzaba a pensar que tal vez estaba en relación a la transferencia y que lo que se ocultaba y se expresaba a la vez a través de esas emisiones malolientes era una agresividad encubierta hacia mí. También pensaba cómo hablarle del olor, sin ser yo misma violenta o insultante.

Me debatí durante un tiempo hasta que, debido a la pandemia, no hubo más sesiones presenciales, por lo que este síntoma —ahora lo puedo pensar como un síntoma o manifestación corporal de un vínculo de carácter conflictivo—, no pudo ser percibido. Sin embargo, al proponerle las sesiones a distancia, L. me dijo que no, que ella prefería presenciales. Al cabo de una semana, la llamé y le pregunté cómo se encontraba, me dijo: "Estoy bien ayudando a limpiar mi casa y a festejar el cumpleaños". Frente a su respuesta, le señalé que estaba muy bien que ayudara y festejara el cumpleaños de alguien, pero que ella no se daba cuenta de que los años también pasaban para ella y tenía muchas circunstancias por pensar y resolver. A la semana siguiente me llama y comenzamos las sesiones a distancia.

En una de las primeras sesiones me refiere que en su casa no hay privacidad y que, por lo tanto, no puede decir lo que está pensando porque lo pueden escuchar. No puede hablar con sinceridad. En ese instante me asaltó un pensamiento contratransferencial: que ella no estaba siendo sincera conmigo.

Se lo dije, para mi sorpresa, se rió y me respondió que sí, que era cierto y que había estado conversando con miembros de su familia sobre el tema. Les había comentado que yo quería seguir, por cualquier medio, su tratamiento para no perder plata. Esto nos abrió muchas puertas para seguir trabajando. Por ejemplo, nos dio la posibilidad de ver que no podía pensar que los demás se interesaran en ella, cosa que siempre la llenaba de frustración y de rabia. Vimos su gran desconfianza con toda la gente que la rodeaba (todas, características que tienen los pacientes psicosomáticos producto de un vínculo primario con una mamá que los usó como una extensión de su narcisismo, en muchos momentos para lucirse o de forma ganancial).

Pudimos entre otras cosas hablar de su creencia de que la necesidad del tratamiento era mía y que ella al parecer no tenía necesidad de hacerlo (otra característica de los pacientes psicosomáticos debido al uso de mecanismos de disociación e identificación proyectiva).

Se hizo evidente una transferencia infantil negativa que obstaculizaba el tratamiento, y era importante sacarla a la luz para la continuidad de la relación conmigo y de la tarea. Hasta este punto, mi hipótesis era que se había establecido una transferencia negativa de características maternas, como lo referí anteriormente, y que, de alguna manera, se podía estar expresando a través de su mal olor.

En un momento del tratamiento, L. trae dos sueños que me alertaron y me llevaron a pensar otro contenido infantil que se estaba haciendo presente en las sesiones, en relación a la figura del padre y al tema del dinero:

Primer sueño: "En uno de los sueños veía mi habitación pintada de un color claro, se veía iluminada. Pero había manchas de pintura que caían del techo. No sé si era sangre, eran rojas; distintas pinturas que caían del techo y tocaban el piso de la pieza".

Segundo sueño: "Mis padres se habían ido de viaje, no estaban y venía una pareja más joven y quería enterrar un cuerpo en el patio de mi casa. Habían cometido un asesinato. La única que lo iba a saber era yo. Cuando estaban haciendo el pozo, llegó mi papá y le quisieron dar plata; mi papá ahí nomás manoteó la plata, rápido, y les dijo que se fueran. El muerto no sé si lo llevaban o lo dejaban."

Yo pensé que, en estos sueños, L se pintaba a sí misma, me mostraba su mundo interno, su mente, con el anuncio de que en su cabeza había aspectos sangrientos (violentos), que de alguna manera habían "manchado" nuestra relación; que había un muerto producto de un asesinato, que había que enterrarlo, ocultarlo y que su papá —yo, en un lugar en su mente— rápidamente tomaba el dinero y hacía desaparecer los asesinos, sus aspectos violentos.

No pude dejar de pensar en Bion cuando dice que el analista debe tener una visión binocular, es decir, que el analista debe darse cuenta mientras atiende a un paciente, de los peligros de su asociación con ese paciente. El peligro con L. era que yo fuera cómplice y que entre las dos enterráramos estos aspectos infantiles y agresivos, estimulando su sobreadaptación (respuesta frecuente en los pacientes psicosomáticos). Se me ocurrió pensar que todo esto tenía, entre otras cosas, relación con el tema del mal olor y lo empecé a investigar. Nuevamente, para mí sorpresa, me encontré con una historia infantil que llega hasta la actualidad relacionada al mal olor en L. Le pregunté si, alguna vez, ella había tenido una vivencia relacionada con lo sensorial que le hubiera llamado la atención.

Ella respondió que siempre tuvo un tema con los olores, desde chica era muy sensible. Dijo lo siguiente: "Hay olores fuertes que me daban y me dan arcadas, y cuando vuelvo a la casa de mi infancia, me quiero ir rápidamente, por el olor a viejo, a dejados, a sucio y a perros". —Sus tíos que siguen viviendo allí tienen varios perros—. "Me trasmite el ambiente de mierda en el que viven ellos. Ellos son súper serviciales, pero yo nunca he querido quedarme a dormir, es un clima feo. Cuando toma, mi tío se pone absorbente. Mi tía mayor no puede ni ver el alcohol".

Con respecto a esta situación, L. recuerda: "Con mi abuela materna, con la que vivimos de chicos, también siempre le sentí olor a 'culo'. Ahora que es más vieja, peor. Mi mamá dice que es porque usa ropa de nylon, pero, cuando está sentada y se levanta, yo siento ese olor fuerte".

Otro recuerdo de su infancia son las constantes faringitis y alergias respiratorias repetidas más de una época. Con respecto a este hecho, L. comentó que de chica se enfermaba mucho del pecho, de la garganta y de la nariz. En las sesiones, menciona recuerdos asociados con su hermana y consigo misma: "Con mi hermana, peleamos porque ella siempre me dice que tengo 'olor a pata'". A veces yo misma me siento mal olor, olor a 'chivo'. No me gusta, tengo olores fuertes, como suciedad. Si no me baño todos los días, siento ese olor fuerte, Tengo que prestarle más atención que los demás, a esas cosas. Me pone nerviosa. Soy proclive a tener hongos en la ingle y en los pies, me siento sucia".

Marco Teórico

Sabemos que el olfato es uno de los sentidos capaz de trasladarte a un montón de recuerdos, influir en nuestro estado de ánimo y en nuestro comportamiento. Muestra además una gran disposición para hacer llegar a la memoria una serie de momentos vividos en el pasado, ya que las fragancias están repletas de componente emocionales

Es Didier Anzieu (2007) quien se dedica a tratar la piel como la envoltura del cuerpo de la misma forma que la conciencia tiende a envolver el aparato psíquico. Nos dice desde este punto de vista que la función y la estructura de la piel pueden proporcionar a los analistas analogías fecundas para la teoría y la técnica.

Nos agrega que el yo piel aparece en primer lugar como un concepto operativo que precisa el apoyo del yo en la piel y homologa las funciones del yo y las de nuestra envoltura corporal (limitar, contener, proteger). Esto enriquece la noción de frontera, del límite de continente, desde una perspectiva psicoanalítica.

Otro concepto que fue investigado en varios autores fue la intuición. Entre estos tenemos a Trachtenberg quien dice que la intuición no se puede definir, pero es algo que nos conecta con el futuro (Trachtenberg 2020). Por otro lado, Sandler (1979) nos dice que la intuición existe, pero no puede ser comprendida solamente puede ser usada. Pero sin lugar a duda fue Bion quien a mi entender caló muy profundo en el tema de la intuición cuando dijo que la misma es la capacidad del analista de dejarse sorprender por lo que surge en su interior. (Bion 2011). En los Seminarios Italianos resalta que, si el analista puede mantener su mente abierta, si puede alojar en su interior "los pensamientos salvajes" se va a poder observarlos y formularlos (Bion 1977).

Discusión

La superficie corporal de L., a través de sus poros, emana el mal olor, el cual representa un defecto fundamental del continente, originado en sus vínculos emocionales tempranos (Anzieu, 2007).

El trabajo psicoanalítico que me propuse hacer con ella es, pues, el de establecer vínculos, no sólo entre el pasado y el presente sino también entre estos fragmentos del presente; por ejemplo, establecer un vínculo entre la emoción y la transpiración ("frustración, bajón, mal olor"). La meta era crear, de este modo, un entretejido que le empiece a generar un continente.

Si bien el tema de la transpiración en sí misma no pudo ser tratado en su momento y reconocido por la paciente como la expresión de sentimientos hostiles hacia mí, hemos podido abordar su desconfianza e idea de que yo la uso y de que la necesidad del tratamiento es mía como, así también, sus enojos frecuentes. Posteriormente, en el tratamiento, hemos podido pasar de un ideograma olfativo que empezó en la nariz a su transformación en palabras. En el caso de la paciente, un ejemplo de este cambio es la expresión agresiva del olor a patas como ataque a su hermana; cito: "le saltó a la yugular con el olor a patas". Pienso que, de esta forma, estamos logrando en su mente la función de contenedor, condición necesaria del funcionamiento del sistema de percepción–consciencia–, apuntando a provocar una transformación que favorezca el crecimiento mental.

Contamos con suficientes elementos para generar la hipótesis de que la emisión de malos olores durante la sesión, y en otros momentos de la vida de la paciente, está asociada a lo agresivo, y, por qué no, agregar, a lo seductor (de alguna manera, me provocaba, me solicitaba, me ensuciaba), sin ninguna transformación simbólica. No podemos dejar de considerar que la emisión de olores sea un esbozo de comunicación y que el intercambio entre los dos se encamine a ser un diálogo. La digestión de las experiencias emocionales, a través del diálogo, posibilita transformarlas a un nivel simbólico auténtico y da lugar al crecimiento mental. La no digestión implica la evacuación hacia canales neurofisiológicos, protomentales, talámicos y subtalámicos (Bion, 1965).

Pensando la experiencia con la paciente y pensando en nuestra labor como analistas, en la contratransferencia, recordé a Anzieu, quien me ayudó a darme cuenta de que al principio tenía cerrada mi olfato y mi inteligencia a esta señal sensorial demasiado concreta.

Explique, entonces, el concepto de intuición. Según Trachtenberg, la intuición no puede definirse, pero es algo que nos conecta con el futuro (Trachtenberg, 2020). Sandler dice que "la intuición es algo que existe, que no puede ser entendido, solamente percibido, observado, entrenado y usado" (Sandler, 1997).

Sin embargo, creo que es Bion quien ha calado muy profundo en el concepto, cuando se refiere a la intuición como esa capacidad del analista de dejarse sorprender por lo que surge en su interior (Bion, 2011).

En los seminarios italianos dice: "si pueden mantener su mente abierta...si pueden permitir que (aquellos pensamientos salvajes) se alojen en sus mentes, por ridículos, estúpidos o fantásticos que sean, entonces existe la posibilidad de observarlos.

Es cuestión de atreverse a tener esos pensamientoS y conservarlos el tiempo suficiente para poder formular lo que son" (Bion 1977, p.41).

Con respecto a este punto, se puede establecer una relación entra la intuición y la manifestación de L., lo que implicó plantear los siguientes interrogantes: ¿El analista puede acceder, a través de la intuición, a estas formas arcaicas de percepción?; estos lenguajes olfativos, auditivos, visuales, ¿forman parte de la intuición de un analista?

Muchas veces nos referimos a nuestra capacidad para entender a un paciente como "tener buen olfato". ¿Los analistas hemos sufrido represiones de estas formas arcaicas de lenguaje y, por lo tanto, no son suficientemente consideradas por nuestros registros conscientes y muchas veces las dejamos pasar?, ¿podemos pensar que el mal olor es de alguna manera un ataque al vínculo como una de las formas de atacar la capacidad vinculante del pensamiento y evitar la evolución de la intuición y sus imprevisibles caminos?, ¿qué pasa cuando no está el cuerpo?, ¿qué pasa con los análisis a distancia donde nos vemos privados de estas percepciones? La transferencia, ¿se abre camino de cualquier manera cuando no tenemos estos registros?

Dado que la respiración y las señales olfativas son parte de nuestro pasado arcaico y primitivo, es posible concluir, citando nuevamente a Anzieu (2007), que "la intuición y la empatía del psicoanalista reposan en una base olfativa difícil de estudiar".

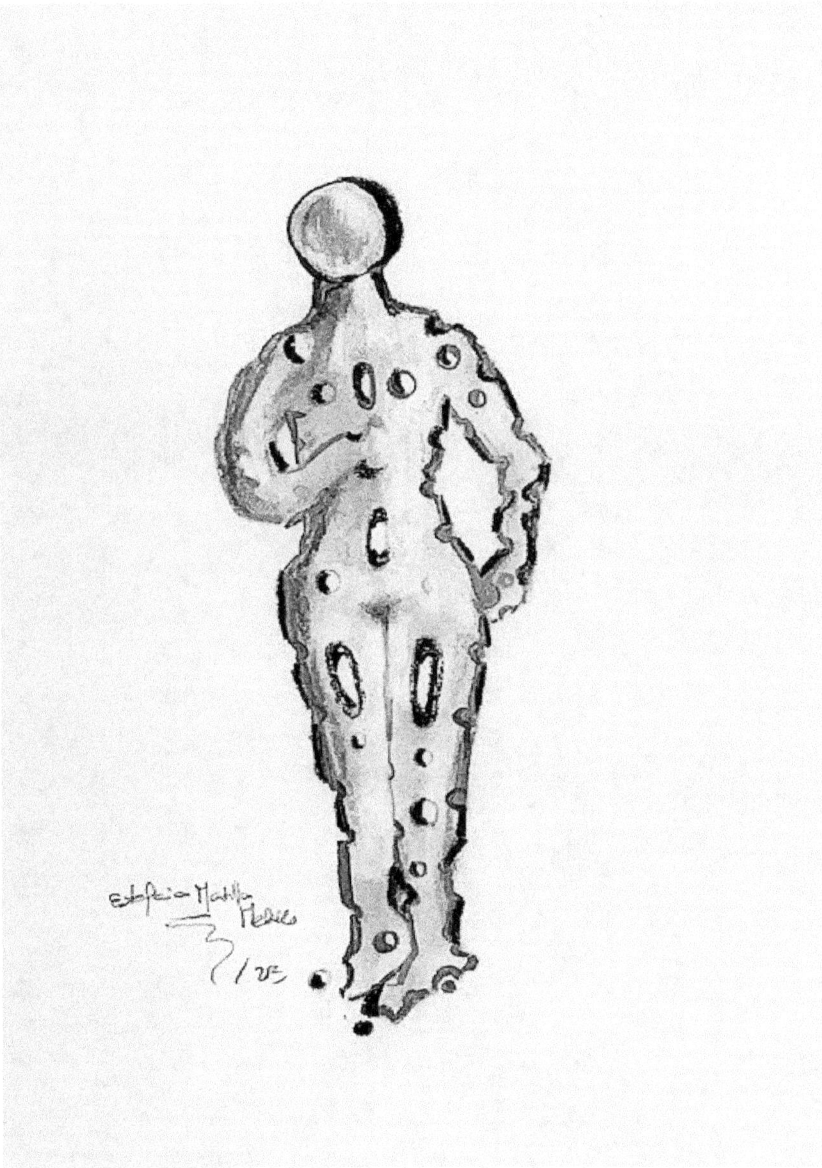

Obra: Sensibilidad estática

El cuerpo en la transmisión delirante[3]

Leticia Villagómez Tovar

Acercarme al cuerpo ha sido uno de los caminos por los que he transitado en mi devenir analista, las psicosis en las generaciones ha sido otro. En Praga y Boston, congresos recientes de la IPA he compartido mis inquietudes como panelista. Ahora me pregunto: ¿Cómo puede un sujeto atrapado en los conflictos de sus padres intentar resolver sus propias dificultades corporales y psíquicas para separarse de una identificación narcisista mortífera?

Presento distintas maneras en que el cuerpo y la psique pueden inducir su problemática en relación a las generaciones y las psicosis como lo imposible de la sucesión de las generaciones y las enfermedades somáticas graves que afectan directamente la continuidad de la vida.

En las psicosis no hay oportunidad que entre el padre y el hijo se cree una nueva lengua y un cuerpo propio, ya que estos se imponen; en ella, la relación que el sujeto mantiene con su propio cuerpo es la reproducción de la que mantiene con el otro.

Mis reflexiones transcurren con un caso y sus generaciones donde el cuerpo da cuenta de la escucha analítica en estas patologías graves. Al pensar la relación de la locura en estos cuerpos, surge la historia transgeneracional enlazada a la trasmisión delirante de una herencia narcisista mortífera.

El cuerpo en la psicosis

¿Cómo puede un sujeto atrapado en los conflictos de sus padres intentar resolver sus propias dificultades corporales y psíqui-

[3] Ponencia presentada en el 31° Congreso Latinoamericano de Psicoanálisis FEPAL. Tema: Cuerpo. Cartagena de Indias, Colombia. 2016.

cas para separarse de una identificación narcisista mortífera?

Las psicosis como lo imposible de la sucesión de las generaciones, puede ser un camino. Otro se da a través de las enfermedades somáticas graves que afectan directamente la continuidad de la vida. Estas son distintas maneras en que el cuerpo y la psique pueden inducir su problemática en relación a las generaciones.

La confusión en la psicosis queda marcada en cuerpo y mente, se organiza a partir de la violencia con la que se coarta la libertad; esta, tal como lo dice Piera Aulagnier (1975), se ejerce contra el pensamiento y contra toda posibilidad de fantasía. No hay oportunidad que entre el padre y el hijo se cree una nueva lengua y un cuerpo propio, ya que estos se imponen.

A partir del momento en que la psique pueda y deba pensar su cuerpo, el otro y el mundo en términos de relaciones, comenzará ese proceso de identificación que hace que todo lugar identificatorio decida la dialéctica relacional entre dos yoes. Es entonces cuando el cuerpo, sus cambios, su sexualidad, sus eventuales accidentes, podrán ser representantes del otro. (Aulagnier, P. 1991)

En la psicosis, el otro y el propio cuerpo se han transformado en destinatarios intercambiables. La relación que el sujeto mantiene con su propio cuerpo es la reproducción de la que mantiene con el otro. El progenitor psicótico, en ciertos casos, dirige y comunica su delirio al hijo, lo hace testigo de lo que sufre con su vivencia persecutoria.

El cuerpo da cuenta de la escucha

En mi escucha del material que presento, así como en el de otros casos atravesados por estas patologías graves, he encontrado un fenómeno clínico de recurrente aparición, la intensa identificación proyectiva que genera una fuerte contraidentificación afectiva y corporal en mí como analista. En estos casos mi escucha tiene intensos registros corporales relacionados a un importante monto de angustia. Con Esther me quedé sin poder dormir ante el relato del suicidio de la hermana.

Esther llegó a análisis a los pocos días de la muerte de su

hermana Sara, ponía en mí de forma proyectil sus emociones y ella solo narraba obsesivamente los detalles del suicidio tan reciente. Sara se había quitado la vida de una forma particularmente violenta, dejando marcas imborrables en sus hermanos, hijos y nietos.

La desaparición del cuerpo de su hermana Sara y de Estela, su madre, provocó una severa reacción somática en Esther, la diabetes mellitus hizo estragos en ella a las pocas semanas de estas muertes.

En las sesiones no aparecían registros corporales afectivos y verbalizaciones de estas pérdidas en Esther, únicamente me percataba de las descripciones detalladas del proceso de agonía y muerte. Los registros contratransferenciales que marcaban mi propio cuerpo eran la forma de dar cuenta de lo que sucedía en la escucha. Aparecíamos como paralizadas, hasta que surgieron los síntomas corporales que amenazaban la vida de Esther nos percatamos de sus complicaciones.

A lo largo de su historia libidinal encontramos que aparecían somatizaciones severas en su cuerpo, cuando ella tenía pérdidas o conflictos importantes. Posteriormente a la muerte de su padre tuvo cáncer, en las separaciones con sus hijos al casarse, surgió la hipertensión arterial, ahora ante las dos pérdidas de herma y madre, su cuerpo responde con una grave somatización ante la angustia. El estudio de estas afecciones somáticas ha ocupado un lugar importante en mi experiencia como psicoanalista. (Villagómez, L. 2014).

Los fragmentos de la historia que relato están entretejidos desde mi escucha como analista de Esther y sus generaciones.

En el Congreso de Praga señalé que la psicosis es una producción de por lo menos tres generaciones, donde el paciente individual es un emergente de la enfermedad del grupo familiar, (Villagómez, L. 2013)

Este caso ha sido escuchado también por el Grupo Coyoacán en donde trabajamos la clínica de la psicosis con aquellos que aceptan acudir de manera individual con los analistas, y cuando se hace necesario con los psiquiatras del grupo. Otra paciente de esta familia que acudió continuamente fue Mary, la sobrina de

Esther que fue atendida por Carlos Lomas en análisis.

Cada vez que se hizo necesario, el grupo a cargo escuchó a la familia, es así como damos escucha a varios en distintas generaciones.

Sara, se suicidó a los pocos días de la muerte de su madre Estela, quien era muy longeva. Como si su cuerpo no pudiera continuar con vida ante esta pérdida. Sara se había dedicado la mayor parte de su vida al cuidado de Estela.

El hermano menor Juan, ha presentado episodios psicóticos ante algunas pérdidas. Él ha tenido tratamientos psiquiátricos y psicoterapéuticos.

El lugar del padre es de distancia afectiva y poca presencia en esta historia, favoreciendo de esta manera la figura dominante y omnipotente de la madre.

En este grupo familiar me hago una serie de interrogantes en relación al cuerpo: ¿Qué sucedió en las historias de estos cuerpos para hacer reacciones tan violentas? Las respuestas del cuerpo en cada uno de los hijos y en algunos de los nietos son locas. ¿A qué se relaciona la locura en cada uno de estos cuerpos? En Esther su cuerpo es atravesado por serias somatizaciones donde se amenaza la vida en cada conflicto psíquico. En Sara, aparece un cuerpo atacado violentamente hasta darse muerte. En Juan su cuerpo, hace episodios psicóticos ante las pérdidas.

En la tercera y cuarta generación encontramos una nieta con ideas delirantes suicidas semejantes a las de su madre Sara, hace un episodio psicótico en donde busca como quitarse la vida junto con su pequeña hija, al poco tiempo del suicidio de la madre. Otra de las hijas de Sara había hecho intentos suicidas unos años atrás.

La historia narcisista deja marcas corporales entre generaciones

Me parece que cada uno de estos cuerpos se enlaza a la trasmisión delirante de una herencia narcisista mortífera donde existen relaciones de objeto extremadamente estrechas (Freud, S. 1914). Se percibe desde la madre (Estela)que reprodujo una trasmisión psíquica donde atrapó a sus hijos en una locura semejante a la de donde provenía. Ella vivió una larga vida, haciéndose rodear y cuidar de sus hijos: Sara, Esther y Juan. Ellos se mantuvieron a su vez en esa fusión corporal con la madre, repitiendo esos mismos conflictos psíquicos en las siguientes generaciones, pero tomando mayor fuerza y destrucción.

La madre de Esther y su hermana tenían la enfermedad de la persecución y por este motivo habían mantenido entre sí mismas y con los demás una relación fusional y en momentos pasional, entrelazada con etapas de rechazo, odio, manipulación y violencia.

Al trabajar con estos pacientes en análisis, nos vemos confrontados con los efectos angustiantes del encuentro, con lo irrepresentable de estos conflictos en la vida psíquica que dejan marcas imborrables en el cuerpo.

Estos nos llevan a una clínica de la psicosis en herencia, organizada en torno a la desmentida y a la forclusión de conflictos psíquicos que se han dado a lo largo de generaciones y cuyos efectos a largo plazo sabemos destructores de la actividad psíquica y que trae dificultades en las capacidades de soñar, pensar, simbolizar e investir un cuerpo propio.

¿Cómo fui encontrando en Esther a través de su historia los registros mortíferos, somáticos, no simbolizados? En su análisis, se reconstruía con detalle la historia libidinal a través de su cuerpo. La muerte y el suicidio de la madre y hermana le hacen llegar a análisis a hablar de ellas, pero se da cuenta de que tiene dificultades para hacer duelos.

Encontró que las cicatrices mutilantes que lleva inscritas en el cuerpo son marcas que identifican los diversos conflictos psíquicos que ha vivido, en general relacionados a pérdidas traumáticas, las que enuncian sin embargo una identidad, inscriben marcas en una genealogía.

En el Congreso de Boston en 2015 presenté un trabajo que titulé, La melancolía en un entramado intrafamiliar y transgeneracional. En este señalé que la psicosis es una trama intertextual a lo largo de varias generaciones; también que las ideas delirantes se entretejen en la escucha transgeneracional. Ahora llevo algunas de estas ideas a pensar el cuerpo en la psicosis.

A través de material clínico comenté que la trasmisión delirante sobre las generaciones da un mensaje de muerte y destrucción que se inscribe en la descendencia y genealogía.

En estas historias, los hijos son colocados en la posición de un doble narcisista, así como el progenitor ha ocupado esta posición respecto de su propio progenitor en la generación anterior, doble narcisista portador de muerte a la vez que soporte de una fantasía de inmortalidad, del lado de lo idéntico, de lo no separado, de lo atemporal. (Enríquez, M. 1986).

El hijo es testigo, cómplice, protector, poseedor de un poder de vida y muerte, depositario de las identificaciones proyectivas de su progenitor, de quien se vuelve así inseparable, cuerpo de investidura narcisista.

El análisis con Esther favoreció el trabajo de duelo y una reducción de los mecanismos proyectivos al ir analizando estos registros corporales y psíquicos desde su historia en estas diversas generaciones, donde a Esther le fue posible analizar, reflexionar y reubicarse en la historia de los padres mismos, a través de su historia se fue apropiando de su cuerpo.

El conocimiento, la toma de conciencia de la patología de las generaciones, por dolorosa que pueda ser, se revela en la cura como un aliado valioso para la modificación de las confusiones y las identificaciones ominosas que se crean en cuerpo y psique de un sujeto en una proximidad excesiva con la psicosis de las generaciones.

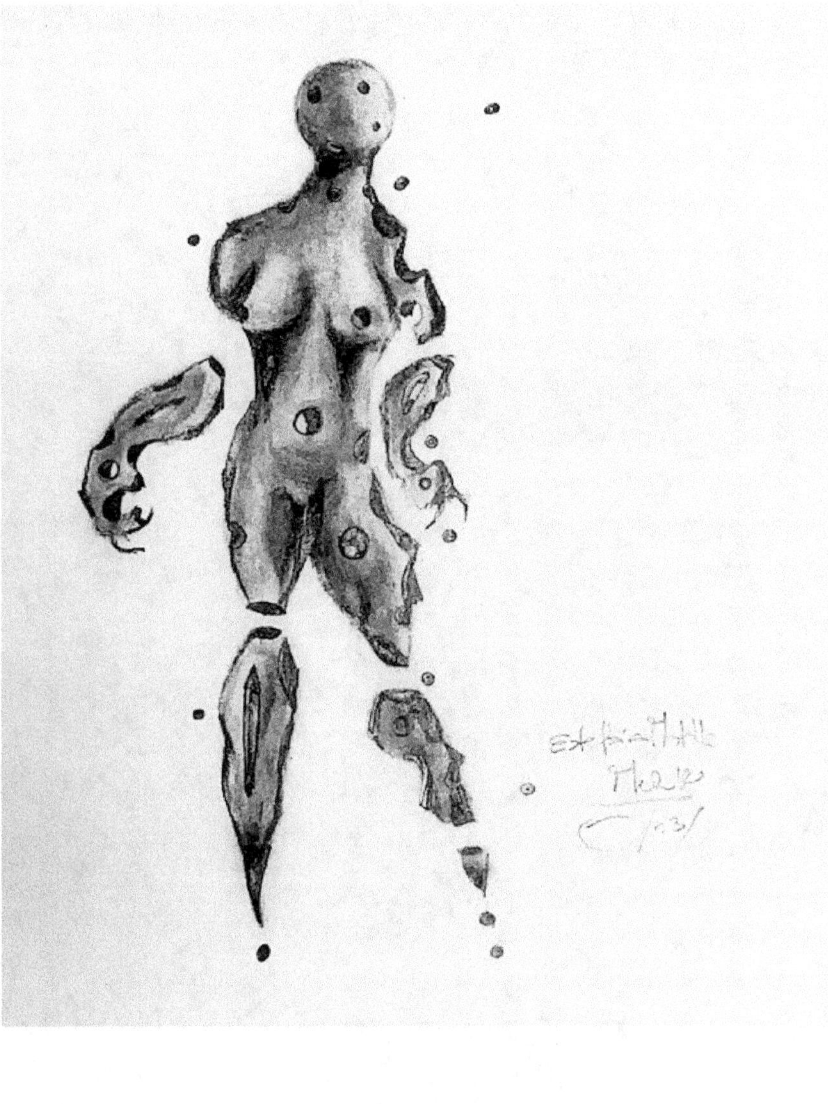

Obra: Ruptura sensorial

Lo infantil en el desamor: Desamparo psíquico y psicosomática[4]

Adriana Meluk, Olga Bechara, Miriam Jacobson
Eugenia Valdés, Leticia Villagómez

"Esta piel de mis poros y mis alergias, esta piel de mis pecas y mis pecados de mis lunares y cicatrices de mis erizos y picazones esa piel de mis venas y tus caricias".
(Mario Bennedetti, Flor de piel 1963)

El desamparo sufrido tempranamente se constituye en una significativa marca infantil, que determina el funcionamiento psíquico el cual será precario, llevando al sujeto al refugio en el cuerpo y la acción como formas de equilibrio pulsional y al establecimiento de relaciones objetales complejas producto de su afección.

Se inicia el trabajo con una introducción al tema que trataremos, para posteriormente desarrollar los conceptos de psicosomática, lo infantil y trauma. Todo esto con el propósito de dar un marco teórico a la exposición de 3 momentos del análisis de un paciente con una psoriasis muy grave y comprender no sólo su funcionamiento psíquico temprano sino la somatización como una reedición de un evento escasamente mentalizado donde la poca contención psíquica lleva al desborde en el cuerpo y las actuaciones.

Los pacientes psicosomáticos traerán al análisis, restos infantiles que muchas veces se presentan como fragmentos parciales de vivencias muy tempranas donde la palabra aún no logra el que estas sean historizadas y por tanto que se les dé un lugar en el tejido psíquico. Están en el cuerpo, en las acciones, en referencias sensoperceptivas de las marcas pulsionales, carecen de un relato que per-

[4] Ponencia presentada en el 52° Asociación Psicoanalítica Internacional (IPA) Tema: *Lo infantil, sus múltiples dimensiones. En línea.* 2020.

mita que estas ocupen un lugar en la mente-psiquis y sean pensadas y simbolizadas. El análisis permite unir los retazos y reconstruir la fluidez de ese tejido psíquico roto por traumas tempranos.

Introducción

Al pensar en analizados con graves padecimientos psicosomáticos, el origen infantil temprano no surge de una forma clara, elaborada; es una construcción donde los recuerdos, imágenes, sensaciones y afectos van emergiendo como consecuencia del análisis y desde las transferencias. El trabajo de la dupla analítica busca recoger datos, que no están representados y suelen aparecer como gestos, miradas, actuaciones y hasta en remedo de simbolizaciones. Estos datos emergen poco a poco de las sensaciones y emociones difusas, sin nombre que dan cuenta de la historia de esos primeros vínculos, donde el amparo fue carente y dejaron al individuo indefenso a merced de sus propios impulsos y de un exterior que se tornaba peligroso, amenazante y desértico.

En personas en las que su entorno no ha sido suficientemente contenedor, cuando hay una falla de la ensoñación

materna que les impide contener las emociones de origen temprano, estas pueden permanecer como recuerdos en sensaciones-acciones; las pulsiones carecen de ligadura y aparecen como rasgaduras en la estructura mental.

En sujetos donde la falta de entendimiento materno, o de quien supla esa función, surge la indefensión y el desamparo, siendo los elementos constitutivos predominantes en su aparato mental, pudiendo aparecer marcas corporales posteriores. Estás evidenciarían los momentos traumáticos tempranos, que quedan inscriptos en su psiquismo, como espacios vacíos o no representados.

En estos casos la fuerza de la pulsión mortífera avasalla y desborda la capacidad de mentalización del sujeto, dando a la repetición un lugar central de funcionamiento, un eterno retorno de la vivencia traumática.

La apuesta analítica en los casos graves psicosomáticos busca establecer un puente, recobrar la voz, la mirada, el trabajo asociativo, el rescatar la historia, las transferencias y la cercanía afectiva, para llevar al paciente a rehacer la red del tejido psíquico apenas sostenido, y favorecer en el que pueda apropiarse y habitar su cuerpo e integrarlo.

Hablar, apalabrar, pensar y reflexionar sobre los contenidos de lo infantil en un paciente, es darle significaciones, representaciones y construcciones psíquicas que permitan favorecer el desarrollo de un preconsciente más robusto y fluido.

Pedro será el paciente que nos permita adentrarnos clínicamente en lo que se ha descrito. Éll sufre de una importante enfermedad autoinmune que ataca su piel y que lo sumerge en una situación de profundo dolor, donde su enfermedad sin aparente historia se instaura en el análisis y va dejando evidencias de un profundo desamor por parte de sus figuras parentales primarias.

El desamparo y vulnerabilidad psíquica son sus constantes vitales, su piel rasgada y herida, un reflejo del dolor psíquico que solo es posible de ser calmado, cuando Pedro entra en acciones repetitivas, por ello necesita sumergirse por un largo tiempo, en una bañera de agua tibia. Este acto es quizás la resignificación de un recuerdo sensorial infantil lejano-temprano, de momentos de sosiego, sostén e ilusión de unidad.

En el presente trabajo desarrollaremos aspectos significativos en la constitución y origen de la enfermedad, mencionando algunos autores que nos resultan relevantes para el entendimiento del sufrimiento de Pedro.

Hacia una comprensión de lo psicosomático desde lo infantil

La comprensión de lo psicosomático desde la teoría freudiana se puede entender a través del concepto de neurosis de angustia, considerándola cómo una neurosis actual, la que se caracteriza por la acumulación de excitación sexual somática, que no es tramitada psíquicamente y que se expresa en el cuerpo, transformandose directamente en síntoma. Freud (1895) la describe como un estado que puede ser permanente o presentarse como ataque de angustia, (Freud, 1893-1894). Se acerca así, a los trastornos somáticos de la angustia sin relación psíquica, donde la excitación sexual somática no llega a transformarse en libido, no tiene elaboración psíquica, ni representación.

El cuadro clínico de la neurosis de angustia es separado por Freud de la neurastenia, y la describe como una neurosis en la que predomina una angustia masiva, sin objeto claramente manifiesto, y en la que es patente el papel desempeñado por los factores actuales. La neurosis de angustia es diferenciada de la psiconeurosis o histeria de angustia o neurosis fóbica, en la cual la angustia se ha fijado sobre un objeto sustitutivo.

La Escuela Psicosomática de París nos señala entonces como el campo de las neurosis actuales es un lugar significativo de observación de lo psicosomático. La interrupción del trayecto pulsional hacia su fuente somática llevará al sujeto a un estado de desmetalización y a un aumento de la excitación pulsional en el escenario somático. Se evidencia el fallo del trabajo psíquico y la pérdida del sentido simbólico.

Ahora bien, con el planteamiento de la segunda teoría de las pulsiones se da un importante énfasis a la desintrincación pulsional, así, si pulsiones de vida y pulsiones de destrucción se desligan, se verá una alteración funcional. La neurosis traumática será uno de los caminos usados por Freud (1920) para mostrar cómo se daría en ella una gran excitación psíquica, pero si hay una lesión corporal la sintomatología psíquica desaparece o disminuye. Freud (1926) nos señalaría también que si el evento somático es muy grave desaparece la sintomatología neurótica.

Para este modelo de comprensión de lo psicosomático se pone en evidencia como lo señala C. Smadja (2019) "el dominio económico, en el conjunto de los procesos somáticos". En pacientes muy graves donde lo traumático temprano ha sido constitutivo de su vida mental, la simbolización es escasa y se va a la vía de la acción y el cuerpo, como forma de manejar la sobreexcitación psíquica. Podríamos hablar de trauma, tomando en cuenta la segunda tópica, ligado a la repetición y a la pulsión de destrucción, e integrándose estas ideas a los planteamientos descritos por Freud (1937, p.74), donde el componente económico se liga a lo dinámico. Menciona entonces que se darían vivencias e impresiones tempranas "de naturaleza sexual y agresiva y por cierto también todas aquellas que hayan provocado daños tempranos al yo (mortificaciones narcisistas)".

Tenemos entonces en el trauma dos tiempos, donde en el presente se reedita el pasado y donde este afectaría el devenir con lo que el futuro y el pasado son condicionantes del presente. Por tanto, permanentemente se resignifican las experiencias infantiles tempranas.

En calidad de trauma psíquico, obrará toda vivencia que suscite los efectos penosos de horror, angustia, vergüenza y dolor psíquico. De la sensibilidad de la persona afectada dependerá que la vivencia se haga valer como trauma.

Ahora bien, pasando al terreno de lo infantil para el psicoanálisis, el sustrato de ello lo constituye la sexualidad, en la medida en que las formaciones inconscientes, sintomáticas o no, se construyen en torno a un núcleo traumático de la sexualidad. Los contenidos de lo infantil se encuentran fuertemente catectizados de energía pulsional, regidos por mecanismos del proceso primario, donde la repetición tiene un lugar central.

Kamel. F, citado por R. Puyuelo (2004), menciona que se suscitan interrogantes, en el sentido de si "lo infantil" se refiere a la niñez, poniendo en cuestión nociones tales como "neurosis infantil" y por otro lado "neurosis de transferencia". Menciona que está viviendo un primer tiempo de la sexualidad infantil del que se necesita que emerja la sexualidad genital, con el pasaje a la adolescencia y luego a la madurez. Es en ese otro escenario, desde donde podemos plantearnos "lo infantil", escenario que alude a un segundo tiempo de nuestra sexualidad, desde donde se resignifican las vivencias infantiles más primarias, y a la vez más valiosas en el complejo entramado psíquico de cada sujeto. Es la latencia, lo que da su sentido al modelo psicoanalítico de la sexualidad, y ofrece a la adolescencia una nueva posibilidad de reenganche de los impasses infantiles (Payuelo, 2004).

Pensemos que la condición del niño o de la niña, está en el primer tiempo de la sexualidad, donde todavía no se advierte el sentido más pleno. Para alcanzar lo infantil su sentido pleno, necesitamos que se atraviese la latencia y que la sexualidad genital de la adolescencia permita el a posteriori, y desde ahí es posible promover, resignificar los momentos e impasses infantiles.

Freud (1895), formuló la existencia de la actividad de una pulsión sexual desde el momento mismo del nacimiento del niño. La sexualidad, se despliega desde la relación con el deseo inconsciente referido a un objeto desde siempre perdido, sitúa la actividad de la pulsión sexual en la experiencia de satisfacción de la infancia más precoz con el Otro o "auxiliador externo".

El mismo estado de indefensión con el que viene al mundo el infante, determina que sea asistido por la madre o un cuidador, que lo rescate en la prosecución de un propósito de vida. Hasta aquí un sesgo de una de las tantas visiones que el término infantil sugiere (Freud, 1895).

Existe entonces una vida pulsional-sexual que el niño desde su nacimiento y a través de sus propias emociones irá transitando para obtener placer, apuntaladas en necesidades vitales que luego, intermediación mediante del objeto, podrán ser re-encauzadas y tramitadas para convertirse en deseo.

Ese recorrido de lo infantil por las diversas etapas de su desarrollo, supeditado a un objeto u objetos que reconozca sus demandas y frustre, dando la oportunidad de que esto promueva la capacidad de espera y la posibilidad de fantasear lo que anhela, permitirán al sujeto, una estructuración de un psiquismo rico en opciones y creativo. La experiencia nos muestra que esto no siempre es así.

No siempre la huella que ha quedado del objeto que procura la satisfacción, es una huella propiciatoria. Muchas veces al quedar ligado el deseo a esos modelos de alucinaciones más primitivas, sucede que por exceso de presencia o por ausencia del objeto, desencadenará una simple descarga.

Vivenciada en forma repetida, reingresa el psiquismo del infans a un terreno netamente cualitativo, obturando las capacidades para fantasear, representar imaginariamente y recrear. Estas van afectando las redes del tejido mental con huecos y fallas, determinantes de movimientos pulsionales, que no encuentran su destino más que en el acto, en el cuerpo o hacia afuera.

Dice Freud (1920): "*La pulsión nunca deja de aspirar a su satisfacción plena, que consistiría en la repetición de una vivencia primaria de satisfacción...*"

La importancia de considerar lo infantil, radica en que no siempre por la edad y otras circunstancias, se cuenta con una mente capaz de simbolizar experiencias traumáticas, invasivas o deficitarias.

Bion (1963), partiendo de su modelo de la mente, nos dice que, al producirse una experiencia emocional, los diferentes elementos sueltos de datos sensoriales internos y externos que existen como elementos betas, deben ser procesados por la función alfa para producir pensamientos. Cuando esta transformación fracasa, deben ser evacuados a través de la pantalla beta como incrementos de estímulos, que no pueden ser utilizados ni almacenados como memoria.

Existen varios mecanismos utilizados para su evacuación, uno de ellos es el uso de la pantalla beta de pseudocomunicación, de sin–sentido (Meltzer, 1990, pág. 32) o con una regresión a la mentalidad de supuestos básicos y a sus aliados próximos, las inervaciones somáticas que dan lugar a las enfermedades psicosomáticas. En estos casos se pierde la función simbólica y de significación de la experiencia emocional.

Caso clínico

Los muertos vivientes (Pedro)

Algunos datos…

Pedro viene a España hace 20 años. En la actualidad tiene 53 años. Es originario de una ciudad de provincia en argentina. Toma la decisión de migrar luego de tener dificultades de tipo económico por un conflicto familiar. Allí trabajaba con su padre, quien tiene una próspera industria hortícola, pero él y su padre tienen algunas diferencias con la forma en la que se maneja el negocio, lo que lleva a un importante conflicto y como consecuencia de ello Pedro piensa en buscarse la vida lejos de su familia. Comenta que allí dejó a su madre, 3 hermanos, amigos y una novia, a la que le prometió que volvería para traerla a vivir con él pero luego no lo hizo, ya que conoció a alguien aquí y un año después de migrar se casó.

Tiene 2 hijos los cuales en la actualidad son adolescentes, y ha empezado a tener problemas con uno de ellos, ya que no lo respeta como autoridad. Los primeros años trabajó en cultivos de diferentes tipos, lo que se le facilitó, ya que era algo que él sabía hacer y luego con ahorros logró comprar una carnicería que lleva hasta la actualidad. En poco tiempo planea venderla, ya que le ha sido concedida una pensión de invalidez.

Primera Sesión

Al oír a Pedro por el teléfono cuando me pide su cita, me da la impresión de un hombre muy activo y jovial, impresión que choca con el hombre con el que me encuentro al abrir la puerta de la consulta. Viene encorvado y camina con un bastón muy lentamente, como si todo su cuerpo doliera. Le es difícil moverse y yo tengo la sensación de que a cualquier paso se puede caer. Entra en la consulta, le indicó donde sentarse y este acto lo ejecuta con una importante dificultad. Permanece en silencio unos segundos y al verlo tan tenso le preguntó:

Analista: ¿Pedro que te ha traído hasta aquí?

Pedro menciona: Bueno, no sé ni que decirte. Son varias cosas...la primera de ellas es que no logro aceptar mi situación actual. Tengo 53 años y por todo lo que me pasa no voy a poder seguir trabajando y estó me ha producido mucha ansiedad. Por un lado, pienso que es mejor dejar de trabajar, porque si un día no puedo abrir el negocio pues no me siento mal, pero por otro lado pienso, que será ahora de mi vida sin una rutina. A mí las rutinas me sirven mucho porque no pienso. Hago cosas y ya, me centro en ello y no pienso.

Analista: ¿No pensar en qué cosas?

Pedro guarda silencio y veo que le es difícil hablar, cómo si no lograra que las palabras salieran de su boca. Después de un rato me dice: pensar en las preocupaciones de la vida...el dinero, la salud, los hijos... (yo noto de inmediato que pone como en bloques monolíticos las cosas que le ocurren, le es difícil narrar las historias particulares sobre los temas mencionados).

Le digo -Analista-: tratemos de pensar en estos temas tan grandes que traes... que ocurre por ejemplo con tu salud (señaló este asunto porque es evidente su situación de deterioro físico y ha mencionado la invalidez que le han dado).

Pedro: pues mira, esa es una de las cosas importantes que me pasan. Yo tengo una psoriasis eritrodérmica que ha ido atacando también las articulaciones.

Analista: explícame un poco sobre la enfermedad...

Pedro: bueno, pues lo que ha pasado es que esto la tengo ya hace años...

Analista: ¿cuántos años?

Pedro: 20 creo... (lo veo dudoso intentando como recordar algo) si, si, veinte porque creó las primeras manifestaciones fueron al muy poco tiempo de llegar (En este punto me menciona el motivo de su migración, pero de nuevo sus relatos son un poco crípticos, en bloques, con muy poca elaboración y con muy pocas manifestaciones afectivas. Yo indago un poco y me relata lo que ya mencioné en su historia inicial).

Bueno como te decía, pues esta es una enfermedad que empezó, así como si nada. Al principio pequeñas cosas que se quitaban con cremas, eran como zonas rojas que picaban o ardían y pasaba. Pero esto se ha ido haciendo cada vez más grave. En este momento no dejo de rascarme y eso hace que sangre, duela y se me infecten las heridas. Mi esposa sufre mucho con esto porque yo no paro ni un minuto de rascarme. El único momento en que siento algo de alivio es si me sumerjo en la bañera llena de agua…paso mucho tiempo allí. No me hacen efecto las medicinas…he llevado tratamiento biológico y fototerapia, pero todo tiene resultado por un tiempo y vuelve y aparece. "Tú eres mi última opción".

Analista: ¿Tu última opción?

Pedro: si, porque me dice mi médico que hay causas emocionales y que quizás un psicólogo podría ayudar. Por eso vine.

Analista: y en tu caso ¿Cuáles se te ocurren podrían ser algunas causas emocionales o algunos hechos que creas son importantes para que se presente o agudice la psoriasis?

Pedro: ahora mismo pues no lo sé…quizás dejar de trabajar…eso me pone loco. Yo tengo una rutina…bueno a ver, es una rutina que se ha ido cambiando ahora con las crisis… yo iba a primera hora a comprar la carne en el mercado central que es donde se distribuye todo, luego lo cargaba y luego ya me iba a la carnicería a vender todo el día allí.

A veces me ayudaba mi mujer, íbamos luego a casa en la tarde, y yo ya me ponía a organizar lo del otro día y en la tarde volvía un rato de nuevo y abría por si alguien necesitaba algo, casi todos los días iba mi amigo Antonio y tomábamos el café en la tarde y hablábamos de fútbol o deportes y ya regresaba a mi casa a cenar, ducharme y a la cama porque me levanto muy temprano (esto lo dice en presente y me llama la atención esta confusión temporal), hay que ir al mercado muy temprano para tener las mejores piezas y el embutido y todas esas cosas (pienso en la agitación motora de muchos de los pacientes somáticos y en ese relato de la vida como si fuera un chequeo de acciones).

Continúa diciendo: pero ahora tengo que pasar mucho tiempo en el agua, me voy a volver un pescado (estó lo dice con gracia). No duermo rascándome, no vivo…no tengo vida íntima con mi mujer porque me da vergüenza y pienso que a ella le da asco ver mi cuerpo. En realidad, todo es muy complicado… pero bueno… me han dado la invalidez y ya no trabajaré… viviré, rascándome, quitándome la piel a trozos…rasgando la carne…

Analista: seguirás siendo carnicero, pero contigo…

Pedro: es verdad quitando carne, rasgando carne…no comiendo la carne (y se ríe).

Analista: la carne tiene mucho que ver contigo entonces…

Pedro: y que lo digas...vengo de Argentina…ayy (cambia inmediatamente la expresión de su rostro), un asadito argentino que rico que está. El asado argentino tiene fama en el mundo y con mucha razón…no es cualquier barbacoa…es amigos, familia, una preparación, un ritual. Desde escoger la carne, poner la parrilla, escoger las morcillas y el vino…el pan (es un relato muy expresivo y en el que yo noto una importante carga afectiva).

Le digo:

Analista: ¿y hace cuanto tiempo no vas a Argentina a un asado?

Pedro: 20 años.

Analista: ¿desde qué te viniste? (afirma con su cabeza y noto que sus ojos tienen alguna lágrima).

Pedro: me fui y no volví.

A: ¿Por qué no volviste?

Pedro suspira…es una historia larga…otro día te la cuento… Analista: ven para que puedas contármela.

Comentario a la sesión

Inició una terapia con Pedro y decidí verlo una vez por semana. En muchos momentos su situación física empeoraba y tenía varias anulaciones de las sesiones, muchas de las cuales las interprete como distancia a mi cercanía y que favorecían en Pedro cierto equilibrio psíquico. Para mí es evidente como la migración y sus múltiples duelos, han jugado un papel importante que desestabiliza el equilibrio psicosomático de Pedro. El me menciona en esta sesión, la existencia de un conflicto parental previo que es el que lleva a su migración definitiva e inicialmente no hay una correlación para él entre todo esto (conflicto con sus padres, desarraigo y eclosión de la enfermedad).

Pedro pasa muchos meses contando asuntos sobre su enfermedad, el tratamiento que lleva, algunas dificultades que tiene con uno de sus hijos, preocupaciones económicas y temas con sus abogados por la cesión de la carnicería. Durante todo este tiempo no trae sueños y sus sesiones se llenan de relatos de lo que ocurre en su semana. Hechos que conectan muy poco con su historia.

Para conocer el relato total de porque Pedro no volvió a Argentina y sobre el conflicto con sus padres tuve que esperar varios meses, para ser exacta 18 meses.

Sesión décimo octavo mes de análisis

Pedro: Imagínate, anoche soñé con mi viejo. Hoy me he levantado

fatal. Ver su cara, sus gestos. Es increíble como lo veía perfecto. Ahí moviéndose y dando órdenes como siempre. (Yo lo dejo a ver si sigue su relato del sueño, ya ha empezado a traer pequeños sueños antes. Pero los mismos son muy difusos y el solo alcanza a referirme que son pesadillas, lo persiguen, se cae, grita y no lo oye nadie o no le sale la voz).

La narración se detiene de repente y mencionó:

Analista: No me has hablado mucho de tus padres, ni de tu vida previa a la migración y quizás tiene mucho que ver tu historia, con cómo has estado y te has sentido aquí. ¿Lo habías pensado?

Pedro: ... es que es una historia tan dura que solo recordarla me duele muchísimo...pero quizás me alivie contártela.

Yo quería ponerle fin, encerrarla en una caja, cerrarla con llave, tirar la llave y nunca más verla. Pero no se puede...yo fui un chico difícil...bueno lo que se diría aquí, un poco gandul (vago).

No se me daban bien los estudios. Así que mi padre con 14 años me puso a trabajar en el campo. Eran otros tiempos, donde lo que tu padre decía se hacía...no como ahora que ya ves los líos que tengo con mi hijo que no hace caso. Así que yo me lleve muchos palos...mi padre me pegaba porque me iba mal en el colegio.

Pensaba que pegándome me enteraría de algo, y no era peor, porque cuanto más me pegaba peor me iba. Me dijo un día: aquí o se trabaja o se estudia y como vos no estudias, pues trabajás...me puso a sembrar tomate, recoger lechugas, arar la tierra. Vamos todo el trabajo del campo. No creás que eran dos surcos... mi padre tenía un campo enorme, muy próspero. Así que esto era muy duro...con el tiempo me daba un dinero y eso ya me daba a mi más alegría, pero siempre sometido por mi padre. Mi madre una mujer muy fría... muy sufrida...ningún apoyo...no te defendía de la ira de mi padre. Muy duro. Y se pasó la vida así…hasta que llegó el momento en que no pude más y un día tuvimos una pelea muy fuerte y terminamos a golpes con mi papá (Pedro para ese momento tiene 33 años)…yo ya no era un niño y me defendí…dos hombres peleando a golpes…y supe que allí se había acabado todo…mi padre dejó de hablarme y dijo que no trabajaría *más conmigo, que me buscara la vida…que él había hecho ya mucho por mí, que era un desagradecido y que yo no era más su hijo, que ese día había muerto…(la sesión se llena de un pesado silencio que dura varios minutos)…Así que lleno de rabia*, cogí mis ahorros y dije, pues a España. Así llegué…

Analista: ¿Me da la impresión de que te diste por castigo desterrarte? Pedro: sí había muerto, pues había muerto.

Analista: o sea no, solo te desterraste, si no que te enterraste como un muerto…empezaste a morir de a poco al llegar aquí…me dijiste hace un tiempo que tu psoriasis empezó al llegar…

Pedro guarda silencio a mi intervención.

Pedro: pues sí… eso es verdad…acabo de pensar algo…soy como los zombis, los muertos vivientes que van como con la piel rasgada… ¿que se les va cayendo pedazos de piel muerta? como esas películas donde salen por ahí caminando o bailando como Michael Jackson (nos reímos y yo pienso que buena imagen)

Analista: y quizás ahora que dejas para siempre tu trabajo y tu carnicería …es otra pérdida, y los síntomas de la psoriasis se agudizan ahora con todo ello.

Pedro: vaya castigo me impuse… (se queda un tiempo pensando) Analista: ¿desterrarte o enfermarte?

Pedro: los dos…quería castigar a mi padre y me castigué a mí. Me desolló vivo (no puedo dejar de pensar en la relación, con esto y su trabajo en la carnicería).

Comentario a la sesión

Pedro es un hombre que desde muy niño se ve atravesado por el desamparo de su madre y los golpes y desamor de su padre. En realidad, muchas veces se percibe como un superviviente y como un chico que se ha sentido muchas veces abandonado y dejado de lado. El trabajo físico ha sido su forma de tramitar en acciones su sobrecarga psíquica y cuando las mismas desaparecen, el cuerpo se convierte en el lugar del descarne, de desgarro de esa estructura psíquica, que ya ha sido rasgada por varios eventos traumáticos. La situación de migración reactiva, estas ansiedades tempranas, ya que Pedro pierde los soportes externos que ha logrado instaurar, para mantener un frágil equilibrio psicosomático. La enfermedad es reflejo de ese tejido psíquico apenas sostenido por pequeños retazos de piel. Se instaura una importante desorganización y una enfermedad que es el recordatorio de la condena por haber desafiado la ley y crueldad de su padre.

En esta sesión es evidente la reactivación de su funcionamiento mental, ya que Pedro asocia, es capaz de conectar afectivamente, tiene producciones psíquicas más elaboradas y logra conectar con su historia. Se perciben algunas defensas de tipo maníaco y la disminución de la acción en pro del aumento de producciones mentales y pensamiento.

Discusión: El relato de un caso. Pensando e historizando a Pedro.

Intentaremos entender las dificultades de Pedro, un paciente portador de una psoriasis eritrodérmica, la que clínicamente significa: que dentro de las psoriasis es una menos común, esta puede cubrir todo el cuerpo con un sarpullido rojo, que se descama y puede llegar a picar y arder con mucha intensidad. En general esta enfermedad se manifiesta por la aparición de escamas gruesas y secas sobre la piel, que pueden causar dolor, picazón, hinchazón, calentamiento y coloración de la zona.

El motivo de consulta es su enfermedad de la piel, la cual lo invalida, limita y empobrece, eso lo sabemos en la tercera intervención de la analista, cuando la misma presenta su historia inicial que no anuncia el drama que vive el paciente.

La palabra psoriasis proviene del griego y significa picor, a partir de esta definición y característica, se puede hipotetizar que la piel cumple una doble función: 1- pasa a constituir una zona erógena, 2- una zona que a través de la picazón proporciona existir.

Pedro conmueve y nos remite a estadios lejanos, a sensaciones tempranas, a las caricias que no tuvo, a una madre seguramente melancólica, inmigrante, contacto cercano y cálido. Pedro nos remite a la *piel-carne* como un recuerdo de unión, de cercanía de afectos compartidos, nutricios.

Cómo ese "asado argentino" del que Pedro habla, ritual que en su país tiene una connotación de reunión afectiva, festejo y que nos hará pensar en el dolor gozoso de la fiesta totémica, expresión que sintetiza todo este sentir. Le dice así a su analista: "Tú eres mi última opción".

Al abordar a un paciente con una afección psicosomática grave, pensamos que remite sustancialmente a lo infantil y a vivencias primitivas, vivencias preverbales, ausentes de representación que se presentifican en un paciente sufriente.

Una vida infantil poblada de desamparo, vulnerabilidad psíquica donde aparece su piel rasgada y herida, como representantes de traumas. Fue la aparición de esa manifestación en la piel, posibilitadora del pedido de auxilio, que le permita acompañar su vida y volver a historizarla desde otro lugar, y en compañía de una analista, que le sostiene con esas marcas en la piel intolerables y desgarrantes, en un cuerpo abierto a las manifestaciones del puro soma, sangrante y sin rastros de Eros.

La relación de Pedro con su padre es una relación conflictiva que, sin lugar a duda viene desde lo infantil y está en estrecha relación con el síntoma de la psoriasis. Se podría decir que hubo desde temprano una estimulación de la piel a través de los golpes donde tal vez encontró la forma de relacionarse con el padre de un modo sadomasoquista, en donde la agresión era el vínculo entre ambos.

En torno a su madre, Pedro da una definición de ella: "Mi madre, una mujer muy fría, muy sufrida, sin ningún apoyo…no me defendía de la ira de mi padre". Frase corta, pero que da cuenta de las características de la madre y de la forma vincularse con el paciente. Se trata de una mamá con núcleos ¿autista?, ¿esquizoide?, ¿deprimida por su sufrimiento?, en todos los casos "ausente", que no dispone por su frialdad de un espacio mental mínimo para acoger al hijo. Una madre físicamente presente, pero desconectada a nivel afectivo. La madre al parecer "fría y sufrida" no le proporcionó la base segura de una adecuada narcisización sumiendo al paciente en un profundo desamparo y desvalimiento.

Presenta una falla significativa en su capacidad de *rêverie,* diría Bion, W. (1972) en su función receptiva, transformadora y que desintoxica de las intensas ansiedades primitivas, de modo tal que los pensamientos embrionarios, las intuiciones salvajes o los pensamientos no domesticados, puedan ser pensados sin perder vitalidad ni capacidad para evolucionar. El Rêverie es una función fundamental para el desarrollo psíquico, donde la experiencia emocional pueda ser soñada/simbolizada, almacenada y asimilada.

Pedro dice sobre su madre, que no tuvo de ella "ningún apoyo" (notemos la referencia al apoyo que se efectúa entre el bebé y su mamá a través de la piel).

Un bebé en estas condiciones sobrevive emocionalmente, si y sólo si, se esfuerza por salir apelando a la sobre adaptación y necesitando realizar una temprana negación de la frustración displacentera en el vínculo con la madre.

La intolerancia a la frustración lleva a una precoz disociación del afecto, que es evacuado en el cuerpo y la realidad se llena de comportamientos concretos, eficaces, con un gran monto de exigencias. Pedro habla de sus rutinas: "Hago cosas, me centro en ellas y no pienso".

Si pensamos en este clima emocional, en donde el "destete/ausencia de pecho" es considerada como una experiencia de separación, seguramente vivida de forma catastrófica y que genera un intenso desamparo y violentos sentimientos de odio al objeto abandonante pecho-mamá.

Perder este funcionamiento es el equivalente a quedar en un estado de máximo desvalimiento, de paralización y riesgo de muerte. Continuar con un funcionamiento de acto u operatorio es el camino a la enfermedad somática, a enfermar la piel.

El rascado de la piel le produce a Pedro, descamación y sangrado podría ser considerado como una reviviscencia de ese "destete catastrófico". En efecto es a través de las uñas que rascan y horadan la piel, que se materializa lo fantaseado de "hincar el diente" en un pecho que se daña y se pierde (comerse la carne).

Su piel expresa tanto el estado de vulnerabilidad (quedar en carne viva) al que queda expuesto a partir de la separación, como la perpetuación de fantasías sádicas hacia ese objeto abandonante y frío. Las posteriores separaciones en la vida de Pedro pueden ser pensadas como una reedición de un destete catastrófico, con la consiguiente evacuación de lo emocional en el cuerpo, comenzando un camino de crisis somáticas cada vez más difíciles para él.

Su madre, como tantas madres de la postguerra, que debieron emigrar para salvarse de la pobreza en quedó subsumida Europa. Fue el primer hijo de padres inmigrantes, sobrevivientes de la guerra y fortalecidos en la cultura del trabajo. Una cultura que propone una vida operatoria, que les permita la subsistencia, donde seguramente los afectos y las representaciones de estos estaban relegados.

El paciente se declara un chico difícil, un gandul, poco estudioso y posiblemente con dificultad temprana para poder pensar y muy exacerbada la actuación como una forma "evacuativa" de las experiencias.

Pedro tiene más de 50 años y es ahora cuando decide pedir ayuda a través de la insistencia familiar. La vida íntima con su mujer se había deteriorado, le avergonzaba el estado de su piel. Sus afectos habían sido postergados como sus emociones. El cuerpo era su caja de resonancia, un cuerpo pobremente investido.

Reconstruir lo infantil que hay en él, es una tarea larga, de mucho cuidado y paciencia. Su analista relata las dificultades para simbolizar, como la imposibilidad de expresar sus sentimientos. Todo sucede como si su cuerpo, fuera el depositario de fenómenos pulsionales desatados, como si las pulsiones privadas de la posibilidad de ser metabolizadas en una expresión mental emprendieran la vía subterránea de los órganos.

Es probable que el tema del destierro y la pelea con el padre, lo hayan llevado a resignificar conflictos tempranos, provocando una desorganización psíquica y somática, que lo encaminó a una depresión esencial, cuyo efecto concomitante provocó el cuadro de psoriasis que padece.

Así llega Pedro a la consulta, cansado de esta lucha sin fin, entre el anhelo de encontrar una madre sostén en la que apoyarse, que implica como precondición deponer la fachada sobre adaptada y mostrarse genuinamente como un nene asustado, perdido, frágil, vulnerable. Este prerrequisito conduce al temor de reeditar una experiencia de desvalimiento, en la que nuevamente se pueda encontrar con un objeto frío que lo expulse o lo deje morir.

Pedro busca a través del vínculo analítico, una experiencia emocional diferente, el desafío de no "parecer" sino de "ser", de "devenirse"; encontrar la experiencia sentida y anhelada que reedite en su interior la vivencia infantil.

Pedro consigue aliviar sus terribles dolores en su desgarrada piel, sumergiéndose en el agua tibia - Podemos interpretar en este hecho tantas situaciones, pero él no está en condiciones de tramitarlas, solo ese par analista-analizante, será productor de sentido, en un trabajo de doble transferencia y de base, como refiere Catherine Parat, (1983) donde se establece una especie de maternizaje, para reconstruir un tejido tan dañado. El de su piel y el de su psiquismo.

Si pensamos a Pedro desde el autoerotismo (Freud, 1923), parece que su libido lo llevó a investirse a sí mismo, de manera dominante, ante la imposibilidad de hacerlo con el Otro. Sus somatizaciones, psoriasis, dan cuenta de las fuertes cargas pulsionales que revirtió ante el desamparo.

Al parecer todas estas marcas en la piel de Pedro nos hablan de un déficit en la función piel que a posteriori se hicieron visibles ante nuevas pérdidas y estados de tensión. La piel de Pedro estuvo marcada desde la infancia al ser sometido a altos niveles de excitación (muy golpeado por el padre).

En este aspecto podemos ver a Pedro siendo un adulto, dar cuenta de lo psicosomático a la luz de lo arcaico-infantil desde su desvalimiento y deseo regresivo de estar como feto rodeado de membranas protectoras que cuiden y calmen su dolor y lastimada piel.

Los pacientes psicosomáticos traerán al análisis, restos infantiles que muchas veces se presentan como fragmentos parciales de vivencias muy tempranas, donde la palabra aún no logra el que estas sean historizadas y por tanto que se les dé un lugar en el tejido psíquico.

Están en el cuerpo, en las acciones, en referencias sensoperceptivas de las marcas pulsionales, carecen de un relato que permita que estas ocupen un lugar en la mente-psiquis y sean pensadas y simbolizadas.

La apuesta analítica en los casos graves psicosomáticos busca establecer un puente, recobrar la voz, la mirada, el trabajo asociativo, el rescatar la historia, las transferencias y la cercanía afectiva, para llevar al paciente a rehacer la red del tejido psíquico apenas sostenido, y favorecer el apropiarse y habitar su cuerpo e integrarlo.

Hablar, apalabrar, pensar y reflexionar sobre los contenidos de lo infantil en un paciente, es darle significaciones, representaciones y construcciones psíquicas que permitan favorecer el desarrollo de un preconsciente más robusto y fluido.

El análisis permite unir los retazos y reconstruir la fluidez de ese tejido psíquico roto por traumas tempranos, es el puente capaz de reeditar y una oportunidad de reparar.

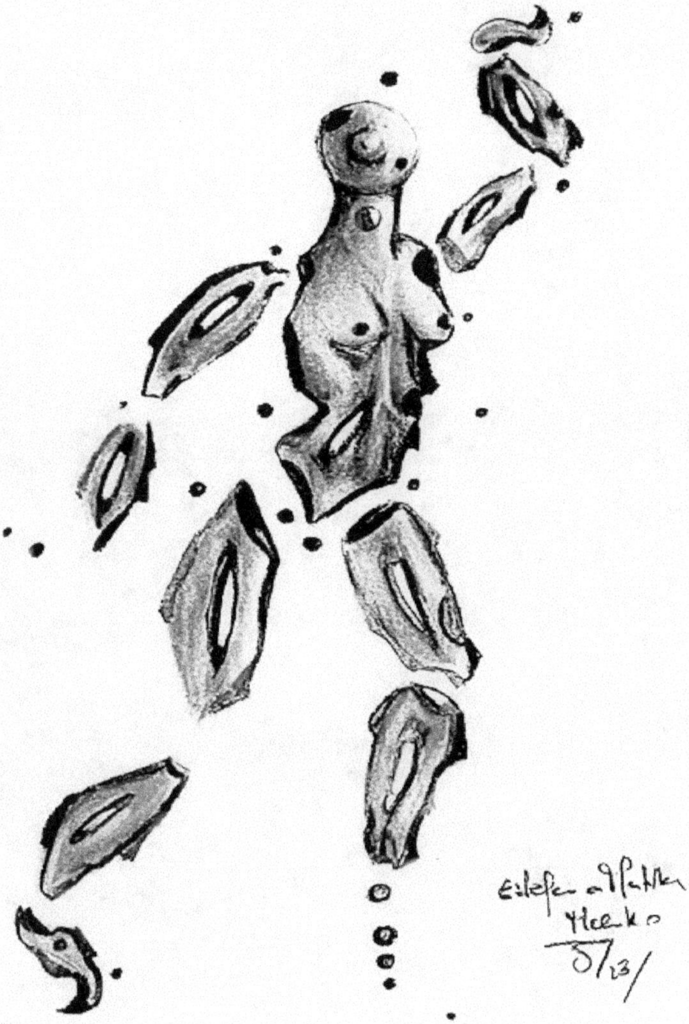

Obra: Ruptura estética II

La escucha de lo psicosomático a través del encuentro analista-analizando[5]

Leticia Villagómez Tovar, Miriam Jacobson Ihlenfel, Adriana Meluk Orozco

Tres analistas de diferentes partes del mundo se han encontrado para pensar, construir y re-transformar juntas un caso clínico y un sueño de una analizada con importantes afecciones somáticas. La escucha de la escucha planteada por Haydée Fainberg, ha sido el método de trabajo para pensar el caso. Una de las analistas, escucha y piensa a Sofía desde Freud a través de las neurosis actuales, la histeria de angustia y la simbolización.

Otra de las analistas, va llevando sus pensamientos a las ideas de Rêverie de Bion y nos abre el debate de la diferencia entre lo psicosomático.

Y posteriormente la tercera analista, incorpora la idea de mentalización propuesta por la escuela Psicosomática de París, lo que ha llevado a interesantes debates sobre cómo seguir pensando lo psicosomático. Juntas construyen una analizada con sus pensamientos y paracontratranferencia, para dilucidar cómo teorizar e intervenir con una paciente con afecciones psicosomáticas graves. Esto nos llevará a importantes disyuntivas, donde la comprensión del lugar en el que se encuentra la paciente, tanto estructuralmente como con sus producciones psíquicas, (simbolizaciones, mentalizaciones) marcarán la intervención y el consecuente destino de la afección somática.

Se realiza una introducción con la teorización sobre cómo se entiende la idea de construcción, deconstrucción y transformación. Se presenta posteriormente una parte de la historia de vida de

[5] Ponencia presentada en el 32° Congreso Latinoamericano de Psicoanálisis FEPAL. Tema: De-Construcciones y Trasnformaciones. Lima, 2018.

una analizante con importantes síntomas corporales, que la han llevado a múltiples intervenciones físicas y psíquicas que no favorecen la disminución de su sintomatología y que anuncian un importante derrumbe psíquico.

Seis meses después del inicio de la intervención, se presenta un sueño que marca el camino de estructuración y elaboración psíquica de dicha analizante. Como consecuencia, ocurre la disminución de las manifestaciones somáticas.

Cada analista implicada en la lectura del caso realiza su propia interpretación del mismo y juntas llegarán a desplegar importantes conclusiones sobre el paciente psicosomático y la intervención con los mismos en la clínica.

Introducción

Armar, ensamblar, unir, juntar piezas que se encuentran separadas con el fin de darles un sentido; estructurar, edificar y levantar entre otros términos, nos llevan a que en nuestras cabezas surjan infinitas ideas cuando en el psicoanálisis se nos aparece el término construir.

Pero: ¿De qué hablamos los analistas cuando nos referimos a la idea de construir? Es muy interesante pensar en cómo Freud sobre el año de 1937, nos hace una interesantísima sugerencia en la que se pregunta sobre el objetivo de la cura analítica, y nos introduce en la idea de que parte de la tarea del analista es elaborar *construcciones* del material traído por el paciente a la consulta, con el fin de tomar esas piezas de la amnesia infantil, *estructurarlas* y devolverlas al paciente en un tiempo en el que este esté preparado, para recibir dicho *ensamble,* que llevará al resurgimiento de recuerdos infantiles reprimidos. Freud es enfático al mencionar, el beneficio terapéutico que dicha construcción produce en el paciente, si esta es verdad y se acerca al contenido que ha sido previamente reprimido.

Vale la pena mencionar que, durante toda su obra Freud -*quizás por su espíritu de arqueólogo*- va dando la idea de la psiquis como una organización que desconocemos en su totalidad y que se nos presenta como trozos, piezas, fragmentos, que vamos uniendo, hasta que aparece ante la dupla analista-analizando una reconstrucción consciente de la historia del paciente, en la que por supuesto están incluidas las fantasías que este ha construido sobre sí mismo.

Esta historia personal, recoge no sólo los relatos sobre las vivencias psíquicas sino la historia corporal y lo más interesante, de la red, del tejido que desde el principio las liga. No existe un cuerpo sin una psiquis y no existe una psiquis, sin un cuerpo que la aloje. Son una unidad y ese el énfasis que es significativo señalar.

Pero, muchas veces no encontramos con que, para construir, hace falta una *Deconstrucción.* Dicho concepto creado por Jaques Derrida (1967), pensador moderno pos-estructuralista, alude a las leyes del pensamiento y sus carencias.

Nosotras tomamos el término desde ese lugar, el de la carencia, pensando que un proceso analítico se teje sobre vacilaciones e incertidumbres, más que sobre contundencias. Y en ese contexto trabajamos buscando un saber, que no es nuestro y al que se nos adjudica poseerlo.

Tentamos al analizado para que lo encuentre, desde sus propias carencias, dolor, psíquico, físico, angustias y la más variada gama de sensaciones y sentimientos a los que se ve expuesto en un proceso, que implica una búsqueda y al que los analistas nos avenimos en un contrato y un encuadre y un modo de abordaje.

Esto nos convierte en una dupla, viviente en el sentido transferencial y contratransferencial, las más de las veces decodificadores de sensaciones muy primarias y que a la vez, debemos ser continentes y sostenedores de tales movimientos, tratando de evitar derrumbes. Freud, aludía al juego de ajedrez al referirse a tales movimientos, hoy día tal vez, el juego de la "Jenga" aluda también a nuestra tarea. Este es nn juego en el cual se construye una torre con piezas de madera y en la medida que va creciendo, se van quitando piezas de abajo para ir construyendo hacia arriba.

No deja de ser una figura representativa de un proceso de deconstrucción, siempre plausible de caer, en cualquier tramo, para volver a estructurarse en la búsqueda de una transformación, que dé cuenta de su efecto.

Referido al proceso de deconstrucción en el psicoanálisis,

donde no se tienen ideas preconcebidas de lo que el paciente va a decir, en que se puede ser depositario de las sensaciones diversas y complejas, un diván que invita a que se aflojen las identificaciones, que se puedan controlar las posiciones asumidas, los saberes establecidos y que el síntoma tratará de sostener de todas maneras. Entonces podemos ver claramente con qué cuidado se desarrollará esa deconstrucción para obtener transformaciones.

Las construcciones y de-construcciones en este trabajo psicoanalítico, se da través de la dupla analista-analizando, para adentrarnos a contenidos psíquicos no representados y simbolizados. Este ir y venir entre estos aparatos psíquicos, el de ella y el de la analista, se relacionan con el acercamiento a recibir todas esas partes inconexas de Sofía sin tinte libidinal, para vincular las representaciones y afectos que desde el inconsciente resuenan y que son evocadas a partir de las transferencias.

De esta forma, se dan las construcciones subjetivas que favorecen este análisis a través de descifrar, deconstruir, los enigmas de su historia libidinal donde el trabajo analítico da paso a la simbolización de contenidos psíquicos para dejar de lado las somatizaciones.

Las transformaciones son evidentes, cuando en el análisis aparece un sueño y revela algunos de los contenidos psíquicos modificados, desde la escucha de la analista y las representaciones psíquicas de la analizante. El psicoanálisis como medio transformador, encuentra representaciones inconscientes que son reprimidas para volver a situarlas desde el preconsciente a través de la escucha y la palabra.

De otro lado, las analistas que acompañan posteriormente en la tarea de la escucha de la escucha hacen el mismo trabajo. Cada analista/traductor, dice Faimberg (2010), refiriéndose a la experiencia de dirigir grupos clínicos, tiene un presupuesto básico que lo sustenta, una o varias teorías que dan cuenta de sus intervenciones. Y es por esa vía, que planteamos la elaboración del trabajo; en especial la de crear un marco analítico (disimétrico), donde puedan ser reveladas las verdades de las que es portadora la paciente.

Las analistas escuchan a la paciente a través de su analista (escucha de la escucha), la construyen en sus mentes, la piensan y sienten, y se permiten reconstruir a la manera de un "puzle", la transformación que todos experimentan, porque sin duda no somos los mismos cuando pasamos por compartir la vida mental de otra persona.

Caso clínico (3 momentos de Sofía)

Analista: Dra. Leticia Villagómez Tovar

Entrevistas iniciales, 11 de marzo del 2015

Sofía es una paciente de edad 51 años, casada, dedicada al hogar, estudios en áreas audiovisuales, referida por una colega psicoanalista.

Al entrar Sofía, me percato de que es una mujer con importante aspecto depresivo, su mirada revela una profunda tristeza. En otros momentos en su tono de voz y en su discurso, se percibe la ansiedad que la hace desbordarse al intentar expresar lo que le sucede. Aparecen los dedos de sus manos agrietadas y sangrantes, con lesiones del "despellejamiento" que continuamente se hace en el contorno de sus uñas. En su forma de vestir y como se peina aparecen sus costumbres conservadoras, da la sensación de que fuera una mujer más grande de la edad que tiene. Llama mi atención verla entrar cargada con una serie de objetos que invaden el espacio y que podría haber dejado en su auto (gabardina, bolsas, paraguas).

Sofía ha acudido a diversos tratamientos psicoterapéuticos anteriores que ha abandonado. Ahora viene ante un conflicto que ha tenido recientemente con su yerno, el esposo de su hija mayor, que vive fuera de la ciudad y le señala que él no acepta que los visite. En estas primeras sesiones habló de sus miedos, teme a los temblores, al cáncer y a la muerte. Mencionó padecer de fibromialgia, dificultad para tragar, siente que algo se le atora en la garganta, señala que los síntomas aparecen ante los conflictos con el esposo.

Cuando está dormida y descansada no surgen, señala que

algo tienen que ver con su angustia. La dificultad para tragar, acompañada de ahogo ha sido tan grande que se ha hecho intervenir quirúrgicamente, sin lograr que desaparezca.

Relata un fragmento de su historia con el esposo. Empieza su noviazgo con "I". a los 15 años. A los 19 años da inicio a su vida sexual. Queda embarazada y se casa.

Sofía ha tenido conflictos con su esposo porque él le ha sido infiel en varias ocasiones. Ante estos engaños ella revisa continuamente la ropa de él, su teléfono y está al pendiente todo el tiempo de lo que hace. Todo esto le ha ocasionado estados de tristeza y ansiedad, por lo que ha tomado antidepresivos frecuentemente, acude a la automedicación y a tratamientos médicos para luego abandonarlos.

Sofía es originaria y vivió en una bella ciudad de este país, que se destaca por su riqueza cultural, artística y de mantener las tradiciones. En este escenario, se desarrolló la vida de su familia. Su padre, varios de sus hermanos y su esposo, se han dedicado a profesiones relacionadas con la salud. Después de casada vino a vivir con su esposo a la capital.

Relaciona el miedo al cáncer y a la muerte por que su padre padece por esta enfermedad. Sofía reconoce que su madre es autoritaria en extremo, y ella se torna parecida, además de que lleva su nombre y el de la abuela materna.

Sofía es la quinta entre siete de sus hermanos, sus recuerdos infantiles están llenos de exclusión de los hermanos mayores, donde Sofía siente resentimientos hacia ellos y un importante apego a la madre y hermanos menores, C. y P.

Otro recuerdo frecuente son los continuos pleitos violentos entre sus padres por la infidelidad de éste y el control que quería tener su madre sobre él.

Relató que su hermano C., menor que ella dos años, padeció de esquizofrenia, se perdía por la ciudad e iban a buscarlo. Se suicidó en el estudio de su padre, al mes de que ella se casó.

Su madre le ha mencionado que su hermano se suicidó porque estaba enamorado de ella. En este momento se soltó en llanto, como en muchos otros, donde relata situaciones dolorosas de su vida.

Se siente culpable por el maltrato que ha dado a sus hijas desde niñas. Son tres hijas, la mayor está casada y tiene hijos pequeños, la de en medio casada, la menor soltera, vivía con ella y su esposo.

Sofía hablaba de lo mal que ha estado y la angustia permanente en la que vive. Sus crisis de fibromialgia son frecuentes y presenta dolores en el cuerpo y en la cabeza, problemas digestivos, recurrentes cuadros infecciosos y rigidez corporal. Acude continuamente a diversos médicos, que le han señalado que sus afecciones se relacionan a la fibromialgia, tratándola con medicamentos.

Mencionó que es una persona amargada. Me da la sensación de que es una mujer con importante incapacidad para disfrutar.

12 sesión de julio del 2015, a los seis meses de análisis.

Sofía ha presentado un cuadro bronquial en estos días y llega tosiendo con cubrebocas, dice haber sido infectada por el marido que en ningún momento tuvo cuidados para evitar el contagio, comenta que no puede tomar antibióticos por el reflujo. Llora y dice que su hija, A. y su esposo, no la han cuidado y ella si los cuida cuando se enferman.

Trae entonces a la sesión un sueño.

S: "Estaba en un edificio, en la azotea y había bardas de una construcción antigua, que separaban los espacios de los tendederos, había puertas en estos cuartos. Entró un hombre y se quería encerrar con ella, Sofía lo empuja, lo golpea, lo mata y lo tira por un espacio que está entre los edificios." Silencio…

A: ¿Qué te lleva a pensar este sueño?

S: Las bardas antiguas son como las de mi casa paterna, en esa casa, cuando éramos niños había esas construcciones en la azotea. Después de que hablé aquí del suicidio de mi hermano C. y la relación con mi boda no he dejado de seguir con estos recuerdos.

He pensado que tal vez por eso estoy enferma. Un día en mi casa mi hermano, cuando éramos niños me dijo que, si no fuera su hermana, se casaría conmigo. (Llora y se hace un largo silencio).

A: ¿O sea que no sólo sientes que tu provocaste la muerte de C., ante el señalamiento de tu madre, que fue por tu matrimonio, sino también del deseo que tenía tu hermano hacia ti?

S: Me siento muy mal, pero yo no hice nada por gustarles a ellos y a los hombres. Mi mamá nos cuidó mucho de los hombres y nos prohibía que mis hermanos se acercaran a nosotros, nos prohibía tener novio hasta que fuéramos grandes.

En la siguiente sesión Sofía menciona:

S: He seguido pensando en este sueño que traje en la última sesión, dice Sofía. Relaciona la aparición de la fibromialgia al tiempo en donde su madre le entregó los trozos de la ropa llena de sangre coagulada de C. el día del suicidio y que ella ha guardado hasta ahora.

Sigue asociando al sueño y se hace una pregunta ¿Por qué yo quiero esconder a ese muerto en esa hendidura de mi casa, será para deshacerme de él?

A: ¿Será que por muchos años has querido guardar todos estos recuerdos que te han llenado de dolor y culpa? ¿Por qué recibir todo lo que te dan, como los vestigios del suicidio de tu hermano? Has hablado aquí que tu hermano tenía serios problemas mentales y sigues cargando con esto.

S: Mi madre dice que ella no quiere cargar con sufrimiento porque quiere vivir cien años. Mi hermano ya estaba muy mal, tenía esquizofrenia, se agravo con un accidente donde se pegó en la cabeza. Ya había tenido intentos de suicidio al tomar medicamentos para morir, en otra ocasión se colgó y lo alcanzaron a bajar. El día que se suicidó mis padres habían peleado frente a él, tal vez estaba afectado por lo que sucedía en casa.

Sofía vuelve a describir detalladamente la escena del suicidio de C., y dice: mi papá, andaba como decía mi mamá, de putas, apareció hasta la noche porque su familia lo fue a buscar.

A: ¿Qué sucedió después?

S: Mi madre se encaneció y se puso muy deprimida, ya no

era la misma, habla continuamente de él, se molesta cuando no lo recordamos, sobre todo para su cumpleaños y el día que murió. Mi papá se dejó crecer el cabello y se peinaba con una coleta, usaba huaraches y pantalones de mezclilla, él no era así, cambió su trabajo al turno de la noche. Mi hermano R. se hizo alcohólico, al otro le dio por andar con mujeres, como mi padre. Yo estaba embarazada y me puse muy triste. Mi hermana mayor se casó con un hombre más joven que ella, que se parecía a C. (Me quedé pensando que el padre había tomado la vestidura del hijo desaparecido).

Sesiones posteriores al sueño

En las sesiones posteriores a este sueño, Sofía continúa elaborando los hallazgos, presenta importante mejoría en sus síntomas psicosomáticos y en su estado de ánimo. Estas transformaciones en el análisis, las he relacionado a la estructuración psíquica que se ha venido dando a través de la transferencia.

Ella lo relacionó, a que ya no está tan tensa, ha bajado su angustia, ya puede comer frente a los demás, han disminuido sus dificultades para tragar, también las molestias en el cuello. Ya duerme mejor, antes solo lo hacía a ratos, despertaba por las pesadillas.

En el transcurrir de su análisis, me percato que algo sucede con Sofía ante nuestras separaciones, hace frecuentes viajes que con su esposo o a visitar a su familia, regresan a ella las somatizaciones con las que iniciamos, los estados infecciosos relacionados a problemas respiratorios, crisis fibromialgicas y reaparecen los dolores en el cuerpo y las complicaciones digestivas, retorna el insomnio y se percata que la angustia vuelve a hacerse presa de ella.

Al retomar el curso de las sesiones analíticas y la cercanía a mí, se quedan de lado los síntomas psicosomáticos para resurgir en ella una transferencia neurótica con importante capacidad de simbolizar.

Impresiones y comentarios sobre Sofía y "El sueño de Sofía"

Miriam Jacobson Ihlenfeld
(Asociación Psicoanalítica de Asunción-Paraguay APDEA).

El primer intento de llegar a Sofía a través de la lectura del caso clínico me genero resistencias, no conseguía aproximarla, pensarla, una especie de desidia me impelía a postergarla. Debí pedirle a su analista (Leticia Villagómez), que me ayudara a rescatarla, contándome desde su lugar, trozos y vivencias de esa rica y única relación, la de la analista y su analizanda.

Así comencé a interiorizarla, a través de las tonalidades afectivas y los diversos ritmos que se iban imponiendo en el relato de Leticia. Sofía fue recobrando forma y vida en ese contexto de "escucha de la escucha".

Fue entonces que comencé a pergeñar la idea de cómo ingresar en la historia escuchada de Sofía y desde qué soportes teóricos comenzaría a abordarla. La primera ocurrencia me la ofreció el propio método de Haydee Faimberg (2016), quien se pregunta sobre: ¿qué o cuáles presupuestos básicos teóricos, escuchamos, comprendemos y evaluamos en el trabajo clínico de una colega? Un método de trabajo que nos exima de "apropiaciones narcisistas" que en este contexto pierden ímpetu".

Fue así, como de entrada me pareció comprender, que lo antes resistido estaba ligado a una primera impresión de maltrato, de mensajes amenazantes, de emociones reprimidas, negadas y de un implícito mandato autoritario, de "Honrarás a tu padre y a tu madre", a pesar del control intrusivo de una madre rebasada de fantasías incestuosas, omnipresente, que suscitaba sentimientos disociados en la paciente, ante una vida signada por acontecimientos trágicos, traumáticos, a los que por añadidura, la hacía responsable.

Una identificación alienante con una madre intrusiva, que proyectó los propios dolores y frustraciones en su hija.

De esta situación, es desde donde se plantea la incidencia

de la identificación, como paradigma de la repercusión traumática en la vida psíquica de Sofía.

Será S. Freud, (1917) quien a partir de "Duelo y melancolía", luego "El yo y el ello" (1923) promoverá ese cambio de paradigma. Este artículo implicará un modo diferente de concebir el sujeto del psicoanálisis.

Dirá que el yo, es la sede de todas las identificaciones y desde esa nueva perspectiva dirá también, que el sujeto de la segunda tópica, el sujeto del inconsciente es además del sujeto de la pulsión, el sujeto de la herencia. Su subjetividad está instituida por identificaciones adquiridas en el seno de la matriz familiar, que otorga lugares, plantea ideales, propone prescripciones, proscripciones y prefigura conflictos.

Es precisamente en ese contexto, donde podemos ubicar a Sofía, con toda esa carga de identificaciones internalizadas que juegan un fuerte papel como fuente de su conflictiva intrapersonal.

"Sofía, una niña a la que le faltó amor, falta que se resiente en el cuerpo". Así llega a consulta, despliega objetos por el consultorio, como fetiches que la protejan de ser dañada por un otro, depresiva, padeciendo dolores, una fibromialgia que aparece cada vez que el marido le es infiel, infidelidad que Sofía justifica por el mismo motivo que ella padece, ser mujer y causa de las infidelidades y decisiones trágicas de los hombres más importantes de su vida. Una lealtad a ese vaticinio materno, que se había tornado profético con repercusiones traumáticas, repetitivas, mudas que atestiguaba una presencia pulsional mortífera que atacaba el cuerpo, impidiéndole experimentar y simbolizar sus verdaderos sentimientos y emociones, sumida en una "Identificación narcisista alienante".

A partir del momento, de ingreso de la paciente a la consulta con su analista, pienso en el arduo trabajo de la psicoanalista y el monto de carga emocional y afectiva que, junto a su propio cuerpo, habrá puesto al servicio de la paciente.

"Hay que deconstruir, es decir hay que desmontar a través del análisis una historia singular, que le permita luego a la analista, la construcción y transformación de una vida mental más plena para la paciente. Estamos hablando de la construcción temprana del psiquismo. Intuyo a la analista trabajando como la madre con capacidad de *"rêverie"*, (Bion, 1975), una madre continente que permite metabolizar aquello que la paciente trae como símbolos desintegrados, diseminados por el cuerpo, un cuerpo que no podía ser escuchado bajo la proscripción persecutoria de la madre real que proponía fantasías incestuosas, desde su prohibición, que fueron cumplidas con la muerte del hermano, muerte de la que la madre hizo responsable a Sofía. Una alienante configuración incestuosa.

Hoy la analista revive esa situación y responde al sufrimiento de la paciente, quizá experimentando en su propio cuerpo (el de la analista), aquellas sensaciones más primitivas, que le permitan devolverle a Sofía contenidos, intervenciones que la contengan a dar sentido al "sinsentido" de lo traumático e instaurar la capacidad de pensar y vincularse, (Bion,1967).

Es así como intuyo a la analista construyendo un espacio, una zona intermedia, que libere a Sofía del espanto de ser atacada, retejiendo en la experiencia de una realidad interior y una vida exterior, nueva, transformada. Un campo que pueda abarcar juegos, sueños, creaciones, sentimientos, un espacio libre de ataques. Una "madre lo suficientemente buena" (Winnicott,1971).

Tomó también las conceptualizaciones teóricas de Marty (1991), en las cuáles pensando en pacientes con síntomas psicosomáticos, coloca estos fenómenos en el marco de lo que denomina "conversión pregenital".

Es desde ese criterio, donde puedo advertir el cuidadoso empeño en el abordaje desde un lugar re-maternizarte instalando originalmente una transferencia básica, no triangulada, donde la analista podrá desarrollar intervenciones más en el orden de lo constructivo que lo interpretativo, en el cuidado de no provocar una iatrogenia, y en el esfuerzo por ir ligando afectos y representaciones, que permitieran sacar a la paciente de la repetición compulsiva y llevarla a un mayor grado de mentalización.

Me figuro entonces el trabajo de historización, complejo con pacientes así afectados y sabemos que es una tarea paciente y lenta, finalmente como la mayoría de los procesos, aunque lograr instalarlo como tal, constituye a la vez, una particular exigencia al funcionamiento mental y a la capacidad creativa del analista.

"El sueño de Sofía" y la visualización del tema

Me parece oportuno mencionar como la analista posiciona a la paciente rodeada de un ambiente cultural, y artístico de mucha relevancia, tanto dentro de su familia, como también en la ciudad donde vivió su infancia y juventud. Estuvo rodeada de influencias estéticas, de elaboraciones creativas, que indudablemente habrán impactado en Sofía de diversas maneras, desde la posibilidad de ligar símbolos y afectos hasta el impacto de las formas y colores, que seguramente habrán hecho mella en su subjetividad. Partamos solo del efecto placentero que puede producir lo estético como un elemento de equilibrio ante el displacer (Freud,1920). Toda producción cultural, surge en el inconsciente del sujeto originada por lo sexual reprimido, sobre este material actúa la sublimación, transformándolo en cultura, en material socialmente aceptable.

Este comentario, es solo para ir un paso más sobre el tema del sueño de Sofía, para entender porque la paciente seis meses después de iniciado su tratamiento, tiene un sueño tan revelador.

Tal hecho da cuenta de un trabajo arduo, minucioso, de previas *deconstrucciones* y *transformaciones*, entre una dupla de trabajo analítico, denotando la lograda instalación de la transferencia positiva de parte de la paciente (anclada ahora si en el proceso) y por, sobre todo, una contratransferencia en la analista de alta sensibilidad, de modo que sus intervenciones en la de-construcción no desmoronasen la estructura, sino que la recompusieran y la transformaran.

También presenta una elaboración onírica compleja con elementos tan simbólicos, que parece aludieran al propio sepultamiento psíquico de tanto sufrimiento, a través de esa grieta, esa escisión con la que tuvo que vivir gran parte de su vida, entre ese psiquismo con déficit en la tramitación psíquica de la excitación somática: "Esta que no tiene representación psíquica, que emerge como una cantidad, más cerca a lo pulsional y desligada de los afectos" (Aisemberg 2012). De ahí tanta angustia, tanto dolor psíquico y físico.

A propósito del sueño de Sofía, y del trabajo de Leticia con su paciente, aunque Freud no llegó a trascender en su teoría del fenómeno onírico, en el sentido de que los sueños eran un cumplimiento disfrazado de un deseo y la vía regia para explorar el inconsciente, autores post freudianos, proponen dos modelos. La clásica de interpretar lo reprimido y la segunda, de la transformación o reconstrucción de estados no representados simbólicamente, producto de la mente escindida.

Es decir, el producto de un trabajo de contención y de contenido. D. Anzieu (1985), señala, los sueños post-traumáticos estudiados por Freud en 1920 en "Más allá del principio del placer", como aquellos que cumplen con nuevas funciones, reparan las heridas narcisistas sufridas por el trauma, restauran la envoltura psíquica (el yo), rasgada por la efracción traumática, controlan retroactivamente las circunstancias desencadenantes del traumatismo, e intentan restablecer el principio del placer en un aparato psíquico que por el traumatismo, regresó, a un funcionamiento de repetición compulsiva y no de deseo.

Entonces, imagino a la analista de Sofía trabajando, entre supuestos teóricos diversos, entre un primer aparato psi, en un juego de vaivén con el de la segunda tópica, en intervenciones de presencia y silencios cargados de afectos, como en interpretaciones en los momentos más adecuados, siempre dentro de una flexibilidad de encuadre que permitiera preservar al máximo el psiquismo de la paciente. Por último, retomo aquel entorno cultural al que aludía Leticia, y pienso si pudo haber sido cómplice en las posibilidades de sublimar el dolor, para rescatarse con la mirada puesta en la creatividad cotidiana de su entorno.

¿Psicosomática o histérica? He ahí el dilema con Sofía.

Adriana Meluk Orozco
(Sociedad Colombiana de Psicoanálisis SOCOLPSI, Psicoanalista invitada Asociacion psicoanalítica de Madrid APM)

Desde las ideas iniciales de Freud sobre la histeria, la relación entre lo psíquico y lo somático ha generado una importante fascinación en las teorizaciones de muchos analistas.

C. Smadja (2009), sugiere que dichas teorías pueden están agrupadas alrededor de tres ejes conceptuales: la simbolización, la adaptación y la desmentalización. Al agrupar de esta manera las diferentes ideas, se intenta operativizar los conocimientos adquiridos alrededor de lo somático, llevando esto, a que se construyan modelos explicativos de dicho fenómeno.

Mi disertación se centrará en los trabajos sobre desorganización mental, mentalización y desmentalización de la escuela de París, y cómo desde ellos podemos explicar el funcionamiento somático de Sofía.

Es el análisis y su analista, en este caso, lo que permiten la transformación de los síntomas físicos y las acciones, en hechos para ser pensados y psiquizados por la paciente.

No pienso en Sofía como una paciente psicosomática descrita a la manera de la Escuela de París, sino en una paciente con un cuadro neurótico de características histéricas, donde se usa el cuerpo para somatizar el conflicto psíquico.

El modelo de comprensión desarrollado por esta escuela permite entender los pacientes en los que se observa una relación precisa entre un conflicto psicoafectivo y la enfermedad somática, estableciendo una relación de causalidad que se posa sobre los caminos pulsionales. La enfermedad somática desde esta escuela "no es una forma particular de la histeria. En efecto, no corresponde a una forma de figuración simbólica en el cuerpo de un conflicto reprimido en el inconsciente" (Marty,1991).

"La enfermedad somática aparece, cuando el funcionamiento psíquico claudica en ausencia de otro modo de regresión", como señala Tenorio de Calantroni (sin fecha). Este es el aspecto que deseo rescatar en el caso de análisis propuesto por la Dra. Villagómez.

Con esta base teórica surgen mis primeras impresiones con relación a Sofía. Ella se me presenta como una paciente en la que es evidente cómo el conflicto psíquico no ha encontrado una vía completa de elaboración mental. Sus representaciones y fantasías son deficientes (más no inexistentes) a nivel cualitativo, lo que van llevándola hacia una salida económica de tipo somático (enfermarse) y otra de tipo comportamental (autolesionarse, quitando la piel de sus manos) en detrimento del trabajo psíquico.

Se enferma una y otra vez sin encontrar alivio, y van migrando las manifestaciones corporales (fibromialgia, dificultad para tragar, ahogo, dificultades digestivas) como consecuencia de la reactivación en la actualidad de diferentes conflictos tempranos: problemas con sus padres y hermanos, que luego se trasladan a su esposo, hijas y yerno.

Es como si el trabajo mental logrado a lo largo de su desarrollo psicoafectivo sufriera un ligero borramiento y aparecieran algunas regresiones en momentos de desorganización. Estos dos puntos, el borramiento del trabajo mental sostenido del sujeto a lo largo de su desarrollo psicoafectivo, como consecuencia de la desaparición de la libido y la aparición de la regresión como dinamizador de las funciones somáticas son fundamentales en la comprensión este caso.

Como lo señala P. Marty (1991) gracias a las fijaciones, las desorganizaciones se apoyan en regresiones que posteriormente permitirán la reorganización; es decir, sirven los puntos de fijación, como sistemas de contención ante los movimientos retro regresivos de desorganización. El individuo parte de una base somática, en la que se va poco a poco estableciendo la psiquis en el soma, y cuando esta tarea se cumple, se constituye en la cumbre jerárquica funcional del proceso de habitación somática.

Dicho proceso funcional se comprueba, cuando las percepciones sensoriomotoras- primero de cosas y luego de palabras- son almacenadas en forma de representaciones, las cuales se irán ligando a afectos y serán usadas en nuestros procesos de pensamiento y asociación, para luego almacenarse en el preconsciente.

Toda nuestra historia bien sabemos, quedará registrada en nuestra psiquis, pero Pierre Marty (1991) dedica especial importancia al desarrollo del sistema preconsciente en la infancia. Para él, el preconsciente se apoya en el funcionamiento somático, es el punto en el que se articula el pensamiento y determina que cumpla un papel muy importante al ser significativo en la económica psicosomática.

Es así, como el cuerpo de Sofía ha servido de anclaje y ha permitido el que no colapse totalmente su mente y se mantenga el sistema de representaciones del preconsciente disponibles para fantasear y soñar. Sin embargo, su mente no logra darle calma ni alivio y debe recurrir a la búsqueda del alivio en el exterior (medicaciones, comprobación de la existencia de los vínculos y cuidado) para no colapsar. Llevándola a un estado de permanente ansiedad.

La historia de Sofía ha estado marcada por una madre autoritaria, con la que ella se ha identificado, y la han identificado, ya que le dan el nombre de la madre y la abuela y se le descarga el peso de la muerte de su hermano, "para que la madre pueda vivir cien años". Es como si Sofía fuera usada por la madre como una parte de sí misma, donde se deposita aquello que no se desea o genera mayor conflicto. De allí, el que la relación entre ellas (que luego se reproduce en la pareja) es de marcada dependencia y agresividad.

El padre de Sofía es un padre ausente, distante e infiel, a la madre y a la misma Sofía, a la que le debió ser muy difícil lograr ser competencia de la madre –por ser un trozo de esta- y donde el amor se debe pelear, no con una solo mujer sino con muchas mujeres.

Por su parte, en el grupo de hermanos, se juegan pasiones intensas donde la exclusión, el amor, el incesto, la locura y la muerte están muy presentes.

La madre de Sofía, quien cumpliría la función de organización de todo este entramado mental y que servirá de soporte; se revela como una mujer deprimida y en conflicto con su esposo, lo que la lleva a que esté mentalmente de forma intermitente para Sofía y presenta al padre y a los hombres en general, como objetos de los que la paciente debe tomar distancia por ser peligrosos.

Es evidente como para Sofía, diferentes eventos de índole

traumática (la depresión y ausencia por momentos de su madre, la indiferenciación con esta, el enamoramiento y suicidio de su hermano, la infidelidad de su padre y esposo, el conflicto con el yerno entre otros), han contribuido a desdibujar las bases sobre las que está establecida parte de su organización mental, dejando fracturado el equilibrio psicosomático y permitiendo la instauración de las enfermedades sobre las partes no mentalizadas.

Vemos como cada vez las enfermedades que se presentan en Sofía son más complejas, llevándola incluso a ser intervenida quirúrgicamente. Enfermedades que le quitan la vitalidad, la fuerza y la voz. Sofía no ha podido previamente hablar de sus dolores, de sus traumas. Sin embargo, los representa en su cuerpo y se dan grandes actuaciones como descargas de malestar (regresiones psíquicas).

Así P. Marty (1991) aclara, que siempre se dará cierta desorganización en un sistema funcional ante un exceso de excitaciones. En el caso de un hecho traumático a nivel afectivo, se desorganizarán primero los estratos más altos de la jerarquía psíquica, luego los estratos que corresponden, a otros sistemas mentales previos instalados durante el desarrollo, - como es el caso del sistema de representaciones del preconsciente- y por último se da la desorganización somática. Se sugiere en muchos momentos como ejemplo para comprender este punto, la idea de como si alguien cayera por una escalera (regresión) y los descansillos actuarán como puntos de fijación, que detienen el desplome psíquico total.

En esta línea y con este ejemplo: entre más complejo es el trauma más complejo es la caída, el daño y más tempranos los puntos de fijación como lo observamos en la paciente expuesta.

El proceso de desorganización como lo señala Marty (1991), será igualmente progresivo y será ocasionado por disociaciones y anarquizaciones de ciertas funciones sucesivas, es decir, quedan como bloqueadas cadenas de organizaciones y se dará un desmonte desde lo psíquico hasta lo somático como ya lo he mencionado.

Cuando la desorganización progresiva por un hecho traumático alcanza el cuerpo, el paciente rompe por aquellos puntos que son predisponentes para él, según sus condiciones particulares de vida y la gravedad de la enfermedad, la cual dará cuenta de la desorganización que se ha producido en el tiempo.

Si se carece de capacidad de representación mental, el traumatismo degenera en trauma porque los acontecimientos que provocan la tensión no pueden fantasearse, quedando en el lugar de lo irrepresentable y en este sentido Sofía encuentra en el proceso analítico un freno a la progresión de la desorganización.

Hay algo muy importante que señalar y es que algunos síntomas clínicos que dan cuenta de la desmentalización total en los pacientes psicosomáticos graves, como son: el funcionamiento operatorio, la depresión esencial, la sobre investidura del yo, la narcicisación fálica y la dramatización externalizada, son escasas en el funcionamiento de Sofía, lo que resulta de buen pronóstico, por lo que es posible ubicarla en el territorio de las neurosis con mejor mentalización. Se nos revela la paciente en la medida que transcurre su análisis como alguien capaz de identificar el conflicto, ligarlo a afectos y representaciones y en muy poco tiempo de tratamiento (seis meses) traer a la sesión un sueño que da cuenta de un sistema mental que logra rápidamente estructurarse con el adecuado soporte que ha dado su analista durante el tratamiento.

Este aspecto es muy importante porque nos da cuenta de un preconsciente con cierto espesor, que como sabemos se apoya en el funcionamiento somático, y es el punto en el que se articula el pensamiento y cumple un papel muy importante al ser significativo en la económica psicosomática. No predomina por otro lado en Sofía el funcionamiento automático, ni prevalece lo fáctico y lo actual en sus relatos como nos lo menciona su analista, ni las actividades mecánicas y lagunas significativas del preconsciente.

Es aquí donde veo la gran reconstrucción psíquica de Sofía. Su sistema mental logra cierta estabilidad y cohesión que flaquea ante la desaparición del objeto real. Lo que nos evidencia que aún se debe continuar el trabajo analítico con ella.

La actividad de la fantasía se conserva, por lo que hace que también la función onírica la rescate y la deformación que puede hacer el preconsciente de los contenidos no es precaria (hay desplazamientos, condensaciones y deformaciones).

El sueño se localiza en un escenario infantil en el que ocurre el asesinato de un hombre que resulta para ella peligroso (padre-hermano) y que nos da cuenta de lo que en el inconsciente de Sofía se aloja (padre ausente -que no está con ella y su madre sino con otras mujeres- y que ella ha desaparecido, con la correspondiente culpa). Ella se queda con su madre y hace una importante contra-identificación con esta. Sofía luego repite en su vida episodios similares a los vividos (consigue un marido que le es infiel y reproduce con sus hijas el maltrato).

El sueño que la analista menciona como transformador, muestran un preconsciente que aunque anémico, es capaz con la ayuda de la analista vitalizarse, lo que nos da una idea de que aunque pudieron existir fallas a nivel de la paraexitación de los padres hay actividad de la fantasía y presencia de objetos internos, lo que hace que también la función onírica se de, con una cierta calidad de límite a la reproducción de los acontecimientos casi literalmente y la deformación que puede hacer el preconsciente de los contenidos es de cierta calidad.

Con Sofía no hay una depresión de características esenciales o falta de expresión afectiva (disminución del tono vital libidinal, falta de deseos, de interés en la vida) en su caso, la tristeza está ligada a los diferentes conflictos y hechos traumáticos, la ansiedad sirve como sistema de alerta de la tensión de su escenario mental, cosa que no veríamos en un paciente psicosomático.

Es una paciente que sufre y teme a sus objetos internos, los cuales ella debe "asesinar" para que no la ataquen, ni la destruyan y frente a los cuales experimenta culpa por el deseo que en ellos despierta.

Sofía habla desde su cuerpo y este le sirve de instrumento para expresar un conflicto de tipo neurótico, en el que el síntoma tiene un carácter simbólico. Sabemos que los síntomas de conversión suelen afectar la motricidad voluntaria y los órganos sensoriales (no puede tragar, se ahoga, le duele su cuerpo cuando se deprime por las infidelidades de su marido, las que están en posible relación con el dolor que le generaban las infidelidades de su padre a su madre y no ser esta el objeto de deseo del padre y por ende tampoco Sofía).

Es muy importante aclarar que cualquier sujeto ante una experiencia traumática se puede descompensar somáticamente y es lo que se percibe en Sofía.

Interpretando a C. Smadja (2009) el inconsciente de Sofía "recibe y emite" con lo que logra transformarse y ligar simbólicamente el conflicto a palabras junto a su analista con lo que se logra un equilibro en la economía psicosomática.

P. Marty, (2003) define la histeria de características conversivas como la transposición de un conflicto psíquico en síntomas somáticos sobre todo sensoriomotores y afirma que los distintos períodos en el curso del desarrollo las afectan particularmente.

Si bien emparentadas con la histeria, las afecciones que provienen de las regresiones somáticas parecen responder a 4 reglas:

1. Son desencadenadas por un traumatismo psíquico-afectivo que ha desorganizado momentáneamente al aparato mental. Que en el caso de Sofía ya lo he sustentado.

2. No son evolutivas y son reversibles. Se presentan como enfermedades que tienen crisis, de duración más o menos prolongada (Fibromialgia, constipación digestiva, dificultades tragar y ahogo).

3. Casi siempre son habituales en los sujetos que las padecen.

4. Su sintomatología es limitada y está constituida por hiperactividades o hipoactividades de sistemas funcionales relativamente aislados dentro de la organización psicosomática general de los individuos. Situación que es evidente en Sofía.

Así, y como lo hemos oído antes, en el cuerpo histérico se teje una historia que se cuenta en el cuerpo mismo, a diferencia del paciente psicosomático donde el cuerpo padece el dolor mental, no lo narra, lo sufre y da cuenta de un inconsciente que ha dejado tener contacto con los otros estratos mentales de forma fluida.

Ha sido muy interesante leer y releer en un segundo momento a Sofía, oírla narrada desde su analista y el correlato desde los afectos y contratransferencias. Sofía nos remite a nuestros orígenes freudianos y es donde vemos claramente cómo el psicoanálisis y en este caso una analista altamente contenedora y dispuesta, resulta en sí misma en una experiencia que cambia, modifica, reconstruye y transforma. Permite contar a otro una historia, construirla a su lado como partícipe y testigo, y que estas dejen de repetirse de la misma forma, es decir se reconstruyen y la historia puede ser contada de otra forma sin repetirse.

Sofía nos vuelve a poner sobre los escenarios de pensar las estructuras del límite, del borde y psicosomáticas, donde lo analítico aún tiene mucho que decir, donde se requieren como ya lo sabemos, modificaciones técnicas y construcciones de tejidos mentales para posteriormente realizar el trabajo que Freud nos enseñó desde hacer consciente lo inconsciente, levantar represiones y ligar las pulsiones que se encuentran desligadas o fragmentadas.

Concluyo diciendo, no todos los síntomas físicos hablan de un paciente psicosomático, pero todos los pacientes son psicosomáticos, es decir somos una compleja unidad, no divisible donde no existe guion entre lo mental y lo corporal.

Un sueño transformador en la vida psíquica de Sofía

Leticia Villagómez Tovar
(Sociedad Freudiana de la ciudad de México SFM)

En los momentos de inicio de la escucha analítica de Sofía me fue posible acercarme a los síntomas y atribuirles un devenir psicosomático. En mi aproximación a ella, la percibí con importantes montos de angustia, su apariencia era de una mujer sumergida en la tristeza, se lesionaba en las sesiones la piel de los dedos hasta sangrarse, señaló que padecía de fibromialgia, (fue la causa por la que solicitó tratamiento) y tiene dolores en el cuerpo, en la cabeza, problemas digestivos, recurrentes cuadros infecciosos y rigidez corporal, también presentaba dificultad para tragar acompañada de ahogo, sentía que algo se le atoraba en la garganta.

En un principio, también, relacioné las manifestaciones somáticas de Sofía a las *neurosis actuales* descritas por Freud (Laplanche, J., Pontalis, J., 1993) en las que los síntomas no constituyen una expresión simbólica y sobre determinada, sino que resultan directamente de la falta o inadecuación de la satisfacción sexual. En estas el mecanismo de formación de los síntomas es somático y no psíquico, ni simbólico (transformación directa de la excitación en angustia).

El término "actual" viene a significar aquí, la ausencia de esta mediación psíquicas que se encuentra en la formación de los síntomas psiconeuróticos (desplazamiento y condensación). En la clasificación actual de estas neurosis actuales, se les ha denominado como afecciones psicosomáticas.

El encuentro analítico con Sofía, a los seis meses de su llegada provocó un sueño, a partir de éste, presentó importantes cambios en sus somatizaciones y en su estado de ánimo. Me pregunté para ese momento: ¿A qué estaba relacionado este sueño en Sofía, que había dado paso a importantes giros en su análisis?

En ese sueño aparecía como Sofía había enfrentado sus situaciones traumáticas a lo largo de su vida. También daba cuenta de imágenes de sí misma que hablan de ella, de la riqueza de los símbolos y de cómo a través de las asociaciones retomaba enigmas esenciales de su vida psíquica para descifrarlos y construir con ellos su propia historia libidinal.

En el sueño encontramos algunos contenidos, como la situación traumática del suicidio del hermano, esta apareció como una pérdida dónde Sofía estaba atorada a través de importantes identificaciones, de las que no le era posible descolocarse. Otro de los elementos que continuamos revisando fue la relación edípica que desde temprano había tenido con dos de los hermanos, pero en particular con el desaparecido.

A través de las metáforas y metonimias de sus sueños que estaban asociadas a las condensaciones y desplazamientos, se percibían las de de-construcciones que se habían dado a lo largo de su análisis y que daban cuenta de que Sofía había tomado distancia de sus síntomas somáticos que la inundaron a su llegada.

Para esos momentos en su análisis me percataba de que ya se había instalado la transferencia y aparecían en mí, reflexiones relacionadas a otros cuadros clínicos descritos por Freud.

La *neurosis histérica* (Laplanche, J., Pontalis, J., 1993) que ofrece cuadros clínico muy variados, la histeria *de conversión*, en la cual el conflicto psíquico se simboliza en los más diversos síntomas corporales, paroxísticos (ejemplo: crisis emocionales con teatralidad) o duraderos (ejemplo: anestesias, parálisis histéricas, sensaciones de "bolo" faríngeo, etc.). También a la *histeria de angustia* en la cual la angustia se halla fijada de forma más o menos estable a un determinado objeto exterior (fobias).

La especificidad de estos cuadros histéricos se busca en el predominio de cierto tipo de identificación, de ciertos mecanismos (especialmente la represión, a menudo manifiesta), la acción de la represión tiende esencialmente a separar el afecto de la representación y en el afloramiento del conflicto edípico.

En este transcurrir de la angustia, los síntomas, su historia libidinal, su conflictiva edípica y las transferencias en Sofía, se iban dibujando desde mi contratransferencia estas representaciones clínicas me alentaban a seguir el análisis desde otras estructuras psíquicas neuróticas.

En el análisis con Sofía, surgió otra pregunta en torno a los padecimientos somáticos, que me llevaron a pensar este trabajo: ¿Por qué una mujer con esta riqueza de simbolización había presentado síntomas somáticos tan importantes y prolongados?

Retomaré la *simbolización* desde la obra freudiana para trazar el camino a donde quiero llegar. Lo símbolos en La interpretación de los sueños, (1900) tiene un cierto carácter hermenéutico, estamos ante la utilización del concepto como representaciones simbólicas que determinan generalizaciones. En El Apéndice C de Lo inconsciente (1915), sobre palabra y cosa, plantea una propuesta donde modifica el sentido de la simbolización y se refiere a ella como la relación que media entre representación-palabra y representación-objeto.

Así la simbolización queda abierta a posibles significaciones como efectos de sentido que acontecen en una relación entre dos representaciones significantes. Relación entre dos representaciones que deja fuera al objeto real y se abre a nuevas intelecciones de lo simbolizado. La simbolización conlleva un proceso y no sólo el efecto de esta, de su resultado.

En los casos de padecimientos somáticos donde he intervenido desde el psicoanálisis encuentro una importante limitación o "déficit" a la capacidad de representar y simbolizar del aparato psíquico. Donde surge el predominio del acto sobre la palabra y trastornos del pensamiento, que muestran una dificultad en la discriminación fantasía-realidad donde se abre el límite de las convicciones que linda con las creencias, por un lado, y con el delirio, por el otro. Aparecen excesos de referentes fácticos, dificultades en la metáfora o ecuación simbólica que impiden a la metáfora surgir en su mayor nivel de abstracción.

También he pensado en torno a la desinvestidura de ese aparato psíquico que fue como llegó, Sofía, parecía afectada de forma importante por los padecimientos somáticos. Una dificultad que encuentro en estos pacientes es la desarticulación de los contenidos e instancias psíquicas y del aparato al presentar incapacidad del funcionamiento del inconsciente que tiene como una de sus funciones la de ligar y asociar los contenidos afectivos a las representaciones como parte de la capacidad de simbolizar.

En los periodos de frecuentes somatizaciones, Sofía daba cuenta de las dificultades para ligar y representar pulsiones y afectos, lo que la limitaba en su capacidad de simbolizar.

Los giros en su análisis, también los he relacionado a la estructuración psíquica que se dio a través de la instalación de la transferencia. A partir del sueño y de las transferencias analizanteanalista, se abordaron ciertos enigmas relacionados a su vida psíquica y que favorecieron la simbolización a través del inter-juego transferencial.

La estructuración psíquica que conlleva la simbolización involucra al otro, tanto en su perspectiva real, el semejante auxiliador freudiano, como en su perspectiva simbólica que se inscribe tanto en sus funciones parentales como en el contexto social en que se habita, donde encontramos un otro imaginario y un Otro simbólico.

Mis consideraciones a las interrogantes que me he planteado desde la clínica están relacionadas al efecto de las transferencias analizante-analista que han llevado a Sofía a las modificaciones psíquicas donde la disminución de sus somatizaciones le han favorecido su devenir en la vida, donde tiene una cercanía a ella misma y a su analista que le provoca el soñar e investirse psíquicamente.

Ahora cuando toma distancia por algún viaje o vacaciones, surgen reacciones somáticas. Estos cuadros clínicos son cambiantes y nos muestran cómo la libido fluctúa entre alejarse de los objetos y puede acumularse en el interior del yo en calidad de libido narcisista, (Freud, S. 1914).

Conclusión: pensando juntas

Un encuentro de colegas para la elaboración de un trabajo complejo nos coloca en la incertidumbre inicial, particularmente cuando la paciente a través del quien realizamos el trabajo, es analizanda de Leticia, y eso nos exime de ser parte de la diada analista-analizando. Sin embargo, nos permitió comprender desde el comienzo que el material clínico sería abordado desde un lugar diverso, uno perteneciente a la dupla y otro a quienes escuchamos y leímos de la experiencia única de la dupla original.

Tal situación nos proponía un juego, una actividad que fuese lúdica para poder conciliar acuerdos y desacuerdos conceptuales, más allá de reconocer que quienes escuchábamos y leíamos, hablábamos desde impresiones, no de vivencias con la paciente. Así y todo, Sofía se fue encarnando entre nosotros y en la medida que la internalizábamos, a través de los diferentes tramos en el tiempo de encuentros, fue creciendo y se convirtió en mucho más que un material clínico. Logramos darle forma, imaginamos su rostro, sus manos, y recobró vida para convivir entre nosotras dentro de ese espacio, que denominaríamos transicional, donde no se puede ser atacado y desde donde surge la creatividad científica y lúdica. A la vez de intentar aproximarnos a las verdades de los otros y compartirla desde diferentes miradas, en la certeza de aceptar las individualidades y posturas que trabajan en pos de "favorecer al máximo la simbolización ejerciendo la flexibilidad en el encuadre".

Este ejercicio teórico clínico con una paciente psicosomática, nos enfrento a la idea de que son pacientes donde la comprensión de su funcionamiento y estructura determina sin duda su abordaje dentro del análisis. La contención de su angustia inicial por parte del analista fué fundamental para favorecer la preservación de su vida física y mental.

No es igual un paciente con síntomas físicos ligados a una neurosis, que los pacientes que funcionan estructuralmente como psicosomáticos o aquellos que tienen desorganizaciones parciales somáticas ante situaciones vividas como traumáticas, donde quizás el funcionamiento estaría cercano a las disociaciones donde la unidad psicosomática se ve comprometida.

Como bien se vio con la analizada, se favoreció la aparición de las asociaciones sin forzarlas, y esto contribuyó a que las representaciones y simbolizaciones disminuyeran su sintomatología física; y de otro lado se mantuvo contenida la angustia desplegada inicialmente lo que preservó su frágil narcisismo y como resultado una mejor integración y funcionamiento total.

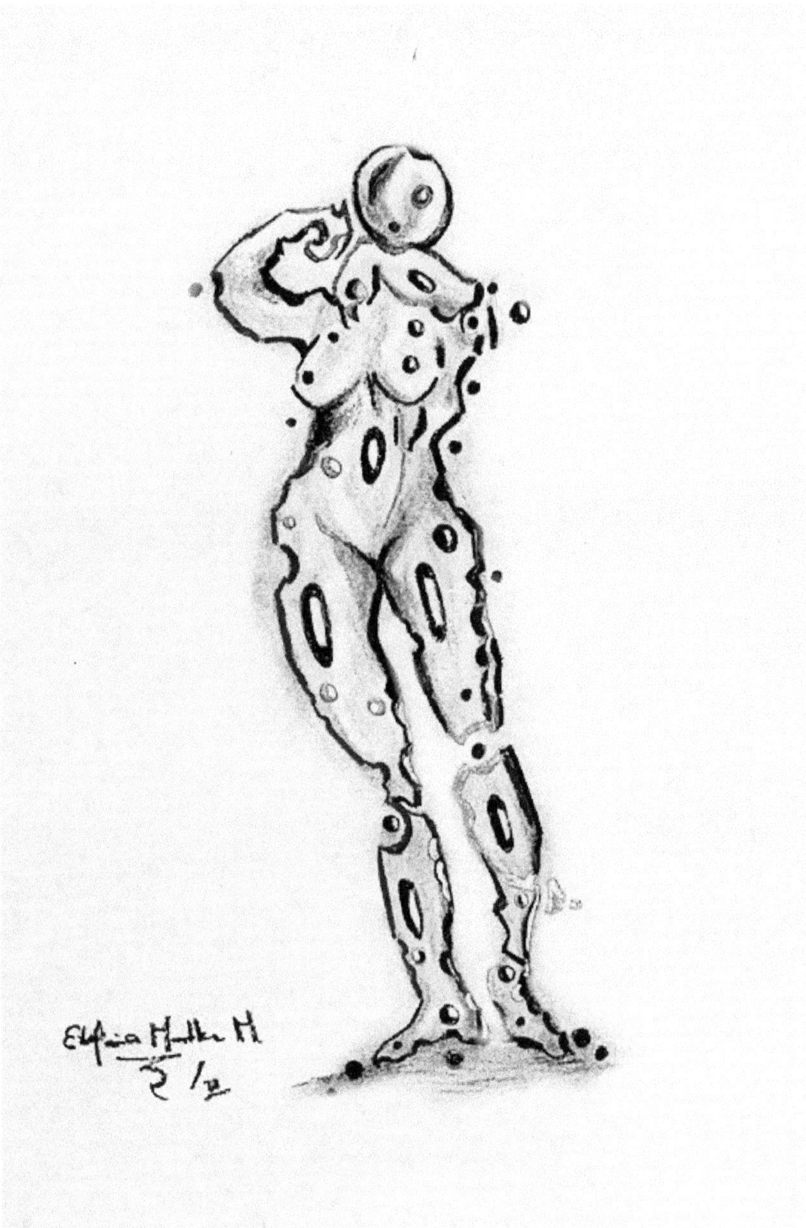

OBRA: RUPTURA ESTÉTICA I

El bolso y la cuerda roja: Ana-Violeta se enfermó. El trabajo del psicosomatólogo con niños[6]

Adriana Meluk Orozco

Uno

Abro la puerta y me encuentro con Violeta y Pablo y detrás de las piernas de Violeta veo asomarse una pequeña cara con el pelo largo y negro, es Ana. Frunce el ceño y aprieta los labios al verme. La impresión que me da es que viene muy enfadada.

A: Hola Violeta, Pablo, supongo eres Ana…yo soy Adriana les digo. Ella sorprendida dice: ¿Adri? - ¿Ana? Le repito: Si, Adriana…son nombres parecidos. Yo Adriana y tu Ana. Ella hace un gesto de vergüenza y gira su cara sin sostener mi mirada. Ana tiene 3 años y medio, y ha sido traída por sus padres ya que su pediatra le ha diagnosticado un síndrome de vómitos cíclicos.

Me comentan que Ana tiene episodios donde por varias

6 Conferencia presentada en el pre-congreso de la Asociación Internacional de psicosomática Pierre Marty (AIPPM). Tema: El trabajo del Psicosomatólogo. Junio. 2018

horas o días, vomita sin parar, llegando a tener hasta 20 episodios en un solo día. La mayoría de las veces dichos episodios empiezan en la noche o después del desayuno, cuando es hora de ir al jardín de niños. Así como los vómitos aparecen de repente, estos se detienen y pueden desaparecer por semanas, hasta que de nuevo sin una clara causa se presentan.

Los padres me relatan que la mayoría de las veces antes de los episodios, Ana ha tenido ataques de llanto inconsolables donde dice que le duele el estómago, su cabeza, tiene arcadas y escupe.

Todo esto empieza aproximadamente cuando Ana tiene 14 meses y en varios momentos, ha tenido que quedarse ingresada en el hospital, para detener el vómito con medicamentos. Su pediatra ha hecho una gran cantidad de análisis, y menciona a sus padres que puede estar asociado a algún componente emocional. Sus padres inicialmente se muestran confusos con esta situación y no saben que puede estar ocurriendo. Continuó con la llegada de Ana.

Los invito a seguir, ya que veo que la niña no se suelta de la pierna de su madre. El padre se muestra angustiado y me da la impresión de que no sabe en qué lugar ponerse.

Entran al despacho de niños. Ana se sienta junto a su madre, yo en una silla frente a ellas y en una silla que esta también frente a ellas, se ubica Pablo.

Ana comenta: ¿mami cuando nos vamos? A lo que ella responde…todavía no.

Yo le muestro un reloj que tengo en el despacho y le digo: cuando este palito este aquí, -señalando las 7 de la tarde-. Le digo: Ana los papas vinieron hace unos días para hablar conmigo, porque me dicen que tu vomitas mucho y no saben lo que te pasa, así que te han traído aquí para ver si nosotras jugando, pintando y haciendo cosas podemos entenderlo. ¿Te parece? Mientras digo esto, me mira, pero luego cuando termino de nuevo se refugia en su madre con cara de enfado.

Le digo: ¿porque estas enfadada? Y contesta: porque no puedo "dumir" (me produce mucha ternura como habla)

A: ¿y porque no puedes dormir?

Ana: porque es tarde y vinimos aquí.

A: Vaya cosa, trataremos de ver si esta es una hora buena para que vengas. ¿O será que otras cosas no te dejan dormir?

No me responde nada y se pone a buscar algo en el bolso de su madre. La madre se muestra molesta y le dice: ¿qué quieres?

La niña saca del bolso una pequeña muñequita, a la que veo le ha hecho un vestido con una cuerda de lana roja. Tiene enrollada la cuerda en todo el cuerpo de la muñequita. Yo no dejo de observarla y pienso que está es la primera asociación de Ana a mi intervención (¿niña atada, amarrada, sujeta, inmóvil?)

Su madre empieza a hablar de la niña y comenta que ha estado estable estos días y tímidamente Ana se levanta y veo se dirige al baúl de juguetes que está abierto. Su padre la observa y le dice: ¡NO! y la niña se sobresalta. A lo que le respondo que puede explorar, y que son para que juguemos. En ese instante su madre rompe a llorar. Yo no comprendo que ha ocurrido y para ser honesta estoy confundida en esta secuencia.

Ante mi desconcierto pregunto: ¿qué pasa? Violeta solo sacude su cabeza como insinuando que nada. Rápidamente la niña viene y la mira, esta angustiada. Violeta le dice que no pasa nada, que sólo está un poco sensible y triste porque no quiere que ella está enferma. A lo que la niña le dice: ¡mami hoy no estoy enferma no llores!

Violeta le dice que esté tranquila que no pasa nada. Pero la niña ha detenido su exploración y se queda sentada al lado de la madre. Se pega a ella, pero Violeta no responde el gesto, quedándose quieta.

Mientras tanto Pablo está muy inquieto y dice: Violeta es que siempre te pones así y no ves que eso la afecta.

Violeta sigue llorando y yo noto que no puede hablar, aprieta sus labios y ojos. Le digo que la próxima vez si quieren vengan ellos y me cuentan que ocurre.

Violeta dice que, si puede venir sola, a lo que Pablo responde con enfado diciendo que la terapia es de Ana. Yo le digo que ellos son muy importantes en la vida de la niña y que lo que les ocurre también es muy importante aquí.

Desde el momento en que Violeta llora, Ana se sienta en la silla a su lado y no se mueve manteniendo esta posición el resto del encuentro. Uso el espacio y el tiempo que resta para preguntarles algunas cosas de la niña, pero la verdad el ambiente es tenso, cargado y poco fluido.

Dos (segundo encuentro)

En esta ocasión viene Violeta y Ana. Hoy la niña esta de mejor humor y entra con un aire relajado y tranquila. Dice a su mami que entre. Le señala que hay una mesa pequeña y se muestra un poco más curiosa dentro del espacio.

Trae un pequeño bolsito del que saca un zumo, unas galletas y las pone en la mesita de niños y la muñequita de la vez anterior, la cual en esta ocasión ha desvestido y la cuerda de lana que la cubría ahora está a un lado. Todo esto lo pone en la mesita. Ana le dice a su mamá: tú en la salita con ella…y la oigo que pronuncia muy bajito Ana…

Se sienta: abre su zumo y esta entretenida en ello.

Le pregunto a Violeta como se encuentra. A lo que ella me responde por el estado de salud de la niña y me comenta que estos días ha estado sin episodios. Le repito la pregunta… ¿y cómo te encuentras tú? Me dice: bueno, bien.

Le digo que no me lo pareció la vez anterior. A lo que me dice, que sólo es que el tono de voz de reproche de Pablo la enfada y se siente responsable de lo que le ocurre a la niña. Por un momento me da la impresión de que Ana ha traído a terapia a su mamá, ya que ella esta tan tranquila merendando, mientras nosotras estamos hablando.

Digo: creo que Ana está tranquila de que estés aquí hablando conmigo. A lo que Ana responde jugando y moviendo su muñequita, como si estuviera hablando con ella y dándole de comer. Le digo: ¿Ana quieres jugar con nosotras? Mueve su cabeza diciendo que no, pero toma la cuerda y la amarra a su silla, y veo que se dirige caminando a mí y amarra la cuerda a mi silla.

Mi silla se convierte en un lazo intermedio, ya que el otro trozo queda suelto. Yo lo tomo y se lo paso a Ana. Ana amarra el lazo a su silla. Nadie habla en este momento es como si todas supiéramos lo que hay que hacer.

Yo comento: creo que podemos jugar juntas. Ana pasa la sesión amarrando y desamarrando con la cuerda diferentes objetos del despacho y nos va mostrando lo que une. Une por ejemplo su silla, a la silla donde se sentó su padre y luego a una mesita que está a un lado. Luego de la silla del papá a la de Violeta y luego a la mía. A todo esto, yo voy narrando quien se une a quien y Ana se ve divertida con este juego.

Tres

Han pasado dos meses desde la llegada de Ana. Aun entra a las sesiones con su madre y estas pasan por diferentes juegos, siendo común en los mismos, los lazos y cuerdas y la pequeña muñequita. Hoy Ana propone que juguemos a las escondidas.

Le digo que no hay muchos lugares donde escondernos y ella dice que escondamos a la muñequita que trae. Le decimos que es una buena idea y ella menciona que quiere ser la primera en esconder la muñequita, mientras nosotras tapamos nuestros ojos para que ella ejecute la acción.

Violeta y yo empezamos a contar, mientras Ana corre por todo el despacho. Cuando llegamos a 10 Violeta dice: vamos por ti. La niña se muestra nerviosa y ríe. Empezamos a buscar y ella nos da pistas para encontrarla. Al ver que no lo logramos tan fácil, dice que tiene una idea y es que usará la cuerda para guiar el camino. Pide que nosotras contemos de nuevo y ella esconderá la niña. Nos deja una pista para encontrarla fácil.

Yo no dejo de pensar en que ella ha ido dando estos meses todas las pistas de lo que ocurre. Yo me pregunto si esa muñequita es ella o su madre y pronto me doy cuenta de que quizás es que están las dos perdidas/escondidas. Los lazos están tendidos, pero parecen no guiar la relación. Les digo: propongo algo... yo cuento y ustedes dos esconden la muñequita y yo tratare de encontrarla. Ana grita entusiasmada que bueno.

Uno, dos, tres empiezo a contar y las oigo pensando en un sitio que yo no encuentre la muñequita. Ana dice: mami en tu bolso. Violeta le dice: Adriana no buscara allí, porque no va a meter su mano en mi bolso. Pero Ana insiste y dice que dejara una pista con la cuerda de lana. Se ríe entre excitada y nerviosa.

-Nueve, diez salgo. Voy a ver a donde me va llevando la cuerda y digo uhmmm buscare por todos lados. Creo que lo diré y ustedes me dirán si está allí. Digo: lo que estoy buscando está en un lugar que pertenece a Violeta, donde ella guarda sus cosas personales y donde yo no puedo meter mi mano si ella no me deja. Ana grita: siii, siii.

Yo digo puede ser en su cabeza. Y ellas se ríen. Digo: ay no perdón… en… su barriga y ellas se ríen. Digo: ah creo que ya se… ¡en su bolso!

Después de esta sesión yo me quedo pensando en Violeta, y pienso que hay algo que no me ha sido contado. Ocurre que la siguiente sesión Ana tiene fiebre y Violeta llega sola a la sesión. Me dice que prefirió venir por no pagar la hora y perderla, y que así podríamos hablar de estos meses de trabajo.

Ese día encontré la niña perdida: Violeta me cuenta que ella lleva mucho tiempo deprimida. Un año antes de nacer Ana, tuvo una bebé que murió de muerte súbita del lactante con tan solo 8 días de nacida. Piensa que nunca se recuperó de ello. Queda embarazada de Ana sin haberlo planeado y esta aterrorizada con esa bebé. Desde que nace no la deja ni un minuto sola.

La vigila constantemente y verifica que este respirando. Se siente culpable por no haber vigilado a su primera hija y no quiere que le ocurra nada a Ana. Siente miedo de dejarla sola.

Dice que Pablo no la entiende y piensa que es demasiado, que enferma a su hija con sus actitudes y esto la hace sentir peor.

Le propongo a Violeta que venga ella, que ya entendí que me quiso decir Ana todo este tiempo y era que necesitaba que yo la atendiera y pudiéramos cerrar los dolores de mamá para que se pudieran construir otros lazos entre ellas, sin que esos lazos ahoguen, ni aprieten, ni den arcadas.

Violeta piensa que es una buena idea y le digo que veremos cómo sigue reaccionando Ana. Violeta se queda en terapia por más de dos años. Ocasionalmente Ana vomita, pero su madre ya no teme que muera y sabe que cada vez que esto ocurre ella revisa en su "propio bolso" para descubrir la pista de lo que ocurre.

El trabajo del psicosomatólogo de niños

¿Cómo es ese trabajo de un psicosomatólogo de niños? en ¿qué cambiaría, en la práctica habitual de un psicoanalista interesado en esa interconexión-interrelación entre psiquis, soma y acciones?

Si lo pensamos un poco, todos los pacientes en realidad

son psicosomáticos, rompiendo con la idea de la dualidad cartesiana que durante tantos años nos acompañó junto a la postura médica, donde se intentaba diferenciar enfermedades físicas de las que tenía un origen mental. Este peso lo llevamos por años los terapeutas e hizo que muchos pacientes declinaran del apoyo y comprensión emocional de su afección somática, al darles la idea de que su enfermedad o patología no existía, o era "inventada o fantaseada".

Un grupo de psicoanalistas en París entre los que se encontraba Pierre Marty, Michel Fain y Chiristian Davis crean una entrevista para atender a pacientes que les eran interconsultados a nivel hospitalario para ser abordados desde una perspectiva psicoanalítica. Poco a poco, va surgiendo lo que se denominaría la Escuela Psicosomática de París, llevando a establecer la idea del paciente psicosomático a aquel en el cúal la relación de causalidad reposaba en la vía pulsional y no neurovegetativa.

Y cómo nos lo señala Eva Maestre Alcaraz (2017) es un "nuevo modo de pensar que relaciona las expresiones somáticas, funcionales y transitorias u orgánicas, al dinamismo de la vía psíquica", llevando a una concepción psicoanalítica que resalta la dimensión económica de los procesos de transformación psíquica, teniendo en cuenta su sentido tanto evolutivo, como regresivo.

El concepto de somatósis, lleva a dar un valor al enfoque económico que permite ligar bajo un concepto distinto acontecimientos psíquicos específicos y las enfermedades somáticas. Señalando la enfermedad somática no como una forma particular de la histeria y donde la somatósis no corresponde a una formación simbólica de un conflicto inconsciente, sino más bien a la claudicación del funcionamiento psíquico en ausencia de otro modo de regresión.

Por tanto, el interés del psicosomatólogo, radicaría justo en como lo indicaría Marty, P: en "la vida psicosomática" es decir, todo un tipo particular de funcionamiento más que en una enfermedad particular. Por su puesto, la psicosomática tomaría también a los niños y sus procesos de desarrollo, particularmente en los que se percibe un frágil equilibrio psicosomático y donde vemos que esa unidad de la que hemos hablado presenta flecos, hilachas o descosidos de ese tejido psíquico, dando lugar a la manifestación en la vía del cuerpo. La psicosomática de esta escuela guarda como referencia permanente al psicoanálisis, que está en su origen y en sus fundamentos.

Como se dan cuenta al hablar de infancia son casi 12-13 años, donde pasan muchísimas cosas a nivel del desarrollo del sujeto y donde el estado de desamparo inicial, sumado a la larga dependencia del infante de sus cuidadores, marcara el desarrollo psicosomático.

Dentro de la escuela de París será significativo entonces la economía del funcionamiento psíquico en cualquier edad y el que dicha economía se mantenga sin desfallecer. Es decir, conservándose en forma plena, equilibrada y estable, ya que serán los apuntalamientos necesarios para mantener la organización somátopsiquica.

Otro punto fundamental es la importancia del preconsciente como realidad clínica, que nos va a permitir el estudio de pacientes donde su funcionamiento esta "más allá del principio del placer", es decir del territorio de las neurosis. De este preconsciente vamos a tener en cuenta su espesor, permeabilidad, permanencia y estabilidad

Como en la mayoría de los trabajos en psicoanálisis de bebés y niños, la relación y mutualidad entre cuidadores e infantes es central, pero aquí recordaremos que es clave algo que se denomina, la economí*a funcional de dicha interacción* -Como lo muestran Ana y Violeta-

El bebé va a ir guardando en su memoria todo un cumulo de representaciones y afectos de dicha interacción, donde sus movimientos y provocaciones y las de los otros, sus y las respuestas y reacciones de padres y cuidadores, serán un primer sistema de intercambio y comunicación.

Es una interacción concreta, donde actúa la fantasía y todo el conjunto de envolturas: vocales-sonoras, táctiles, espaciales y afectivas que darán un sentido o investirán la experiencia. Hay aquí todo un soporte pulsional que favorecerá esa integración psicosomática. Él bebe se encuentra conectado al mundo interno de su madre.

Ahora bien, vamos a ponernos en otro escenario y es cuando por ejemplo los primeros cuidadores no se encuentran afectivamente disponibles, como puede ocurrir en una depresión crónica o por ejemplo si quienes asisten se encuentran en duelo.

La estructura del bebé empieza a tener grietas y el ajuste se dificulta, lo que instaurarían al bebé en el lugar del "comportamiento vacío" como lo denomina L. Kreisler en su libro de la Desorganización psicosomática del niño (1984). Se rompe la plenitud de la vivencia y la complicidad afectiva, así como también la capacidad del bebé de expresar con sus movimientos, imitaciones, gestualizaciones y acciones, todo el abanico afectivo que durante los primeros meses adquiere.

Otro aspecto importante dentro de la economía funcional es la *estabilidad del vínculo,* es decir que tan continua o no, es la relación con la persona que asiste y ampara.

Esta ampliamente estudiado y demostrado en psicoanálisis como si la interacción se rompe, resulta altamente desestabilizador e incluso patógeno. Sobre el niño, hay que comprender que la estructura psicosomática no está acabada, no hay aun una organización total, ni definitiva de la personalidad, por lo que nos guiaremos por el funcionamiento actual.

Al aproximarnos pues a bebes y niños, se abordan tanto las características psicosomáticas del niño como de sus cuidadores y tendremos especial atención en considerar la interacción que se da entre estos y el terapeuta. Es como si, cada uno de los implicados, hacen parte de la terapia, lo que resulta complejo en el abordaje terapeútico a nivel del manejo trasferencia-contratransferencia.

Vamos a tener en cuenta las circunstancias externas que hayan sido permanentes, esporádicas o azarosas con respecto al origen de la descompensación psicosomática, identificaremos el funcionamiento predominante como ya lo dije y buscaremos reconocer el mecanismo mediante el cual está operando la desorganización, teniendo en cuenta principalmente la depresión o caída del tono afectivo que como sabemos es la expresión mental que da cuenta de la ruptura de la economía psicosomática.

De otro lado vamos a observar y analizar la coherencia del vínculo, que mantendría protegido al niño no solo de las excitaciones del entorno, atemperando y regulando los estímulos externos, sino favoreciendo la regulación de las excitaciones fisiológicas e instintivas del niño. Los padres que logran conectar con sus bebes tienen la tarea de captar e interpretar los comportamientos de este y responder con todas sus competencias, a las que el niño reaccionará y responderá con diferentes mímicas manteniendo el sistema de interacciones.

En la interacción del bebé y sus cuidadores, esa alternancia rítmica le dará una idea a él de la temporo-espacialidad, y esta, la cualidad de presencia-ausencia, cercanía o distancia afectiva y continuidad o no del vínculo con el objeto.

Así la alternancia, es significativa en la construcción del psiquismo y en el mantenimiento del equilibrio económico. Por tanto, alteraciones en las funciones fisiológicas básicas como ritmos de sueño y vigilia, alimentación, excreción y respiración nos darán cuenta de la estabilidad y ligazón pulsional de la interacción.

En la consulta de los psicosomatólogos de niños la mayoría de las intervenciones tienen que ver con alteraciones en las funciones fisiológicas básicas como ritmos de sueño y vigilia, alimentación, excreción, respiración y se suman cuadros dermatológicos o alergias de todo tipo que nos darán cuenta de la estabilidad y ligazón pulsional de la interacción.

Ahora de cara a la práctica clínica de la psicosomática en bebes y niños tiene una gran relevancia la necesidad de ejecutarse un trabajo de tipo interdisciplinar donde pediatras y terapeutas se complementan. Como en el psicoanálisis con niños la intervención puede hacerse individual, pero siempre teniendo contacto con los padres o sesiones con presencia de los padres o uno de ellos y quizás el objetivo es una mejor organización del funcionamiento psíquico y una redistribución económica pulsional, que favorecerá el equilibrio psicosomático.

No es un objetivo del tratamiento que se dé la desaparición de la enfermedad, aunque por supuesto si se da mucho mejor. La terapia o análisis se puede prolongar más allá de la desaparición del síntoma o síntomas que trajeron al niño y sus padres. Entonces las intervenciones pueden ir desde consultas terapéuticas o psicoterapias hasta psicoanálisis infantiles.

En la investigación en la clínica psicosomática tendremos pues en cuenta y según lo dicho los siguientes aspectos: Médicos, estructurales, etiológicos y el riesgo que supondría en términos de la vida y funcionamiento psíquico la situación que se vive.

Estaremos atentos entonces a:

- Describir la situación física del niño o bebé en sus aspectos médicos y que papel ocupa la enfermedad dentro del a economía psicosomática.
- Analizar el vínculo con las características que antes mencionamos y la relación entre mamá-niño/bebé-padre y la relación con cuidadores y el observador.
- Precisar el funcionamiento psíquico del niño (organización, defensas que está usando)
- Analizar la personalidad de los padres, su relación, contexto familiar y social. Ya que recordemos las defensas psicosomáticas están aseguradas por los cuidados parentales y el funcionamiento interactivo es el regulador del equilibrio psicosomático.
- Recolectar información de la vida del niño teniendo encuentra los aspectos significativos de su historia, evolución, interacciones y por supuesto antecedentes de su enfermedad como han afectado su funcionamiento. Historia de separaciones o experiencias posiblemente vividas como traumáticas.

Ana y Violeta nos sirven como una forma de ilustrar el trabajo en la diada (mamá-niña) y como el síntoma en *uno*, puede ser la proyección o movimiento de ese otro, que está en la "otra punta del lazo/vinculo (cuerda)" y redes relacionales.

La relación termina siendo el punto de equilibrio de la

economía mental, entendiendo que, en el caso de los padres y los niños, mamá o papá son el aparato que transforma las sensaciones y percepciones (procesan parte de la experiencia) y las vuelven pensamientos para ser pensados. Si no hay posibilidad de pensar lo traumático en el caso de Violeta su propia mente no puede procesar toda la experiencia que está viviendo Ana.

Me hace pensar como en una corriente de agua a la que se le pone un dique con lo que la experiencia se devuelve a la niña que aún no tiene toda la capacidad para procesar las vivencias. No es extraño que el cuerpo sea ese lugar que recibe el impacto de las pulsiones desligadas.

Ahora bien, en el caso de Ana la figura del padre no logra ser el tres, que rompe/separa la unidad relacional y que permite a la niña vivirse como separada del conflicto de su madre. Ana es un apéndice de Violeta.

El trabajo terapéutico y la relación que se establece con la terapeuta se convierte en ese tres que permite que Ana rompa la simbiosis tanto con su madre como con su hermano muerto, permitiendo a ella reconectarse consigo misma a nivel psicosomático y teniendo una relación donde mamá, ella y él bebe son diferentes. El vómito podría ser interpretado de muchas formas, sin embargo, en la niña solo es una manifestación de sobrecarga de estímulos intensos que no logran ser procesados en su aun temprana psiquis.

Para terminar, quisiera mencionar como para la escuela de París cada sujeto vive, se enferma y muere como puede, con lo que no se dan generalizaciones ni "híper simbolizaciones" a las diferentes afecciones como en otros modelos de la psicosomática se entiende un sujeto integral donde se da un colapso donde el Yo se debate entre fuerzas pulsionales de vida y destrucción.

Comentario al El bolso y la cuerda roja: Ana-Violeta, se enfermó

Eugenia Valdéz
(Asociación Psicoalitica chilena APCh)

Podemos observar que trabajo del psicosomatólogocon niños implica ver al niño junto a los padres, siendo esto un beneficio para ambas partes; Adriana trabaja desde el principio vincularmente, luego de dos sesiones previas se puede decir que lo que le acontece a la niña comienza antes de su nacimiento, dado que Violeta se embaraza de una niña que muere pronto; el embarazo es un período de profundos cambios físicos y psicológicos para la madre. Luego cuando nace el bebé, se reorganiza su vida en torno al nuevo ser, acepta sus propios cambios corporales, hormonales y su vida gira en torno a él, se ha hablado de la unidad madre-hijo o de un cuerpo para dos, etc, manifestando que ninguno vive sin el otro. No sabemos que pasó en el embarazo, de Violeta ni las circunstancias que rodearon a la hija en los primeros momentos, No sabemos el nivel de sintonía emocional inicial con ella, si hubo adecuación a las necesidades de la bebé, solo sabemos que muere a los 8 días después de nacer, podemos aventurar que en ese momento muere también una parte de ella. Violeta sin elaborar el duelo y con muchas fantasías provenientes de la culpa, cargada de angustia y pena, se vuelve a embarazar. Se puede pensar que Violeta enfrentó en embarazo y parto y primeros momentos con mucho susto que esto se volviera a repetir. Se reforzó un círculo vicioso en donde la retroalimentación del bebé muerto la llena de culpas y temores. surgen reacciones sensoriales exageradas con la nueva bebé Ana, las que resultan mutuamente frustrantes, esta madre al tener el recuerdo de la recién nacida muerta, no se vincula con Ana realmente, lo que la transforma en una madre angustiada, con poca capacidad de contención, quizás muy amenazante y hostil para Ana. Violeta al perder a la primera hija altera la capacidad de sentir las necesidades de Ana.

Reparar la herida narcisística que constituye la muerte de

un hijo, efectuar el duelo y luchar contra la sensación de repetición, diferenciar los dos embarazos y nacimientos, es una tarea que Violeta no puede realizar, ya que las angustias de muerte acechan y la inseguridad de ser capaz de cuidar a esta hija son muy intensas.

El padre también está afectado y sin capacidad de sostén, se refugia en actitudes superyoicas en donde le reprocha a la madre su emocionalidad, impidiendo conectarse el mismo con las representaciones de la niña muerta, de tal manera que el no reconocimiento de los sentimientos de la madre, impiden que esta nueva hija tenga un espacio propio.

El –No- fuerte del padre cuando Ana explora el baúl de los juguetes, hace pensar en el temor de abrir el baúl de los secretos; en ese momento la madre llora, se puede entender este llanto como una puerta que se abre y solo salen lágrimas

El inconsciente de Ana emerge rápidamente en el primer encuentro de la terapeuta, en la hora de juego corre a buscar la muñeca guardada en la cartera de la madre. Ana le ha confeccionado un vestido con una cuerda, que cubre la muñeca dando la sensación de una amortajada y también impresiona que en ella se proyecta a la hermana y a ella, ambas atadas; una inmovilizada por la muerte y la otra por las angustias y por la falla en el proceso de duelo de la madre.

Los episodios de vómitos aparecen frecuentemente por la noche o cuando se va al jardín, llegan a ser alrededor de 20 episodios en un solo día, luego de estos, llora inconsolablemente. Estos vómitos son denominado cíclicos y se encuentran asociado a conductas maternas inadecuadas, sentidas como hostiles.

Los vómitos cíclicos aparecen por primera vez descritos por Gee en 1882, se caracterizan por manifestarse en accesos separados entre sí por períodos libres entre ellos, son ataques eméticos periódicamente recurrentes, que duran algunas horas o hasta varios días y se acompañan de cetosis, estos pueden ser provocados por infecciones o por contenidos emocionales cómo: miedo a una pérdida o protesta contra ella, habitualmente surge en niños emocionalmente inestables, el episodio de vómitos se asemeja a ataques epilépticos.

Según estudios, se presentaba en niños que habitualmente sentían temor a perder a la madre, angustia de separación o de abandono, además de tener una relación simbiótica con ella.

La incorporación oral inicial con la madre es buena, pero luego por falta de cuidados adecuados a partir de causa externas y a veces accidentales, provoca molestia en el niño, este malestar es manifestado protestando, devolviendo la comida que la madre da; esta responde con mayores cuidados, pero deja una huella de frustración que se renueva en la etapa de separación individuación, este niño sensibilizado en relación a la pérdida, va a tener dificultades de realizar el proceso de separación-individuación propio del desarrollo, va a recurrir al recuerdo fijado en el cuerpo, reforzando el punto de fijación oral.

Recurrirá a los vómitos y a la dependencia ambivalente con la madre cada vez que se sienta amenazado de perder la protección de ella, entonces la madre vuelve con cuidados, y al mismo tiempo el vómito es una manifestación de agresión frente a la madre abandonante. Pienso que las angustias de muerte tan presentes en la mente de Violeta, le otorgaron un estímulo para proyectarlas, y actuadas a través de exceso de cuidados, tal vez no se deprime al estilo de la madre muerta, por lo que no deja una impronta de vacío en su mente, sino de angustias que Ana recibe y desea devolver, eliminarlas como un objeto malo instalado en su estómago, que aparece en la noche, cuando se separa la madre y se acentúan los temores de morir, y cuando se va al colegio reactivando nuevas angustias de separación.

En la segunda sesión viene bien dispuesta a asistir, invita a su madre a entrar, trae su muñeca a la cual la despoja de cuerdas dejándolas de lado, además trae comida a la sesión, se puede pensar que Ana, agradece a Adriana y reconoce este espacio como un lugar para incorporar, analizar sus dificultades, de soltar amarras.

Hay un clima agradable, se conversa del curso de la enfermedad delante de la niña y de las dificultades con el marido. Ana parece que no escucha, pero lo hace, siente que sus emociones y las de su madre pueden ser habladas, después juega a amarrar y desamarrar una cuerda con las sillas, dando cuenta de que, para hacer el debido proceso de separación e individuación, debe haber cuerdas y sostén necesario para ello.

Pascual Palau psicoanalista y psicosomatólogo y otros colaboradores (2016) menciona labor de los padres, es brindar bienestar y sósten. Si estos estos cuidados fallan, el bebé podría presentar un desbordamiento y un desequilibrio en el psiquismo del niño, cuya manifestación puede expresarse a través de somatizaciones tales como: trastornos en la alimentación, cólicos, alteraciones el sueño y las típicas bronquitis, otitis etc. Si los padres no tienen la capacidad de percibir las necesidades de los niños, los mecanismos de regulación de los estados psicológicos y fisiológicos corren riesgo de alterarse y de provocar síntomas psicosomáticos, debido a la incapacidad infantil para el manejo de la propia ansiedad. Este autor considera necesario trabajar con el niño enfermo junto a sus padres, ya que las dificultades provienen de fallas en los procesos de contención individuales, de traumas previos o de transmisión transgeneracional de conflictos no resueltos.

Posteriormente por casualidad la madre acude sola, entendiendo esto como que de alguna manera sabia de Ana de traer a su madre de para elaborar el duelo previo y sus consecuencias

Ana a su corta edad pudo jugar sus dificultades, volcarlas en un continente capaz de recibir, la madre al ver el juego también elabora y aprecia esto y en la tercera sesión aparece sola, mencionando el contenido de su dolor con la confianza de ser entendida y escuchada.

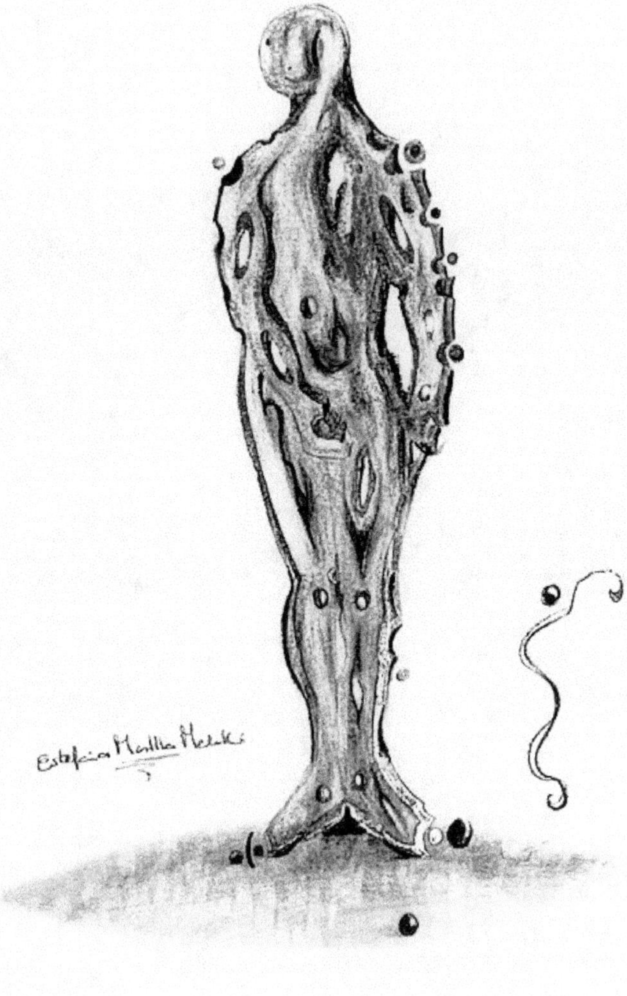

Obra: Raíz de la ausencia

El psicoanalista y la migración forzada: La enfermedad psicosomática como compensación económica al derrumbe del mundo físico y psíquico[7]

Ana Lourdes González, Olga Bechara,
Leticia Villagómez, Eugenia Valdés, Adriana Meluk

Guerras, pandemia, hambre, escasas oportunidades de desarrollo personal y económico, son una de las causas que llevan a los seres humanos a emigrar buscando mejores condiciones de vida. Las diferentes disciplinas intentan no solo recoger el fenómeno migratorio, sino analizar sus causas, implicaciones y consecuencias.

Los psicoanalistas no estamos ajenos a esta realidad y cada vez más, nos encontramos en nuestras consultas con pacientes que llegan con grandes manifestaciones psicosomáticas como respuesta a los procesos de desplazamiento de su lugar habitual de estancia. La migración, aunque otorga la esperanza de ser una oportunidad, es además una experiencia difícil; ya que implica un cambio que muchas veces puede resultar traumático.

Poco a poco se instaura en la psiquis y podría dejar una huella significativa en el cuerpo. Cuando, esos impactos no son susceptibles de ser elaborados por su masividad a nivel psíquico, vemos como el cuerpo y las acciones se convierten en el medio de expresión predominante.

Por este motivo el Grupo de Psicosomática de la Federación Latinoamericana de Psicoanálisis, busca presentar, analizar

[7] Ponencia presentada en el 53° Congreso IPA. Cartagena de Indias-Colombia. Tema: La mente en la línea de fuego.2023.

e ilustrar el trabajo terapéutico con un paciente que ha migrado de manera definitiva, y donde se ha podido pensar en el impacto de este hecho, como el desencadenante de una desorganización y desmonte psíquico, que termina en el surgimiento de una patología somática, como último recurso antes del colapso mental. Se resalta la importancia del análisis como punto de reelaboración y reorganización psíquica, en situaciones de desplazamientos forzados.

Con el propósito de ejemplificar esta situación, se trabajará alrededor de la historia de un migrante en proceso de análisis, en donde se evidencia como la enfermedad da cuenta de los sucesos acontecidos y de la progresiva desorganización y desmentalización. El viaje sin retorno lleva a su cuerpo a recibir todo el impacto del exilio ante la imposibilidad de su psiquis de reaccionar al cambio que se vive como catastrófico.

Introducción

Cada historia migratoria es particular. Cada migrante trae en sus maletas, su historia personal y las motivaciones o circunstancias que lo impelen a partir. Luego viene el proceso migratorio en sí mismo, los duelos elaborados o no elaborados, que pueden devenir en melancolías o somatizaciones, que inevitablemente viven los que dejan por diversas razones su vida en su país de origen, para emprender otra vida en otras latitudes. La experiencia migratoria es en sí, de una violencia inusitada que implica un desmantelamiento de los referentes conocidos y de la identidad.

Dependiendo de esa historia personal que todo individuo porta como parte fundante, estructurante de su ser, de las circunstancias por las cuales se migra, y de los recursos yoicos del individuo, la experiencia migratoria va a llegar o no a ser elaborada.

Es frecuente encontrarnos con pacientes a los que les cuesta elaborar los duelos inevitables de la vida y los esfuerzos que hay que hacer en pos de la integración, excediendo su capacidad psíquica para tramitarlos y como consecuencia de esta dificultad, se enferman física y/o psicológicamente.

Un aspecto importante dentro de la trama compleja de las identificaciones y subjetivación es el cuerpo, como receptáculo y expresión de improntas tempranas, producto de una trama vincular, portavoz de la cultura en la que se desarrolla y está inmerso el individuo, más allá de la violencia primaria que nos habla Aulagnier, P. (2007).

Nuestros pacientes siempre nos enseñan cómo ellos aprendieron a sobrevivir y vivir con sus experiencias tempranas y las aprendidas de su entorno. En ese viaje íntimo y personal. Viviremos el viaje externo como hemos vivido nuestros viajes internos.

El psicoanálisis y los psicoanalistas no pueden estar ajenos a las realidades externa donde en este caso la migración (forzada, elegida, definitiva o temporal, lejos del entorno cultural o próximo) es una situación actual, vigente, y que cada vez se presenta con mayor frecuencia e intensidad. Somos individuos en un mundo concebido como "aldea global", donde se van borrando fronteras, incluyendo las psíquicas.

Fernando nos invita a pensar a partir de la sintomatología corporal, las diferentes capas de su estructuración psíquica y cómo la migración las revela, moviliza y resignifica y con mayor impacto cuando la migración se convierte en un exilio o viaje sin regreso.

Caso clínico

Dra. Ana Lourdes González
(Psicoanalista titular Asociación Venezolana de Psicoanálisis ASOVEP)

Fernando

Fernando consulta hace un año por crisis de ansiedad generalizada y ataques de pánico. Había asistido numerosas veces a la emergencia de hospitales debido a dolor en el pecho y en el brazo izquierdo, pensando que tenía un infarto al miocardio o por dificultad para respirar que le hacía pensar que tenía algo en los pulmones. También presentaba insomnio, se despertaba a mitad de la noche sudando, con dificultad para respirar y sensación de muerte inminente.

Él no sabía que lo que tenía era ansiedad. Los médicos le decían que no tenía nada, pues los electrocardiogramas, las radiografías y sus exámenes de laboratorio salían normales. Tiempo después, me dijo que le recomendaron ir con un psicólogo, pero pasó un periodo largo, cuando un colega le aconsejó verme. Desde entonces hemos trabajado dos veces por semana.

Al principio sólo hablaba de su cuerpo, de lo que acontecía en él, no había cabida para nada más que no fuera su soma. En las sesiones donde se repetían una y otra vez sus relatos angustiosos, su sufrimiento, su malestar corporal, lo que recibía de él a manera de sensación física, era como una especie de saturación corporal, llegando inclusive a sentir a través de mi cuerpo, que su cuerpo estaba a punto de explotar.

Luego me habló del trabajo, ya no le gustaba, era de noche y con la dificultad que tenía para dormir, le era cada vez más difícil ir, estaba agotado, simplemente no tenía fuerzas para hacer su labor de ensamblaje, trabajo monótono por demás. Al tiempo consiguió un reposo que le permitió cesar su actividad laboral.

Se sugiere asistir a psiquiatría y a él le tomó un tiempo aceptar la medicación, pero cuando esto sucedió, ya se había establecido un sólido vínculo terapéutico.

Luego empezó a hablar de él. Creo que por primera vez en su vida tenía la posibilidad de expresarse, de escucharse, de que alguien lo escuchase y le ayudará a recorrer en reversa y desandar su historia, por demás, contada a pedazos.

Quiero resaltar que, como nos ha sucedido a todos en algún momento de nuestro trabajo analítico, cuando uno está abierto y dispuesto a recibir un paciente, sin saber quién, ni qué nos vamos a encontrar, tolerando la incertidumbre podemos sorprendernos gratamente con un paciente que quizás no tenga una preparación formal ni académica, pero que tiene el deseo o la motivación de adentrarse en sí mismo, de descubrir y entender las causas de su sufrimiento. Ese fue el caso con Fernando, así fue como emprendimos juntos el trabajo de conocerse.

Violencia 1 (Circunstancias que llevaron a la migración)

Comenzamos por los motivos que lo llevaron a abandonar México. Me comentó que desde los trece años conducía camiones, ese fue siempre su trabajo. Oriundo de un pueblo no tan cercano a Ciudad de México y en el cual aprendió su oficio, decidió muy tempranamente (16 años), ir a la capital para conseguir trabajo. Durmió en la calle, pasó penurias, tuvo hambre, hasta que finalmente regresó a su pueblo para prepararse un poco mejor e irse de nuevo a la capital. Trabajó siempre como chofer de camiones, tenía su ruta entre pueblos.

Un día lo interceptaron para exigirle que transportara droga, a lo que él se negó, se repitió de nuevo un par de meses, luego el mismo evento y, la tercera vez, simplemente lo bajaron del camión, lo desnudaron, lo amarraron, le golpearon hasta dejarlo malherido y botado a orillas de un camino. Estuvo escondido en una casa, en otro pueblo por un mes, luego pediría su visa para venir a Canadá (trámite muy fácil para los mexicanos), algo que jamás se había planteado en su vida. Así es como inicia violentamente su proceso de migración.

El desamparo

A medida que él traía todo lo que le sucedía en su cuerpo, en su trabajo, de cómo llegó aquí, es que puede comenzar a hablar de él, de su historia.

La madre no se ocupó de él. Es su abuelo materno a quien llama papá, junto con su tío quienes se hacen cargo de él y su hermano dos años menor. Veía muy ocasionalmente a la madre, quien luego se casó y tuvo otros dos varones a quienes sí crio.

El padre biológico apareció en escena cuando Fernando era un adolescente, para conocerlo y que él conociera a sus hermanas y así evitar cualquier posibilidad de incesto. Nunca hubo una relación cercana con su padre biológico y su familia por parte de papá.

Sus referentes son su abuelo materno-papá, su tío, su hermano con el que se llevaba muy mal cuando eran pequeños y cuya relación mejoró a medida que iban creciendo. Su abuelopapá murió de cáncer cuando él tenía 18 años, ya no vivía con ellos, Fernando dejó de visitar con frecuencia la casa como cuando su papá estaba vivo. La muerte del abuelo-padre lo entristece todavía, siente que lo extraña, le hace mucha falta. Mucho después me dirá, que su abuelo-papá se enfermó de cáncer cuando él tenía 15 años y murió tres años después.

De su tío dice qué sin ser su obligación, los ayudó de todas las formas, estaba muy pendiente de ellos, inclusive después que se casó y tuvo sus hijos.

Con la madre y la abuela materna ha habido más acercamiento después de adulto, pero se pregunta por qué la madre si pudo estar con los dos hijos menores. La relación con ellas lo agobia, porque la madre se queja mucho y le demanda mucha ayuda económica. Esa forma parte de la fantasía de la familia que se queda: el que se va, le va muy bien y tiene mucho dinero para enviarles.

El que migra se siente culpable de haberlos abandonado y se ve obligado a pagar por ello. Ahora han aparecido los hermanos biológicos paternos y maternos, primos pidiéndole dinero, lo que lo abruma y le da mucha rabia.

Un aspecto familiar importante es que la mamá de su abuelo- papá vivía al lado de ellos, así como los hermanos de éste, pero Fernando dice que era una mala señora. Su bisabuela era desagradable, interesada, maltratadora, le pegaba y lo corría todo el tiempo, trataba mal a su hijo que la ayudaba económicamente en todo y a sus hermanos también. Cuando se enfermó su abuelo-papá, no lo ayudó nunca, de ninguna forma. Eso no se lo perdona. Su hermano vino este año a trabajar, viven los dos juntos actualmente.

Comentario de la sesión

Fernando trae un desamparo de relaciones objetales primarias tempranas, sobre todo de la figura materna, que ha sido abandonante o en el caso de su bisabuela materna, maltratadora. La abuela materna está ausente, vive con la madre, pero no ha ejercido ningún rol en la crianza de Fernando. Es gracias a su abuelo-papá que pudo tener un referente afectivo. El padre biológico y su familia están también ausentes. Hay déficit de figuras primarias contenedoras y exceso de experiencias de desamparo, maltrato, violencia y angustia de muerte. El aspecto mágico tiene que ver con compensar estas vivencias como se verá posteriormente.

Violencia 2 (La crianza en la calle)

Si bien el papá-abuelo era el proveedor de afecto más importante en la vida de Fernando, también era representante, portavoz de una cultura donde circula la violencia por doquier.

Desde temprano Fernando aprendió, en la escuela y en su casa, que son los fuertes los que siempre ganan, por lo que hay que ser fuerte y no dejarse golpear. El padre le decía: «si te dejas pegar, te voy a dar aquí más duro».

Y así se inició lo que se normalizará como la cultura de la violencia: aprendió a pelear, a recibir y dar golpes. Ese fue el principio. Cuando más grande fue a vivir a la Capital, a cada barrio que llegaba, lo primero que tenía que hacer era demostrar que no tenía miedo y que no lo iban a 'joder'.

Cuando venían a pedirle su dinero o simplemente a amedrentarlo, tenía que irse por los puños. En sus palabras: "o me mataban o yo les daba". Para sobrevivir tenía que ser agredido y agredir. Se mudaba de barrio con la esperanza de encontrar otro menos belicoso, pero no era así. Unas cuantas veces terminaba muy golpeado en la calle y alguien lo llevaba al hospital. Era la ley del más fuerte, así fue como aprendió a sobrevivir, a vivir. De hecho, Fernando es musculoso, su cuerpo es compacto, fornido.

Él ha descrito situaciones de una violencia tal, cuyas imágenes han quedado grabadas en la mente de la analista por días y le han originado pesadillas nocturnas y flashbacks diurnos. También con el tiempo ha confesado que se reunía con individuos del barrio que «hacían malas cosas», no con el fin de participar en las fechorías que ellos hacían y de las que él no quería enterarse -nunca le pidieron que hiciera algo-, sino sobre todo por sentirse protegido, y si alguien le hiciera daño ellos podrían defenderlo.

¿Relaciones afectivas? Fernando no tiene amigos, es bastante solitario. Con las mujeres solo tiene vínculos efímeros cuya motivación es el encuentro sexual. Siempre tuvo muchas mujeres en diferentes lugares, pero sólo con una cree que se involucró afectivamente un par de años, pero fue ella quien lo dejó.

Ya avanzado el tratamiento, Fernando relata los accidentes que tuvo en carretera. Solamente en los dos últimos años, dos camiones chocaron con el suyo, perdiendo la vida los choferes.

A medida que Fernando va contando sus vivencias, nos preguntamos: ¿cómo puede su psique haber sobrevivido a esa intoxicación crónica de violencia, de experiencias de muerte? Es imposible pensar que su cuerpo no haya sido receptáculo y expresión de esa violencia mezclada con desamparo, un verdadero cóctel molotov. La analista, contratransferencialmente se sentía, con sensación de explosión inminente. Lo sorprendente ha sido ese deseo de pensarse, de entender todo lo que le ha pasado, dónde se encuentra en estos momentos, de dónde viene y a dónde se dirige. Esto es lo que constituye para nosotros, analistas, la historización, es decir, el ordenamiento de la experiencia subjetiva, la reapropiación de la historia singular.

El encuentro con Fernando ha promovido el acercamiento a otras culturas, descubrir su funcionamiento y cómo marcan la psique e historia del individuo. Fernando es el correlato de muchos individuos de nuestras culturas Latinoamericanas insertas en una historia de violencia en la que crecen y que devienen en códigos comportamentales, estructuras de violencia, sometimiento y miedo, casi que generalizados.

También he podido vislumbrar que para Fernando el Shock Cultural también representa para otro orden de violencia. Se enfrenta con una lengua diferente, un clima diferente, un funcionamiento social totalmente distinto, en el que todos sus mecanismos de defensa, todo lo que ha aprendido queda despojado de eficacia, simplemente aquí no tiene que defenderse con los puños, con la fuerza física.

No es infrecuente encontrar un pensamiento mágico, sobre todo cuando hay desamparo. Fernando tiene una 'madrina que lo protege' en México y cuando él tiene necesidad de ella, ella se presenta. Es la creación de una forma de protección mágica frente al desamparo. Algunas sesiones reflejarán el trabajo realizado.

Primera sesión seleccionada 4 meses después de iniciado el tratamiento

F- Me he sentido mejor. Tengo ansiedad, pero ya no son ataques. Me da todos los días, pero dura menos tiempo y con menos intensidad.

A- ¿Lo asocias con algo?

F- Trato de pensar qué puede haber pasado, pero no encuentro. Puede darme en la mañana o en la noche, a veces en la tarde.

A- Como cuando tu hermano se iba a trabajar

F- Si, pero ya no es por eso. Puedo estar ya solo, de hecho, ahora me provoca hacer cosas para mí, salir y comprar unos tenis, algo que necesite. Antes no podía.

Silencio

La última vez le hablaba de esta muchacha, pero ya ni pienso en ella. Le conté que me llamó la semana pasada y decidí que la voy a bloquear de mis contactos porque quizás me vuelva a llamar, pero no quiero tener contacto con ella. La quiero sacar de mi vida.

A- La trajiste porque ha sido la relación que más te ha marcado, la partida de ella te dolió. Es difícil que puedas borrar eso.

F- Lo que quiero es cerrar ese capítulo. Fíjese que ayer me pasó algo importante, primera vez que me pasa. Me llamó mi hermanito para decirme que un compañero le estaba vendiendo un celular y que él quería darle el suyo a mamá porque el de ella estaba viejo, en fin, que si le podía dar 3000 pesos. Por un momento dudé, pero poco y le dije que no, que no tenía dinero y no me sentí mal. Es la primera vez que lo hago sin sentirme culpable. Cuando vine y comencé a trabajar, pagaba el cuarto, la comida y todo el resto lo enviaba a mi mamá, me quedaba sin nada. Pensaba en los otros antes de pensar en mí.

A- Pensar en ti, en todo lo que te había pasado era muy doloroso.

F- Si, es ahora cuando puedo ir sacando las cosas. ¿Sabe? Yo creía que ir a psicólogos era para locos, como en las películas, los manicomios. Pero me decían que tenía que ir, que era emocional, psicológico. Me doy cuenta ahora, como usted me dijo, que yo soy ansioso, que siempre lo fui. Desde los 13-14 años, fíjese que las manos siempre me han temblado. Y cuando pasaron los dos eventos, antes del último, se me dormía la cara. Después del tercer evento, sí que estaba nervioso. Me fui a otro pueblo, me escondí un mes, pero me sentía peor encerrado. Cuando me vine en el avión, era la primera vez que tomaba un avión, era la primera vez que salía de México, entiendo ahora que me dio un ataque de pánico. Me empecé a sentir mal, el pecho apretado, quería bajarme. Le dije al chico que tenía al lado que me sentía mal y él comenzó a hablar conmigo y se me fue pasando.

A- Estar aquí y poder hablar conmigo ha calmado un poco la ansiedad.

F- Cuando llegué trabajaba en un hotel y un día estaba limpiando el baño y de pronto corrieron la puerta de la bañera y yo salí corriendo del baño, del cuarto y más nunca volví al hotel, me corrieron. Luego me fui a otro hotel y estaba haciendo la cama y la supervisora me llamó desde el pasillo y cuando pasaba por el closet para ir a su encuentro, un gancho salió disparado. La supervisora misma lo vio y yo le dije que me estaban corriendo, que no iba a volver y ella lo entendió. Cuando llegué a casa estaba mi compañera y ella me preguntó qué me había pasado porque estaba muy pálido y le conté. Fui a ver una bruja que me dijo que era un muerto. Luego mi amiga regresó a México y empezaron todos los problemas de salud, la dificultad para respirar, el dolor en el pecho. Yo no sabía que era ansiedad. Iba al médico todo el tiempo, me hacían muchos exámenes y me decían que no tenía nada, que era ansiedad. Yo no lo creía, yo me sentía muy mal, muy enfermo. La bruja me dijo que ya me había curado de lo espiritual pero que tenía que ir a ver un psicólogo porque no tenía nada en el cuerpo. Pero yo seguía yendo a la emergencia, para que me vieran porque pensaba que tenía algo en el corazón, que me daba un infarto. Cuando vine a Quebec primero era el hormigueo en la cabeza, luego en la cara, se me dormía, y luego todo lo demás. El otro día me dio un mareo cuando bajaba las escaleras a la casa, es la tercera vez que me pasa, que me siento así, que doy vueltas, que me puedo caer.

A- El muerto has podido ser tú, casi te matan, pudiste haber muerto esa vez y muchas otras por lo que me has contado. Te corrieron de la vida que tenías, la que habías hecho como querías. Esa vida se murió y tuviste que venir aquí, a otro planeta, con otra lengua, a empezar de cero. Estás dando todavía vueltas después de 4 años, inestable.

F- La bruja me dijo eso, que tenía que sacar todo lo que me había pasado. Lo comencé a hacer con una psicóloga a la que me mandaron, pero sólo me vio 12 veces, yo quise continuar, pero el médico no lo autorizó. Había mejorado un poquito, pero luego volvieron todos los males en mi pecho. Luego me refirieron con usted. Yo pensaba antes que las cosas no me afectaban, pero se fue acumulando todo y explotó aquí.

A- Siempre tuviste que hacerte el fuerte para lidiar con todo lo que has vivido desde pequeño hasta ahora. Te asusta que te corran como pasó que tuviste que irte de México, que no se queden contigo como pasó con tu pareja, la psicóloga, con tu mamá. Quizás te preguntes si te vas a quedar aquí, si no te voy a correr.

Comentario a la sesión

Es notable como Fernando, enfrenta su duelo somatizando. Lo que no puede tramitar psíquicamente, sus traumas, sus pérdidas de objeto se expresan corporalmente.

En muchas sesiones significativas, en las que Fernando llega con dolor en el pecho, en el brazo izquierdo y su dificultad para respirar, podemos ver la relación de sus síntomas con el material que trae. Mi trabajo de ligar, de significar, de historizar, de organizar sus experiencias, de establecer un puente entre cuerpo y psique y darle nombre a su sufrimiento se ve compensado con el conocimiento que va adquiriendo Fernando de sí mismo.

En septiembre, en una sesión luego del fin de semana dice:

F- Estaba bien, pero este fin de semana la pasé muy mal, estuve a punto de ir al hospital, pero luego pensé que me iban a decir que no tengo nada, como siempre ha ocurrido. Tenía dolor en el pecho, aquí en el corazón, también no podía respirar bien y casi no dormí, tenía ansiedad. Después de un largo silencio dice:

Estoy preocupado por mi hermano, lo vi mal. El trató de hablar con sus hijos, pero la mamá no lo dejó, no les pasaba el teléfono y no pudo hablar con ellos. La mamá, usted sabe, es de vida alegre, le gusta salir, ir a bares y dejar a los niños con su mamá. Ella le pone problemas a mi hermano porque él no puede hablar con sus hijos, muchas veces no sabe dónde están. Él dice que entonces se va. Hace un silencio y yo intervengo.

A- Parece que hay un doble dolor. Los dos hijos de tu hermano, abandonados por la madre, te hacen recordar cuando tú y tu hermano fueron abandonados por tu mamá, dejados con tu abuelo. Lo otro que te duele es la posibilidad de que tu hermano se vaya. Un largo silencio.

F- Lo de mi hermano lo pensé, pero lo de mamá… imagino que sí.

En otra sesión más reciente de octubre, después de haber faltado a la anterior sesión.

F- Me sentí mal ayer, con dolor de cabeza. Hablé con mi abuela y no está bien. Tiene cáncer, pero también tiene problemas con la tensión, está inestable. Me dijo que fuera a verla porque no sabe cuánto tiempo va a durar. Yo le dije que no podía, que más bien quisiera que vinieran las dos. Pero así, como está, no creo que puedan venir. No sé si irme y dejar todo, pienso que quizás no la vea más. Pero también pienso que no me puedo ir. Eso, estaba pensando en que quizás a mi abuela pudiera pasarle algo y no la vuelva a ver. Silencio

A- Entiendo que te sientas triste, mal. Después del acercamiento con tu mamá y tu abuela, no las quieres perder, comprendo que estés preocupado por ella.

F- Si, al final yo estoy aquí solo. Mi hermano probablemente se vaya, allá están sus hijos. Esas son mi familia, las personas que me importan: mi mamá y mi abuela, mi hermano, mi tío. Todos tienen sus familias. Después de un largo silencio. Estuve a punto de retirarme del francés, pues me canso y siento que no avanzo. Además, estoy muy justo con el dinero. Pero el otro día con la escuela, fuimos a la feria de empleo y viendo las ofertas de trabajo vi unos camiones y me quedé mirándolos y se me acercó el señor que estaba encargado y me preguntó si estaba interesado. Yo le dije que era chofer de camiones en México y me preguntó si tenía permiso de conducir y le dije que sí y me dijo que sólo tenía que sacar mi permiso de conducir, mejorar un poco el francés y tendría trabajo. Le dije que estaba en clases y luego pensé que si me había hecho bien las clases, que algo había aprendido, que el señor me entendió y yo le comprendí.

A- Parece que el primer impulso es dejarlo todo, pero luego vemos que puede haber un reconocimiento de lo que has logrado, de lo que has aprendido no solo del francés, sino aquí en terapia. La última sesión no viniste y más bien cómo continuar a pensar más allá de lo aparatoso en el cuerpo, meternos más en profundidad en ti, en lo que tú sientes, en las experiencias que te han marcado. Las dificultades para hacer familia probablemente tengan que ver con esa mamá y abuelas.

Comentario a la sesión

La migración reactualiza una historia de pérdidas de objeto que Fernando ha vivido tempranamente y la migración en sí misma ha implicado nuevos duelos, como el de su identidad de chofer, la amenaza de no volver a encontrar a la madre y la abuela. El miedo ha constituido un organizador de su subjetividad, el miedo a perder los pocos objetos que dotan de sentido a su vida, miedo al desamparo, miedo a la violencia.

Las expresiones psicosomáticas en Fernando se ubican entre los duelos que no se pueden o que son difíciles de elaborar y el exceso de estímulos (excitación) de trauma que no se puede metabolizar.

Sesión 17 noviembre 2022

Luego de cuatro ausencias, recibo un correo con una foto de él en la que se ve su ojo muy inflamado. El correo dice:

"Hola buen día hoy no podré ir, tengo una infección en el ojo y tengo demasiado dolor y en el hospital solo me recetaron una pomada.

Le pido una disculpa ya que he faltado a algunas citas, quiero continuar con la terapia ya que me está sirviendo de mucho en mi recuperación, espero y pueda recibirme la próxima semana.

Estoy muy avergonzado por faltar a las citas, una enorme disculpa."

Cuando viene la próxima sesión, pudimos "ver" que ese ojo se enfermó, se inflamó de tal forma que no podía abrirlo, luego de haber ido a la cita para pedir su permiso de conducir (Canadá es uno de los diez países en donde es más difícil obtener la licencia) y le retuvieron su permiso de México para investigarlo.

Comentario a la sesión

Las variaciones de órgano. He comprendido que los dos únicos lugares que ha tenido Fernando en su vida es el de nietohijo (lugar que perdió a los 15 años cuando ese abuelo se enfermó para finalmente morir 3 años después) y el de chofer, llegando a constituir dicho oficio su identidad.

Cada evento traumático, aunque sea pequeño, deviene en desorganización somática. El traumatismo al no ser elaborado psíquicamente puede ser descargado somáticamente.

Hay una vulnerabilidad somática. El cuerpo recibe el impacto que la psique no puede procesar. Poder identificar, nombrar y trabajar el trauma, lo traumático detiene la desorganización.

Migración, exilio y dolor psíquico

La migración hace referencia a lo que Grinberg, L. y R. (1984), definen como un estado de desplazamiento de un país a otro o de una región a otra con características muy distintas y distantes, por un tiempo prolongado, que impliquen el que el sujeto tenga que desarrollar su vida en ese otro sitio; es decir todas sus actividades cotidianas.

Hay una forma compleja de migración permanente y es aquella que se denomina el exilio donde por situaciones externas el sujeto se ve obligado a abandonar su tierra de origen, experimentando la sensación como lo mencionan Grinberg, L. y R. (1984), de ser arrancados de cuajo sin un ritual claro de despedida, inmersos en sentimientos de desgarro, desasosiego, aprehensión y huida, sumados a otras experiencias como frustración, rabia y resentimiento.

Migrar desde estas ideas, se muestra como un proceso complejo que implica que el sujeto pase por diferentes momentos a nivel afectivo, desde el momento mismo que planea su viaje hasta cuando logra un completo asentamiento en la tierra que lo recibe, es decir cuando logra retomar sus rutinas como en su lugar de habitación anterior.

Con el migrar empieza un importante y complicado trabajo psíquico para encajar lo que se ha sido, lo que se es y lo que se cree se será, es decir, para mantener la cohesión de la identidad e ir encajando una nueva, que como se ve en muchas personas no resulta una tarea sencilla. Se puede responder a esta situación con sensaciones de despersonalización, cuadros confusionales, melancólicos o maníacos y psicosomáticos. Se reacciona con síntomas variados, y sufrimientos de diferente índole, como respuesta a la pérdida del ambiente externo protector y a la falta de puntos de referencia, con lo que los sentimientos de desamparo se hacen evidentes.

Señalan Vispo, C. A. y Podruzny, M. (2002), qué hay en la identidad un elemento invariante que no es disuelto por el contacto transcultural y va a servir de base y seguro, a la posibilidad de desidentificación y reidentificación que el proceso migratorio exige. Cuando esos elementos invariantes fallan, es cuando hay dificultades importantes en la identidad y por supuesto en la aceptación del cambio psíquico que la migración trae. Estos núcleos invariantes, permiten mantener la continuidad y mismidad del sujeto, y sirven de soporte a la parte de la estructura que está experimentando el cambio. La cantidad de energía psíquica necesaria para manejar esta tarea es a veces superior a la cantidad de energía de la que dispone el sujeto, y es donde las vivencias previas del mismo pueden llevarlo a la aparición de una patología.

Grinberg, L. y R. (1984), mencionan cómo el hecho de migrar va a exigir al individuo, superar no sólo los obstáculos externos con los que se va a encontrar -y que son los que al principio se imponen- sino principalmente sus obstáculos internos, qué si no son superados, pueden llevar al individuo a importantes estados confusionales, que mostrarían el fracaso del mantenimiento de la disociación defensiva o la búsqueda prematura de una integración que aún no puede darse.

Ellos señalan cómo la migración, entre otros eventos, tendría una fase traumática aguda que se prolonga en un tiempo largo, siendo un choque importante y violento que tendrá consecuencias en la personalidad, pudiéndose considerar un trauma en el sentido que lo conocemos por Freud, según su acepción de 1920, en "Más allá del principio del placer" y que se explicara más adelante.

Estas situaciones, señalan Grinberg, L. y R. (1984), podrán manifestarse o no clínicamente desde el inicio del proceso de migración, e incluso se observa en muchos de los pacientes, a lo que se denomina los "duelos o depresiones postergadas", que pueden sustituirse por manifestaciones somáticas.

Muchos de los sujetos que viven la migración como un trauma, cargan en sí mismos la suma de otras situaciones anteriores, que han sido vividas con tensión y han dejado efectos profundos en la personalidad, siendo significativas dentro de dichas situaciones, aquellas donde las pérdidas de los objetos infantiles llevan al sujeto a experiencias de desvalimiento y carencia. Se resuena ante lo que ocurre en el presente, según lo que ha ocurrido en nuestro pasado y la migración puede ser el disparador de vivencias dolorosas anteriores no elaboradas.

En nuestro caso podríamos pensar en sujetos con cierta predisposición a hacer una enfermedad psicosomática, es decir, en los que se observa una relación entre un conflicto psicoafectivo y la enfermedad somática. Donde se establece una relación de causalidad que se posa sobre los caminos pulsionales como lo señala la Escuela de psicosomática de París.

Ahora bien, se podría decir de la migración, es una experiencia que como lo mencionan estos autores (op.cit ,1984) "exponen al individuo que la experimenta a pasar por estados de desorganización que exigen una reorganización posterior que no siempre se logra". Es una situación que sacude toda la estructura psíquica y resulta ser un proceso tan largo que puede no terminar nunca.

Los migrantes están atravesados por incertidumbres, heridas de tipo narcisista que generan la nueva situación, y ansiedades de todo tipo - esquizoparanoides, de muerte, de separación, de catástrofe, de despersonalización, etc.- y adicionalmente, como ya se ha mencionado, por las regresiones que esas ansiedades conllevan.

Por ello, en sujetos donde no hay ninguna figura que asuma las funciones de continencia y maternaje como lo señalan los Grinberg (1984), el sobrevivir y el reorganizarse se complejiza. "Se necesita de una figura confiable que se haga cargo y neutralice las ansiedades (persecutorias y confusionales) y temores frente a lo nuevo y desconocido". Y es donde el analista tiene un papel significativo, primero de receptor de dichas ansiedades y posteriormente en la reconstrucción del sí mismo.

En definitiva, migrar significa en gran medida "partir", dividir, renunciar, perder, dejar y separar, proceso que no será ni fácil, ni rápido y que implica poner en marcha el proceso de elaboración de dichas pérdidas o proceso de aceptación del dolor.

Duelo y estados melancólicos

Freud en (1917), nos define el duelo como: la reacción frente a la pérdida de una persona amada o de una abstracción que haga sus veces, como la patria, la libertad, un ideal, etc. Una vez que se ha perdido el objeto, la investidura de dicho objeto es cancelada y la libido que queda libre no se desplaza sobre otro objeto sino sobre el propio yo, es de esta forma que el yo empieza "el trabajo de duelo". La realidad irá mostrando que el objeto de amor ya no existe y por ello el yo se verá en la tarea de retirar todas las ligazones que existen con el objeto.

Duele lo que se ha perdido, pero también la pérdida de aspectos del Yo que han sido proyectadas sobre los objetos. El sujeto se verá enfrentado no sólo a recuperar el ligamen con la realidad, sino a integrar los aspectos persecutorios del objeto perdido y asimilar los aspectos amorosos que éste también tiene.

Freud (1917 [1915]), esclarece el sufrimiento doloroso de la melancolía mediante el supuesto de que un objeto perdido se vuelve a erigir en el yo, una investidura de objeto es relevada por una identificación. Prosigue diciendo que la transposición de la libido de objeto en libido narcisista conlleva una resignación de las metas sexuales, una desexualización.

Es así como percibimos que la transposición de la libido de objeto en libido narcisista, proceso que se da en la melancolía, así como también en los fenómenos psicosomáticos, lleva al sujeto a las identificaciones con esos objetos perdidos desexualizados.

Esta transposición también nos invita a pensar en los procesos narcisistas que además de las identificaciones con esos objetos perdidos, también lleva al sujeto a poner esa libido narcisista en el cuerpo para tomar al yo como objeto y a que aparezca el dolor de lo perdido en lo somático.

En el caso de la migración serán múltiples y simultáneas separaciones, que como menciona Tizón (1993), implicarán un complejo proceso de reorganización de la personalidad. El inmigrante tendrá que renunciar por un tiempo a partes de sí mismo, para ir logrando una integración al ambiente que lo recibe; y mientras más diferente sea el grupo que recibe, mayores serán las renuncias.

No podemos olvidar que la estructuración temprana de la personalidad y el cómo se han resuelto las pérdidas previas, determinará cómo se solucionan los conflictos y crisis posteriores, entre ellos ese duelo por migrar.

Otro punto interesante de señalar es la pérdida de los referentes lingüísticos en la persona que migra. Freud (1938), después de su migración definitiva a Londres le escribe a Raymond de Saussure: "Quizás usted omitió el punto que el migrante experimenta tan particular y penosa pérdida del idioma en el que vivió y pensó, aquel que uno nunca será capaz de reemplazar por otro a pesar de todo nuestro esfuerzo o empatía.

Con penosa comprensión observo cómo me hacen falta distintos términos familiares de expresión en inglés y cómo el Ello todavía se esfuerza por resistirse a renunciar a la escritura gótica familiar".

Para la persona que migra el lenguaje en que se expresa está ligado en primera instancia a su identidad y de otro lado, a recuerdos e intensos afectos, por lo que la imposibilidad de expresar su malestar o la fuerza de sus emociones condensadas en las palabras, podría también llevarlo a que se exprese de otra forma por ejemplo en el lenguaje de lo corporal.

La migración como trauma

Laplanche (1983), recopila el concepto de trauma y menciona que este en Freud indica una concepción de tipo económico, donde una experiencia que experimenta el sujeto aporta un importante aumento de la excitación a la vida psíquica donde su extinción a este nivel fracasa lo que afectaría de forma permanente el funcionamiento energético. Es decir, hay una cantidad de excitación que resulta no transitable por el aparato mental. Se señala como puede ser un único evento o la suma de traumas, que por sí solos no resultan traumatológicos pero que de forma acumulativa romperían el principio de constancia ya que son incapaces de ser descargados.

La tarea psíquica consistiría en intentar movilizar contracatexias, intentando contener la cantidad de excitación desatada, ligarlas para ser descargadas posteriormente y de esa manera restablecer el principio del placer.

Con la teoría de la angustia de 1926, Freud menciona que: el yo emite la señal de angustia e intenta no ser desbordado por esta, que ha sido desatada por la fuerza del trauma. Se menciona en este caso el desamparo como consecuencia experimentada por el yo, que se halla indefenso ante este aumento de angustia automática. Se establece entonces una simetría entre la vivencia del peligro externo y el interno donde el yo es atacado por el aumento de excitación pulsional como lo es desde el exterior.

Traumas pre-conceptuales

Este término es creado por López Corvo (2017), a partir de las ideas de Bion. El piensa que toda patología es traumática y que existen dos tipos de traumas: el pre-conceptual y el conceptual.

El trauma pre-conceptual, está presente en todos nosotros y es producto de eventos que ocurren muy temprano en la vida, cuando no existe un aparato mental capaz de contener y proporcionar significado a los eventos, a las emociones. Estos traumas se deben a un fracaso de la capacidad intuitiva o de rêverie de la madre.

Los traumas pre-conceptuales representan experiencias muy tempranas, infligidas al azar que luego se repiten continua y compulsivamente en la mente de todo individuo. Los traumas conceptuales por otra parte son accidentales y acontecen en una época cuando ya existe una mente capaz de contenerlos

Pero falla no solo por la intensidad del trauma, sino además y muy importante, porque estos traumas, siempre inconscientemente disparan al trauma pre-conceptual, produciéndose según el autor, un entrelazamiento traumático.

Los traumas pre-conceptuales, fragmentan la mente en dos estados: el traumatizado y el no traumatizado. El primero representa la repetición compulsiva e inconsciente del trauma preconceptual y tiene las siguientes características:

A. Se encuentra estructurado por emociones cuyo significado está siempre reprimido.

B. Siguen invariablemente una epistemología infantil y solo puede ser utilizado como material para identificaciones proyectivas e introyectivas.

Son como ladrillos estructurantes de toda la psicopatología y es la forma en que se encuentran en el estado traumatizado, este está siempre vigente en toda mente humana y se repite eternamente de manera inconsciente en todo individuo, corresponde a lo que Bion denomina elementos beta.

El estado no traumatizado por otra parte caracteriza al estado de desarrollo natural de todos ser humano de por vida y se específica por usar una lógica basada en la realidad y en el sentido común.

Representa al mundo alfa, es decir la función alfa fue capaz de dar un significado a los elementos beta y es generador de pensamientos creativos o elementos Alfa.

Los traumas pre-conceptuales son por lo general producto de tres factores:

A. Discrepancias o desarmonías entre la capacidad de contener de los padres las necesidades de los hijos.

Es importante señalar que los traumas pre-conceptuales, en la mayoría de los casos no son observables, dando curso a traumas acumulativos que van dejando huellas definitivas en el carácter de las personas y permanecen definitivamente. Bion, se refiere a este tipo de traumas como parte del estado mental inaccesible.

López Corvo (2012), ha definido los traumas preconceptuales como: "*estructurados diacrónicamente, como una narrativa de presencias ausentes, en conjunción constante; representan "parásitos emocionales" altamente tóxicos que habitan el inconsciente desde muy temprano, y que se alimentan de tiempo y espacio e inhiben los procesos de simbolización. Son proyectados en todas partes y se reproducen a sí mismos continuamente, determi-*

nando de esta manera, no solo todas las formas de psicopatología, sino también la idiosincrasia de cada individuo" (2017, pag.18).

Observaciones sobre lo psicosomático desde la Escuela de París

El modelo desarrollado por la Escuela psicosomática de París encabezada por Pierre Marty y seguida por autores como Michel De M'Uzan, Christian David, Michel Fain, establecen que el paciente psicosomático es aquel, en el que no se observa una relación precisa entre un conflicto psicoafectivo y la enfermedad somática, estableciendo con ello que no existe relación de causalidad y que el desarrollo psicosomático se posa sobre los caminos pulsionales. Este modelo destaca la dimensión económica de los procesos de transformación psíquica, tanto en un sentido evolutivo, como en un sentido regresivo.

La enfermedad somática desde esta escuela, "no es una forma particular de la histeria. En efecto, no corresponde a una forma de figuración simbólica en el cuerpo de un conflicto reprimido en el inconsciente. La enfermedad somática aparece cuando el funcionamiento psíquico claudica en ausencia de otro modo de regresión" (Smadja, 2009).

Una de las ideas significativas de este modelo es el de falta de expresión afectiva *o depresión esencial: Este concepto aparece ligado al de desorganización progresiva,* y hace referencia a la pérdida del tono vital, es decir, una caída de la investidura libidinal (narcisista y objetal) y una pérdida del contacto con el objeto psíquico, sin que se compense a nivel económico de otra forma más que la fragmentación funcional. Siendo entonces para P. Marty (1995), la expresión máxima del instinto de muerte.

Cuando se habla de baja del tono vital del individuo, se hace referencia a su tono libidinal: falta de deseos, de interés en la vida afectiva y social, conductas repetitivas y automáticas, ausencia de simbolismos y metáforas en el discurso.

En el curso de una depresión esencial, la angustia es difusa y pierde su valor de alarma y está más ligada a la desvitalización general, es una depresión sin objeto y se ve como precede muchas veces a una enfermedad orgánica más o menos importante, como lo señala Alarcón F. (2010).

Es una depresión sin objeto, sin auto reproches, ni culpabilidad inconsciente; se constituye este síntoma en uno de los principales signos de la depresión esencial. Se trata de una sintomatología depresiva definida por la falta, es decir; el borramiento en toda escala de la dinámica mental (desplazamientos, condensaciones, introyecciones, proyecciones, identificaciones, fantasías y representaciones oníricas). Marty, P. (1991), menciona que en la depresión esencial es significativa la búsqueda de lo que falta por parte del analista.

Identidad e identificación

La identificación es el mecanismo más temprano de construcción del yo a través del vínculo con el otro. En *Interpretación de los sueños* (1900), Freud, nos decía ya que la identificación no es simple imitación, sino apropiación, expresa un "igual que" y se refiere a algo común con la persona y permanece en lo inconsciente.

En *El Yo y el ello* (1923), Freud escribe que la identificación con los padres –no parece ser, en el comienzo, el resultado o el desenlace de una investidura de objeto, es una identificación directa e inmediata, y más temprana que cualquier investidura de objeto–.

Freud expone el proceso a través del cual una investidura de objeto es reemplazada en la melancolía por una identificación, a lo que le llamó identificaciones regresivas. Señaló que son en buena medida la base de lo que llamamos el "carácter" de una persona. Las más tempranas de estas identificaciones regresivas –las que provienen del sepultamiento del complejo de Edipo– pasan a ocupar una posición muy especial y forman el núcleo del superyó.

La identidad se puede concluir con lo anterior, es el conjunto de construcciones del yo que van a funcionar como un soporte imaginario del sujeto sobre sí mismo. Soportes que se podrían definir como lo que persiste de uno mismo en el paso del tiempo y ante todo cambio. Tiene que ver directamente con la sensación de permanencia del individuo en la que él se siente, sí mismo, mientras atraviesa los hechos de su vida. En el caso de los exiliados y migrantes la identidad sufre una gran sacudida, que exigirá al sujeto la puesta en marcha de diferentes mecanismos defensivos que impidan su derrumbe mental.

Simultáneamente se reclama a la psiquis, que vaya integrando las experiencias nuevas que se van dando -lo que llevará a que se puedan dar eventos disociativos o escisiones del Yo, para manejar ambas situaciones- y también, el protegerse de experimentar los afectos dolorosos y temores que cada migrante lleva consigo.

Cesura

Según Pistiner de Cortiñas, Lía (2007), a través de la metáfora de la "cesura" del nacimiento que separa la vida intrauterina de la posnatal, Bion (1977), se aproxima a la investigación de la mente embrionaria de nuestra especie, cuya evolución puede llevar tanto al genio como a la locura. Este término tomado de Freud fue extendido hacia la compleja noción de fisura, espacio, brecha, puente que separa a la vez que une.

Cesura es una zona que separa dos regiones de la personalidad (mente primitiva/ mente separada), dos modos de funcionamientos (supuesto básico o grupo de trabajo) y la travesía por esa zona amenaza con un cambio catastrófico, porque es donde distintos aspectos pueden encontrarse y el encuentro produce turbulencia. El cambio catastrófico es un factor indispensable para la capacidad de insight, que a la vez es la única manera de entender el crecimiento mental.

Una de las condiciones para que se establezca un diálogo fructífero es que las cesuras sean permeables y la experiencia emocional esté presente y viva. Si las cesuras son impermeables separan presente de pasado, pasado de futuro y al hacerse impenetrables, inaccesibles, se constituyen en un impedimento para que se produzca un nuevo desarrollo.

El cambio en dirección al crecimiento implica la transformación de una estructura ya organizada o de parte de ésta. Esta transformación no puede hacerse sin atravesar momento de desorganización, dolor y frustración.

El caso de la cesura como barrera inaccesible, si se dan las circunstancias que empujan a atravesar puede dar lugar a una catástrofe, tanto en el individuo como en el grupo.

Si la turbulencia queda latente y la barrera entre distintos modos de funcionamientos, se torna inaccesible, cuando algún suceso interno o externo active la turbulencia, puede ocurrir que la barrera se rompa y sorpresivamente se produzca una catástrofe: psicosomática, una catástrofe psicótica, social, etc. Detengámonos aquí y pensemos:

¿Cuándo la "**inmigración**" lleva a atravesar una brecha, un espacio, es un puente que separa y une y que al ser atravesada puede llevar a crecimientos o locuras? ¿Cuánto va a depender este hecho de la vida de una persona de que en su interior pueda tener cesura permeable que le permitan un diálogo interno desde distintos vértices y en un estado transformacional? ¿Cuánto la experiencia terapéutica le permite al paciente poder dialogar con su analista y consigo mismo en un escenario de personajes internos y producir un crecimiento mental o de lo contrario exacerbar los funcionamientos primitivos automáticos que lleven a una enfermedad psicosomática?

Discusión

El caso clínico recién propuesto da cuenta de un paciente que consulta debido a una serie de síntomas físicos. Al indagar se observa que no habría lesión de órganos, sino que estos aparecen al migrar a un país diferente del suyo en costumbres e idioma.

El paciente proviene de un nivel socioeconómico y cultural bajo de un país Latinoamericano. Sus inicios son precarios, con grandes carencias económicas, emocionales y fuerte contenido violento, que le hacen concebir la idea de trasladarse (se enfatiza en lo "tras"), porque en su país su vida corría peligro. Migra con la esperanza de encontrar un mejor lugar para vivir y desarrollarse.

Su oficio de conductor de camiones lo hace blanco de los apetitos de los narcotraficantes, quienes lo intentan obligar a someterse a ellos, y al negarse, su vida corre peligro, lo que lo lleva a irse del país.

¿Se podría decir que Fernando presenta un cuadro de neurosis actual? Por todo lo anteriormente expuesto pensamos que Fernando ha tenido manifestaciones psicosomáticas ante lo traumático debido a la migración sin retorno. La angustia que presenta es de larga data, incluso aparece antes de migrar, por lo que se puede pensar en un padecimiento psiconeurótico (histeria de angustia), pero se reactiva frente a los intensos desafíos que plantea el cambio de país.

Fernando tiene 4 años viviendo en Canadá. Los síntomas somáticos aparecen a los 2 años de haber migrado a este país. Migración forzada que reactualiza traumas y pérdidas anteriores, desamparo y violencia vivida; lo que sin duda genera una desorganización importante de la escasa organización previa.

Lo primero que se presenta ante la analista es el cuerpo de Fernando, un hombre un migrante que, consulta por crisis de ansiedad generalizada, ataques de pánico, dolor precordial que hacía pensar en un infarto; dificultad respiratoria, insomnio, sensación de muerte inminente. Sin embargo, los exámenes clínicos no mostraron alteraciones.

La analista contratransferencialmente, sentía al inicio que su cuerpo estaba a punto de explotar por la intensidad de los síntomas somáticos y la sensación de cansancio y desgaste.

La historia de Fernando sugiere una exposición traumática temprana, en momentos en donde no existían palabras. La cantidad y magnitud de violencias, traumas y abandonos se fueron montando unos sobre otros, al estilo de un andamiaje corporal lleno de grietas y fisuras, dispuesto a desmoronarse en cualquier momento.

La migración provoca la desinvestidura psíquica de los

objetos tempranos que favorecen las identificaciones y lazos de sostén. Al estar tan distante, emerge la angustia desbordada y las somatizaciones. Se percibe la libido retraída al yo, en un movimiento narcisista donde surgen los conflictos en el cuerpo. Fernando, migra para no terminar muerto.

Siendo un muchacho donde la muerte ha estado presente de forma permanente desde su nacimiento, al ser abandonado por su madre, migrar es preservar la vida. Se abre una importante paradoja y es la de suponer la nueva "madre patria" como dadora de esa vitalidad que se ha visto amenazada desde el principio de su existencia y surge como esperanza.

Sin embargo, Fernando se encuentra de nuevo con una realidad que frustra, no acoge; en donde su frágil yo se remece nuevamente. Fernando se encuentra con lo que Freud (1919), nos señala como el Unheimliche (lo extraño conocido o lo extrañofamiliar) que como nos lo deja explicitado, aparecería cuando los complejos infantiles que han sido reprimidos son despertados "brutalmente", hay un exceso de excitación que se desata y no se logra tramitar psíquicamente.

La historia de Fernando nos hace pensar en una forma particular de migración (sin retorno), donde esta proporciona por una parte una oportunidad de un nuevo lugar que le ofrece la posibilidad de experienciar un mundo externo diferente hasta el actualmente ha vivido, pero al mismo este se presenta como ajeno y extraño. Prontamente se van develando las ansiedades persecutorias, asociadas a su vida previa y propias del proceso de migrar.

Surge la pregunta ¿Quién es Fernando realmente? Se puede decir que el paciente ha construido una falsa piel muscular (actuaciones), en donde esta se convierte en un escudo protector que lo defiende del clima poco protector que lo rodeó desde pequeño, en donde el migrar constituye un acto de auto preservación.

Si bien el abuelo es un referente afectivo, también era representante de una cultura violenta en donde el lema es "defenderse o morir". Lo que imperaba en la casa y en la escuela, es que los fuertes son los que siempre ganan, por lo que él debe serlo y no dejarse golpear. El padre le decía: «si te dejas pegar, te voy a dar aquí más duro», aprendió a pelear, a recibir y dar golpes.

Al crecer fue a vivir a la capital del país y a cada barrio que llegaba, lo primero que tenía que hacer era demostrar que no tenía miedo y que no lo iban a 'joder', y frente a cualquier dificultad, los golpes eran la solución. Esto lo llevó a terminar lesionado y en hospitales, confirmando el uso de la piel y su musculatura como una coraza defensiva.

La identidad de Fernando es la de una persona que se ha ido formando a través de una serie de mecanismos defensivos y adaptativos primitivos para sobrevivir, y ahora que está lejos del clima violento, desaparece el escudo y queda un cuerpo lleno de angustias, que había sido acallado porque había que ocuparse de sobrevivir.

Fernando trae un déficit en la suma de introyecciones tempranas, de un objeto contenedor, incidiendo en su identidad.

Los mecanismos de proyección, transferencia y contratransferencia han sido determinantes en su tratamiento. La descripción cruda y descarnada de los hechos, usada para evacuar experiencias tóxicas, fue proyectada a la terapeuta a quién a menudo le provocó pesadillas nocturnas y flashbacks diurnos.

La precariedad del aparato mental, la construcción de una coraza defensiva muscular tendiente a resolver las dificultades con actuaciones, llevaron a qué para él pensar, o soñar no fuera posible.

Es la analista la que se permitió soñarlo, y experienciar a través de esta vía, la suma de vivencias violentas y traumática, pudiendo ella a través del mecanismo de contra identificación proyectiva, denominar, y dar curso a los primeros símbolos que le permitieran pensar.

En el paciente existen muchas emociones en estado bruto que han quedado sin registro en busca de ser pensadas, estas experiencias han quedado según Bion registradas como elementos Beta, en busca de ser transformadas en elementos Alfa. Su análisis irá favoreciendo poco a poco en él la aparición de la simbolización

Fernando tiene la suerte de tener una analista empática, que además comparte con el paciente la calidad de migrante por la que hay una comprensión muy importante del fenómeno. Podríamos plantear otro momento en la vida emocional del paciente. Si bien el paciente es derivado a la consulta, de esta analista, se genera con ella un vínculo, una experiencia terapéutica o emocional correctora, una oportunidad de poder dialogar con su analista y consigo mismo y producir un crecimiento mental.

La adaptación al nuevo país produce también momentos de turbulencia emocional, pero que convive con un momento de Fernando, en que reconoce las bondades de la posibilidad de hablar del frente a la analista y tiene el deseo y motivación de adentrarse en sí mismo, de descubrir y entender las causas de su sufrimiento, evidente manifestación de la permeabilidad de su mente. Ante la migración se acerca únicamente al hermano, al parecer figura importante que lo sostiene y ahora con su analista que ha favorecido se invista psíquicamente y mentalice, disminuyendo las frecuentes somatizaciones.

Se han podido observar y se resignifican en las sesiones las capas de eventos traumáticos en Fernando: el abandono materno, el miedo al desamparo, su vulnerabilidad, su necesidad de defenderse del medio violento en el que fue creciendo, sus encuentros con la muerte, la salida forzada de su país y la migración como situación que favorece el desmonte estructural psicosomático dando lugar a la desorganización que es detenida en el trabajo analítico.

La migración produce una fuerte turbulencia emocional, de la que seguro Fernando no queda exento, siendo para él una catástrofe y no una experiencia significativa que le ayude a crecer (una oportunidad en donde el nuevo país le brinda la ocasión de un renacer. Desde aprender un nuevo idioma y una nueva forma de ser, y al mismo tiempo una posibilidad de escenificar angustias primitivas, que no habían tenido la oportunidad de ser expresadas y ni elaboradas).

Otra idea sobre Fernando

Ahora bien, dentro de las discusiones del grupo surgió otro planteamiento y una de los miembros piensa en un Fernando que sí tiene una introyección de la figura materna: madre-abuela, por lo que su estructuración psíquica sería diferente a como la hemos pensado, llevando a la reflexión en qué si hay una situación triangular, padre-abuelo y madre-abuela. Desde luego ella menciona que es dominante la presencia en él de la figura padre-abuelo, pero sin desaparecer la otra.

Aparecen por supuesto problemas importantes en la construcción de lo edípico al ser abandonado por la madre cuando está se integra a una familia posterior y lo abandona (No está claro a que edad pierde a la madre, pero se supone es muy temprano). Esto es de suma importancia ante la problemática edípica, ya que el abandono de la madre tal vez ha sido una herida narcisista de la que no le ha sido posible recuperarse y que en la actualidad le ha dificultado la relación con la mujer y su propia estructuración psíquica.

La diferencia de los sexos que aparece en Fernando desde temprano lleva a pensar que asumió parcialmente la castración y que surgió la identificación con el abuelo-padre, también con el hermano menor, rival. Desde aquí, aparece una subjetivación psíquica traumática, pero existente. En el análisis de Fernando surgen en las transferencias positivas y negativas estas identificaciones con la madre-analista, que como objeto reparador favorecen la integración de Fernando en sí mismo y con figuras femeninas y masculinas.

A Fernando no le ha sido posible sostenerse e identificarse con otros que no sean de su familia de origen, otros ajenos, no incestuosos. Desde ahí, queda sin resolver su problemática edípica desde donde se estructura la subjetividad.

La cercanía con su analista no ha sido fácil, pero desde el vínculo con ella ha sido posible acercarse a otro diferente que le favorezca salir del autoerotismo para llevar sus pulsiones a la búsqueda de objetos exogámicos, que le permitan la construcción de sí mismo.

Conclusión

Existen muchas razones para migrar, pero sin duda hay alguna en todas ellas donde aparece un compromiso psíquico significativo, e implica el que se pongan en marcha todos los procesos que permitan elaborar las pérdidas que la partida genera.

Pérdidas alrededor de la identidad, la cultura, los referentes personales, los vínculos de soporte afectivo e idiomático, y por supuesto de aspectos o elementos del Yo arraigados a la historia objetal. Cuando el migrar comporta un exilio, implica dejar a un lado la seguridad de nuestras certezas, para enfrentarnos a lo desconocido, lo que puede despertar todo tipo de ansiedades que si no son trabajadas pueden llevar a los migrantes no solo a un importante compromiso psíquico sino a la posibilidad enorme de la aparición de una importante enfermedad psicosomática.

Obra: Poesía antiéstetica

El duelo y el tránsito hacia lo psicosomático[8]

Leticia Villagómez Tovar
Adriana Meluk Orozco

En las incertezas que sucedieron en estos tiempos de pandemia, encontramos sujetos con dificultades para transitar el duelo, las somatizaciones aparecen como una resolución de estos estados dolorosos, donde queda imposibilitado el trabajo psíquico y aparece el conflicto en el cuerpo.

El duelo es la reacción frente a la pérdida, el mundo se hace pobre y vacío. En la melancolía por su parte, eso le ocurre al Yo mismo. Para muchos el tránsito por el duelo es este, se transita en múltiples formas clínicas y de ellas algunas sugieren afecciones más somáticas que psíquicas. Así el yo del enfermo se vive como indigno, infecundo y despreciable.

Esta insignificancia de predominio moral se completa con manifestaciones somáticas como puede ser: insomnio, rechazo a alimentarse y un empobrecimiento psicológico, como consecuencia de la disminución de la fuerza de pulsión vital, que es la que llevaría a todos los seres vivos a aferrarse a la vida misma.

Se presentará el caso clínico de Mane, un hombre de 29 años, donde se ilustra este desarrollo teórico, donde encontramos un funcionamiento no neurótico, que desborda el cuerpo en enfermedad somática, y el elemento emocional que lo llevaron a este estado. También se observa cómo a nivel regresivo y de desorganización, surgen elementos hipocondriacos ante la angustia de ser contagiado de COVID y la posibilidad de muerte.

En la incerteza del análisis que transitó on-line, van apareciendo los conflictos con el padre, la madre y la novia, que parecen estar relacionados a ansiedades muy tempranas. La angustia ante el

---

8 Ponencia presentada en el 34º Congreso de psicoanálisis FEPAL. Tema: Transitoriedades e Incertezas. 2022. México (online).

COVID y la posibilidad de muerte se viven como el trauma actual que desencadena los duelos primitivos no resueltos, que al ser investido por la pulsión de muerte dan cuenta de las actuaciones y las somatizaciones.

Encuentro con Mane

Recibo a Mane en marzo del 2020, cuando en todo el mundo transitamos por momentos de severo confinamiento ante las incertezas de la pandemia de la COVID 19. En esos momentos, no era posible atender a los analizantes de manera presencial ante la alta posibilidad de contagios como todos lo sabemos.

Mane tenía 29 años, lo refirió una colega, está recluido en la casa con la novia y la familia de ella. Solicitó una cita por WhatsApp y se la di por zoom. Trabaja en una empresa donde se encarga de los equipos para audiciones.

Manifiesta sentirse angustiado a medida que avanzaba el día, por la noche no puede dormir por las recurrentes ideas de enfermedad. En el mes de diciembre del 2019, cuando ya se sabía de la pandemia, le aparecieron los primeros síntomas que consistían en alergias respiratorias, dolor de garganta y problemas del estómago, por lo que acudió al médico.

Este le indicó medicamentos y al no mejorar acudió en el mes de enero del 2020 al otorrino, quien le diagnosticó una infección en la garganta y le mandó tomar antibióticos. Consultó posteriormente al cardiólogo al sentir que el corazón le latía fuerte, este le indicó hacerse estudios y le recetó tranquilizantes después de no encontrar alteraciones cardiacas. Seguía buscando médicos especialistas ante el continúo malestar que no cesaba. En esos momentos, ya no socializaba, dejó de ir a trabajar, aislándose en casa con una importante desinvestidura de todo cuanto le rodeaba.

La colitis apareció en febrero del 2020, no iba al baño y se sentía muy inflamado. Menciona que cuando se angustia se le inflama el estómago, por lo que le recomendaron dieta que no incluía lácteos, ni grasas, ni verduras pesadas, ni frutas frías con lo que se limita de forma importante su ingesta y lo lleva a la inanición no solo alimentaria sino de objetos.

Se da cuenta que está teniendo problemas de salud mental, no puede pensar en otra cosa que no sean sus padecimientos y la posibilidad de contagio, no le es posible dormir y come muy poco. Mencionó que la angustia se le hace más frecuente ante el miedo a enfermar.

Le recomendé que, por el momento, no buscará más médicos a los ya consultados, mantuviera su atención con el cardiólogo y que intentará hacer trabajo en casa. Le di fechas para vernos dos veces por semana on-line y de ser posible nos veríamos de manera presencial si no avanzaba la pandemia. Intuía la necesidad de presencia, pero se imponían las incertidumbres de la pandemia y de cómo continuaremos nuestro trabajo por videollamada.

Me encuentro con él por zoom y aparece en la pantalla un joven muy delgado, con el cabello largo y sin peinar, que da la apariencia de abandono. En el espacio resaltan instrumentos musicales, videojuegos y una pantalla de computadora, que posteriormente me revela no usa hace tiempo, veo otros objetos lúdicos, de diversión y trabajo.

Al inicio de su análisis le cuesta trabajo hablar, por lo general le hago preguntas, se percibe angustiado y en momentos decaído, ha dejado de alimentarse debido a sus padecimientos. La distancia a través de la pantalla es una barrera, no hay posibilidad de cercanía afectiva, me siento impotente y me pregunto ¿cómo aproximarse a este joven que está atrapado en sí mismo, sufriendo y necesita mí presencia?

Me dice Mane: "Cuando estoy ansioso mi mente me dice ya no puedo. Todo el tiempo pienso que cualquier cosa que me sucede es enfermedad". La ansiedad aumentó cuando me enteré de que había casos de coronavirus en el trabajo. Cuando llegaba al trabajo se aceleraba mi corazón.

Se le vienen pensamientos de estar contagiado. Dice: "Todas las noticias y redes sociales me ponen nervioso, estoy super asustado".

En sus sesiones relata reiterativamente sus padecimientos, por lo que no es posible acercarme a revisitar su historia. Es cómo si estuviera paralizado en el tiempo presente, con un intenso sufrimiento a lo vivido por la pandemia, manifestando con angustia y somatizaciones lo imposible de transitar.

Mane vino a la ciudad a estudiar ingeniería en producción musical -de una ciudad a 5 horas de distancia, lo que le permitía visitar a su familia con frecuencia, pero durante la pandemia con las restricciones, no le es posible desplazarse-, terminó en el 2015 e inicio el trabajo en la compañía donde se encuentra hasta el momento, ahí tiene buen sueldo y prestaciones.

Mantiene comunicación con sus padres, hermano y amigos de provincia, inicialmente por WhatsApp y a través de los videojuegos a distancia, y ocasionalmente se comunica con un primo o con un tío. A través de las sesiones nos hemos percatado de las dificultades que tiene para acercarse y relacionarse con la familia de su novia.

Actualmente vive en la casa de ella, con quien tiene una relación hace 2 años. También viven allí su cuñada y su suegra. Me relata que últimamente se le ha dificultado la cercanía emocional y la sexualidad con su novia.

Sesiones clínicas

23 de marzo del 2020, segunda sesión, al inicio de su análisis.

Se comunica puntualmente. Inicia con lo siguiente:

M: Cuando estoy ansioso mi mente me dice ya no puedo. Todo el tiempo pienso que cualquier cosa es enfermedad. La ansiedad aumentó cuando me enteré de que había casos de coronavirus en mi trabajo. Cuando llego al trabajo se acelera mi corazón. Se me vienen pensamientos de estar contagiado, me digo: que tal que ya estoy contagiado y mis defensas están mal y tengo que ir al hospital.

Estos pensamientos se repiten y se imponen en las sesiones. La enfermedad ocupa la relación y a Mane le es imposible conectar conmigo.

M: "Todas las noticias y redes sociales me ponen nervioso". Estoy super asustado, no me siento bien. Durante toda mi vida había tenido seguro de gastos médicos y ahora tengo que acudir a las prestaciones médicas de mi trabajo, me da miedo porque me puedo enfermar, ahora tan solo tengo una tarjeta de descuento para acudir al médico.

Hace dos meses que inició fuerte el coronavirus aquí, aparecieron dos casos en la oficina y me puse más mal. He tomado medidas para mi cuidado: como usar alcohol, desinfectantes todo el tiempo y limpio todo en mi escritorio, me lavo las manos, uso gel, saludo de lejos, no salgo, estoy recluido en casa y salgo solamente a comprar la despensa.

Al informar a su jefe que se está sintiendo muy ansioso y ha enfermado, esto lo hace descansar dos semanas con goce de sueldo.

Hoy fue posible conocer un poco de su historia. Al preguntarle por su familia, me comenta que, su padre de 62 años ha trabajado en bancos toda su vida, se fue junto con la familia en el año 2001 a vivir a la provincia. El padre pagó el seguro de gastos médicos a Mane. Su madre, también de 62 años, es ama de casa. Antes del nacimiento de los dos hijos fue secretaria y dejó de trabajar para cuidar a los niños. Su hermano tiene 31 años y trabaja en una planta automotriz, está casado y tiene dos hijos. Todos viven en la provincia.

Comentario a la sesión

En esta sesión aparecen las ideas recurrentes de enfermedad, angustia y temor ante la posibilidad de contagiarse por el COVID. Llega a análisis con estas ideas recurrentes sobre él y sus padecimientos, no era posible acercarse al analista, estaba ocupado totalmente en sí mismo y sus enfermedades.

La ansiedad se acentúa, continúa con los síntomas al enterarse de más casos en su trabajo, acude con mayor frecuencia a rituales obsesivos para evitar el contagio, se recluye en su casa, se paraliza física y psíquicamente, avisa a su jefe y lo hacen descansar por dos semanas.

Las ideas recurrentes de dolor, enfermedad, relatos sobre su cuerpo y resultados de visitas médicas no favorecían que Mane asociará libremente y se acercará a relatar su historia de vida. La información breve que aquí aparece fue ante mi pregunta sobre su familia.

Sesión del día 20 abril del 2020, a las 7 semanas de iniciado su análisis.

M: El dentista me dice que tengo dos caries y me las va a quitar, me hace sentir mal, siento la adrenalina, siento estrés. Una vez tuve un diente que se me rompió. Cuando me dicen que algo está mal, me entra mucho dolor. Tenía 20 años cuando se me rompió el diente, también me asusta sentir que me duele la panza o la garganta.

A: ¿Qué ha pasado en tu vida que tienes tanto miedo a sentir dolor?

M: Siento que se está convirtiendo en una fobia. Ya estaba batallando con mis propias cosas, cuando llegó el coronavirus. Los ataques de ansiedad llegaron antes.

A: Parece que tus sufrimientos emocionales los transformas en dolores físicos.

M: Después de la angustia, al pensar en que me iba a doler y que no iba a quedar bien me puse a ver una película. En la noche ya me empecé a sentir triste, no tenía un pensamiento concreto, me sentía inquieto, ansioso. Es una preocupación que me absorbe. Esa sensación fue la que sentí cuando pensé en buscar un terapeuta. Empezamos a hablar y me empezó el miedo a sentir dolor y sentirme enfermo.

Luego me siento inquieto. Oír a los niños no me tranquiliza. (Se refiere a sus sobrinos). No soy afín a los gatos y a los niños. (Son los gatos de la novia).

A: Los gatos están relacionados a que son cómo hijos de O. (su novia) y los niños son hijos de tu hermano. (Pienso en el conflicto edípico y la rivalidad con los sobrinos y los gatos)

M: En estos días los gatos me incomodan sólo de verlos.

(Llora, no para el llanto). Dice que no puede ser tan egoísta.

A: Parece que te sientes desplazado por los gatos, los niños y la familia de O. Tienes dificultad de acercarse a los demás y expresar lo que sientes. Te está siendo difícil la cercanía a los otros, también a O.

Comentario a la sesión

En esta sesión aparecía la angustia, dolor y miedo ante las caries y la posibilidad de ruptura de los dientes, también ante el dolor de panza y garganta, como si su miedo fuera a fracturarse, así como el diente. Me percaté de que la fractura aparecía en las fragmentaciones de los órganos dolientes. También en la ruptura que había entre el mundo externo e interno, no le era posible acercarse a mí, como no era posible hacerlo con los otros.

Al darse cuenta de lo que le sucedía se llenó de tristeza y buscó a una terapeuta que lo ayudará. Se sintió lleno de miedo al empezar a hablar del dolor y la enfermedad y darse cuenta de lo que le sucedía. Surgió lo que lo intranquiliza, lo que lo hacía sentir mal, enfermo, la aparición de los objetos que lo separaban de su hermano y los siente como una amenaza. Lo angustia, intranquiliza y enferma la cercanía con los otros, como lo que le estaba pasando conmigo. En ese momento me daba cuenta como Mané solamente estaba invistiendo sus órganos, cuerpo y a él mismo. No se podía acercar a los demás porque podían quitarle cosas importantes para él o dañarlo.

Sesión del 29 de julio del 2020, a los 5 meses de iniciado el análisis.

M: Me he dado cuenta de que seguido me pongo triste y me da miedo mi tristeza. Mis miedos a la enfermedad son constantes. En la universidad estuve 2 o 3 meses deprimido, sentía que el mundo era diferente, fue al empezar en la universidad. Pensaba en que cómo trabajas tanto para vivir y cada vez trabajas más y no tienes tiempo para ti.

Me gustan mis hobbies, la música, la batería, los videojuegos y al final sólo tienes el día para trabajar y no tienes tiempo para disfrutar. He vivido en plazos pequeños, con metas cercanas, porque si lo veo lejos me pierdo.

A: ¡Como si vivieras a cachos! (trozos)

M: Son muchos años los que he pasado intentando hacerme cargo de mí y no puedo. Algo que me preocupa es la ansiedad, aparecen los miedos a estar enfermo. El sábado ante tanta ansiedad se me bajaron las defensas y aparecieron los fuegos, (herpes en los labios). La pregunta es ¿cómo puedo regresar a la normalidad? Ahora con el cambio a tristeza, ya no puedo disfrutar las pequeñas cosas que sí disfrutaba. Me gustaría saber la manera de poder lidiar con los miedos. Cuando era niño, era miedoso a los fantasmas que no veía, los oía a lo lejos. Dónde vivía siempre oía voces, era común, "como si mamá me llamará", era cuando vivía muy cercano a mamá, antes de los 9 años. Era por el cariño que tenía con mi mamá, el apego, fue porque estuve muy apegado a ella, fui muy chiqueado (consentido, mimado) por ella, con mi papá no, porque él trabajaba todo el tiempo. Cuando mi mamá deja de trabajar para cuidar a mi hermano al nacer, se dedica a los dos de tiempo completo.

A: ¿Y qué ha sucedido con todo ese apego a mamá?

M: El apego a mamá ha seguido, pero hay trabajo aquí, he pensado en que prefiero irme con ellos, ya lo había pensado, pero no lo había fraseado. Me decía mi mamá que ya son 10 años de estar lejos, lo veo como una posibilidad la de regresar con ellos.

Lo que no he encontrado es lo que quiero, lo que elijo son

parches de lo que realmente quiero, los videojuegos y la tele no me dejan encontrar lo que realmente quiero.

Comentario a la sesión

Mane asocia sus sentimientos de tristeza-melancolía actuales, a los de *allá y entonces,* cuando se separó de su madre para venir a estudiar a la universidad. Sentía que veía un mundo diferente, sentía que ya no podía disfrutar de nada, que su vida era únicamente trabajar. Para soportar la vida, la vivía en fragmentos donde se percibe una imposibilidad de continuidad de sí mismo y vivencia de futuro (no se ve a lo lejos).

Los intentos que hacía para hacerse cargo del dolor, ansiedad y miedo a estar enfermo habían sido constantes para llevar su vida. Se preguntaba ¿Cómo podía ser normal? ¿Cómo podía dejar de estar triste? ¿Cómo podía recuperar su capacidad de disfrutar? ¿Cómo podía lidiar con los miedos?

Todos estos cuestionamientos lo llevaron a asociar los miedos de su infancia, a los fantasmas que no veía, a las voces del llamado de mamá y a la intensa cercanía a ella. Se acerca al estrecho apego y sobreprotección en la que vivió con mamá en su niñez, en cambio hubo importante distancia con el padre ya que estaba ausente por su trabajo.

El trabajo de simbolización en el análisis, lo llevaba a verbalizar el actual apego a la madre y ha reconocer que ha pensado en regresar a ella para no seguir con todo este sufrimiento. Desde luego que la madre también favorecía el regreso a ella después de 10 años que la dejó. Pero estar cerca de mamá es peligro (perderse, diluirse, fragmentarse, perder su amor) y estar cerca de ella también (fusionarse, recibir una retaliación del padre)

Sobre la Hipocondría

La diferencia entre las neurosis actuales y psiconeurosis ya estaba implícita en la contribución de Freud en su texto sobre *Estudios sobre la histeria*, (1895). Las relaciones entre hipocondría, la neurastenia y la neurosis de angustia, habían sido consideradas por

Freud en la parte I de su primer trabajo sobre *La neurosis de angustia* (1895 b).

Más tarde en sus *Contribuciones para un debate sobre el onanismo (1912)*, surgió que la hipocondría podía sumarse a la neurastenia y la neurosis de angustia como tercera neurosis actual - es decir de etiología puramente física-.

En (1911), *Sobre Un caso de paranoia descrito autobiográficamente (Schreber)*, subrayó el parentesco entre hipocondría y paranoia, así como entre neurosis de angustia e histeria. En este texto Freud evaluó los síntomas como placeres de órgano, siendo esto un equivalente a la masturbación y ansiedades debidas a esta, o manifestaciones de culpa con un muy particular temor a la castración. En la hipocondría no se termina de lograr poner el perseguidor fuera esta en el interior del sujeto.

En 1914 en *Introducción del narcisismo*, Freud va a incluir la hipocondría dentro del grupo de las neurosis actuales y va a vincular este padecimiento al narcisismo. Diferencia tres grandes tipos de neurosis actuales: la neurastenia, la neurosis de angustia y la hipocondría. Con relación a esta, opuso libido del yo, dominio de la angustia hipocondríaca y libido de objeto, dominio de la angustia neurótica.

En la neurosis actual la etiología es somática y no psíquica, la fuente de excitación sería el factor desencadenante del trastorno, el cual se se halla en la esfera somática, mientras que en las psiconeurosis (histeria y neurosis obsesiva) se encuentra en la esfera psíquica. El mecanismo de formación de los síntomas sería somático y no simbólico. Los síntomas actuales son ante todo de tipo somático, así la noción de neurosis actual conduce a la concepción moderna sobre las afecciones psicosomáticas.

En las neurosis actuales es importante recordar que no subyace un conflicto infantil, sino que su origen está en una situación actual que es la que desencadena el padecimiento. No hay una expresión pues simbólica de dicho conflicto, sino es más bien el resultado de una inadecuada descarga o estancamiento de la líbido en la actualidad, llevando al individuo a una falta de satisfacción.

Freud, S. (1917[1915]) en su texto *Duelo y Melancolía,* afirma que en el hipocondríaco aparece una transferencia narcisista, donde prevalece este tipo de relación. En esta neurosis, encontramos la dificultad o imposibilidad, de transferencia libidinal a los objetos y el retiro de la libido sobre el yo.

Ya en (1916-1917) Freud, S. en las *Conferencias de introducción al psicoanálisis,* relaciona las neurosis actuales y las psiconeurosis, mostrándonos no solo su similitud estructural, sino indicándonos cómo con frecuencia la neurosis actual se constituye en el precursor o núcleo del síntoma psiconeurótico, relacionando la hipocondría con la psicosis.

Como ya se mencionó, la energía libidinal que se retira del mundo se vuelca sobre el propio cuerpo (Retirada narcisista a hacia los órganos). Así el conflicto mental no es producto de la represión, sino que la causa sería la falta de un puente entre la instancia somática y la psíquica. Hay un conflicto entre el nivel de excitación somática y el deseo psíquico, con lo que se va a requerir que el trabajo a nivel psíquico busque unir la energía que se encuentra desligada, que, como consecuencia, llevará al sujeto a una cierta desorganización. Si el desligazón pulsional es mayor, se disminuye la capacidad de elaboración y con llevará a una más alta desestructuración.

Ahora bien, es necesario mencionar que en este caso si la angustia se presenta en el sujeto, funciona como una mínima defensa ante la importante desorganización que produce la situación inesperada. La angustia, así sea una pequeña reacción, da cuenta de una cierta ligazón de la energía somática y de la aparición de un afecto.

Si hay nivel mayor de simbolización, el afecto estaría más elaborado, es decir hay mayor ligazón de este a reacciones somáticas. Esta unión significativa a la que se unen estados angustiosos intensos nos reflejaría, como se da el proceso de ligamiento que encontramos en la hipocondría.

Los temores quedan unidos al cuerpo, con lo que este se vuelve el objeto temible. El afecto se convierte entonces en una representación mental y por supuesto, afectará el funcionamiento y dinámica psíquica. La energía no ligada psíquicamente se manifiesta en la hipocondría en el órgano que se ve afectado y el padecimiento del sujeto, cumple la función de ligar esa energía que ahora se encuentra desatada.

Freud, S. en el *Yo y Ello* (1923) nos presenta su idea de que el yo tiene una importante parte corpórea. Ante un yo que se ve amenazado, este se repliega o refugia en los órganos (mostrándonos esa forma primaria de interacción psicosomática).

Una parte de la energía se liga al afecto en forma de temor o angustia y otra parte de la energía no ligada, queda en los órganos.

De esta forma es claro el repliegue de índole narcisista que se da y que funcionaria también como defensa ante una despersonalización.

Queda clara la relación que Freud hace entre hipocondría, narcisismo y psicosis. La enfermedad es por tanto un intento de restablecer el equilibrio perdido ante la vivencia de una importante amenaza.

En *Neurosis y Psicosis*, Freud, S. (1924[1923]) limitará el término neurosis narcisista a las afecciones de tipo melancólico, diferenciándose así tanto de las neurosis de transferencia como de las psicosis.

El esquema de defensa del hipocondríaco desde los planteamientos de Klein, M. (1940) es esquizo-paranoide, e intenta remediar un defecto del narcisismo originario.

En la hipocondría la erotización permanente de los órganos alimenta junto a una irritabilidad crónica, la hiperemotividad y la hipervigilancia, todo acontecimiento insólito entra en resonancia íntima con los órganos y desencadena fenómenos espasmódicos. De ahí esa angustia profunda, arcaica (escisión-persecución). En la hipocondría la angustia provoca desintegraciones neurovegetativas, se difunde a lo corporal convirtiéndose el cuerpo mismo en la señal de alarma (el peligro mismo).

Toda su existencia se esfuerza en traducir el lenguaje de los órganos. Por las fallas del narcisismo originario, se infiltra el autoerotismo, que vuelve precario todo equilibrio de la libido del yo y mantiene una excitación libidinal casi constante a nivel de los órganos internos.

La tragedia del hipocondríaco radica, en que el sujeto es víctima de una situación surgida externamente que lo alcanza internamente y que desestructura ese frágil yo, en el que trozos o pedazos de él (corporal-órganos) amenazan al sujeto y se vuelven en su contra. El sujeto se defiende de ello con el dolor e intenta destruir-destruyéndose (hostilidad- autoagresión). Así, cuerpo real y cuerpo imaginario se confunden, y quedan bajo la amenaza de estos objetos persecutorios a los que se vigila de forma esquizo- paranoide.

Ahora bien desde estas ideas, en la hipocondría vemos como hay una importante regresión a estados tempranos del psiquismo donde lo somático ocupa un lugar significativo (se privilegia la percepción interna sobre la externa) y donde las ansiedades de muerte están en el telón de fondo.

A nivel técnico, se puede mencionar que al encontrarse en la consulta estos pacientes, estaríamos trabajando con pacientes donde inicialmente a nivel teórico se mencionaba que no hacían trasferencias. Sin embargo, desde el psicoanálisis contemporáneo, se pensaría que harían transferencias de características más psicóticas, es decir: primitivas, intensas y masivas. Al pensarse como lo menciona Freud, S (1915) en su trabajo sobre el *inconsciente,* en donde "un órgano se ha arrojado toda la representación del contenido", deja abierta la idea de un "lenguaje de órgano" lo que debe ser tenido como una metáfora para mencionar que una vez se mentalice la ansiedad y se pueda poner en palabras, estas incluirán el órgano. Entendido así las representaciones, significados y palabras son posibles.

Duelo, melancolía y somatización

En el texto de *Duelo y Melancolía*, Freud S. (1917 [1915]), define el duelo como la reacción frente a la pérdida de una persona amada o de una abstracción que haga sus veces, como la patria, la libertad, un ideal, etc. El trabajo que realiza el duelo consiste en que el examen de la realidad ha mostrado que el objeto amado ya no existe, por lo que corresponde retirar la libido de sus enlaces.

Al hacerse referencia a la melancolía, se nos menciona que se observa una depresión profundamente dolorosa, donde la suspensión del interés por el mundo exterior, la pérdida de la capacidad para amar, la inhibición de toda productividad aparece como manifestaciones de los procesos que se está dando.

Estos rasgos aparecen también en el duelo, pero en la melancolía estos se hallan más acentuados, y se ve extraordinariamente perturbada la autoestima, que se exterioriza en forma de autorreproches y denigraciones. Hay una regresión a la fase oral de la libido, que pertenece al narcisismo.

Lo que diferencia y separa duelo de melancolía, es la naturaleza de la pérdida, objetal en el doliente, y narcisista en el melancólico. El desligazón de pulsiones permite la excesiva ofensiva de la pulsión de muerte sobre el yo, a través de todo el sadismo de que es capaz la instancia superyoica en el acceso melancólico. La sombra del objeto perdido cae sobre el yo, y en el sujeto aparecen los estados melancólicos relacionados a la dificultad de transitar el duelo. El duelo y la melancolía aparecen como dos respuestas: una normal y otra patológica, a una situación común, que sería la pérdida de objeto. Smadja, C. (2013), nos menciona como la experiencia psicoanalítica que los psicosomatólogos han adquirido, en el tratamiento de los pacientes somáticos, autoriza considerar una tercera opción de naturaleza patológica, a la pérdida del objeto: la somatización. La melancolía y la somatización corresponden a dos soluciones patológicas, el primero en el orden psíquico, el segundo en el orden somático.

La somatización, hace referencia a fenómenos patológicos orgánicos o funcionales cuando su desencadenamiento y evolución son comprendidos como la respuesta del cuerpo viviente a una situación simbólica crítica, pero que no ha sido tratada como tal por el inconsciente del sujeto, lo que los distingue de los síntomas de conversión histéricos, que son, por su parte, formaciones del inconsciente según Chemama, R. y Vandermersch, B. (1998).

Smadja, C. (2013), nos menciona como lo que separa por una parte el duelo de los estados de melancolía y de somatización y por otro lado, aproxima los estados de melancolía y somatización, es la desinvestidura narcisista. Después de esa primera línea divisoria, descubre una segunda línea entre estos estados (los estados de melancolía y de somatización), que se encuentran previamente reunidos en el estado de la pérdida narcisista.

En la melancolía, la desinvestidura libidinal del yo está asociada con una sintomatología positiva, de orden libidinal, mientras que, en el estado de somatización, la desinvestidura libidinal del yo está asociada con una sintomatología negativa, de naturaleza autodestructiva.

El trabajo de melancolía y el trabajo de somatización tienen una cercanía, existe para uno y para otro, una de desinvestidura libidinal del yo. Sobre el trabajo de melancolía se comporta como una herida abierta, que atrae hacia sí las energías de investidura y vacía al yo hasta el empobrecimiento total. Sobre el trabajo de somatización hay una desaparición de la libido, tanto narcisista como objetal, en el curso del proceso de la desorganización. Por su lado, la desorganización psíquica, que conduce a la somatización, no ha encontrado la detención que permita, como en el caso de la melancolía, una reorganización sobre la base de componentes eróticos.

En el trabajo de somatización, el yo va a constituir un objeto para detener momentáneamente o de forma más duradera el movimiento de desorganización psíquica: el cuerpo toma el relevo del psiquismo desfalleciente y se ofrece a nuevas posibilidades de reobjetalización como sucedáneo de un objeto psíquico. En el trabajo de somatización, encontramos el hecho del borrado generalizado de todas las formaciones psíquicas. En el trabajo de somatización es la somatización misma que se convierte en un sucedáneo del superyó.

En conclusión, la somatización es el trabajo que el sujeto realiza cuando otras modalidades de trabajo psíquico fracasan.

Discusión. ¿Qué sucedió a Mané?

Mané nos recuerda a todos como hemos transitado y seguimos transitando la pandemia del COVID. A todos nos ha dejado alguna huella, marca o cicatriz, solo el paso del tiempo nos irá mostrando sus efectos en cada uno. En los primeros momentos al acercarnos a este paciente, nos sentimos muy identificados con él y recordamos como muchas de sus actuaciones, quizás fueron también las nuestras, cuando apareció un "enemigo" que podía matarnos sin saber muy bien de dónde podía surgir.

Los cercanos se volvieron peligrosos y todos nos aislamos intentando buscar en nuestros refugios la protección ante la amenaza. Los rasgos obsesivos y paranoides se despertaron en todos, pero poco a poco cada uno intentó internamente resolver la batalla y lidiar con ese mundo extraño que sentíamos había cambiado para siempre.

En lo transitorio e incierto de la pandemia Mane por su parte siente que pierde todo lo que había amado (la cercaníadistancia con su familia de origen, trabajo, intereses y vivir de una manera independiente) y muchos de los logros, que con tanto trabajo psíquico había conseguido.

En el aislamiento del confinamiento forzoso, se había empobrecido su mundo de objetos y la ternura a sus allegados, y así se fue desinvistiendo su psiquismo. Se fue replegando sobre sí mismo como lugar seguro.

Esos bienes conseguidos con tanto empeño, ahora los sintió perdidos y aparece la angustia ante ello. La angustia no apareció en forma neurótica (como señal) si no difusa. En el caso de Mane se intenta ligar y aparecen ansiedades de muerte que lo llevan a un funcionamiento hipocondríaco.

Las respuestas a las separaciones y pérdidas son de características melancólicas. No se retira la energía de los objetos y se intenta reinvertir en otras cosas (como también lo vimos en muchas personas que se volcaron a hacer actividades vitales) sino que la energía se vuelca sobre el yo desfalleciente, el cual se intenta fortalecer ante la inundación de la realidad imposible de manejar. Así su libido que antes de la pandemia (confinamiento) estaba dirigida a los objetos, ahora está se ha dirigido sobre el yo mismo.

Se retira así, la líbido de los objetos y el peso de su ausencia se apodera de ese yo. En este caso se deposita en diferentes órganos y partes (dientes, garganta) de su cuerpo que nos da cuenta de ese Yo corporal primitivo/fragmentado-fracturado. Mane se centra en su boca y garganta quizás como huella de esas vivencias orales tempranas.

Es importante recordar, que como precondición de una desorganización que lleva a una somatización, encontramos la historia temprana del paciente y quedan en él cómo importantes huellas de heridas narcisistas.

Ante lo doloroso e incierto de la pandemia Mane tuvo una revuelta anímica y se fue apartando de lo que lo sostenía en la vida entrando en un estado depresivo (desvitalización) para refugiarse en su cuerpo y órganos. Pierde la perspectiva de continuidad y futuro viéndose inundado por las pulsiones agresivas y destructivas. Freud, menciona en La transitoriedad (1916 [1915] que: "Sí los objetos son destruidos o si los perdemos, nuestra capacidad de amor (libido) queda de nuevo libre. Puede tomar otros objetos como sustitutos o volver temporalmente al yo. Ahora bien, ¿por qué este desasimiento de la libido de sus objetos habría de ser un proceso tan doloroso?... Sólo vemos que la libido se aferra a sus objetos y no quiere abandonar los perdidos, aunque el sustituto ya esté aguardando. Eso es el duelo".

En el caso de Mane se carga libidinalmente la pérdida del objeto y la ausencia que ha dejado haciendo una similitud entre dolor-temor psíquico /dolor-temor corporal. Mane nos relata que sus sensaciones de dolor son intensas y tiende a huir de ellas casi "fóbicamente". Pero la tragedia radica en que, al huir de ellas, huye de sí mismo. Ataca-atacándose, y el enemigo ya no está afuera sino dentro (esta fue una de las grandes angustias del COVID). Oír a los niños gritar le generan malestar y nos habla de ese niño desvalido y desamparado ante la pérdida de sus objetos de amor.

Ahora bien, en Mane también vemos que se reactivan algunas ansiedades de castración donde él meticulosamente vigila el mundo para no ser atacado-castrado. Su padre desaparece del idilio con su madre y se teme su retaliación. Nos preguntamos ¿si ese "enemigo-COVID" toma la forma de ese padre ausente como amenaza latente? Situación que se va corroborando posteriormente en su análisis según lo menciona su analista. Hay fantasías de castigo donde otra interpretación posible relacionada a la persecución es que: "algo va a pasarme, por lo que he hecho" castigo que deriva en castigo corporal y daño al cuerpo.

A nivel técnico la analista, aunque al principio no es tomada en cuenta y no se carga libidinalmente por el paciente, permanece como un objeto vivo y presente, que permite a Mane el que vaya saliendo de su refugio corporal y la encuentre como objeto que le ayuda a pensarse. Se mantiene por tanto una alta frecuencia de sesiones de análisis ante la proximidad de una neurosis narcisista, (que se transita al inicio de su análisis) buscando la contención de la situación vivida traumáticamente, la continuidad y permanencia del objeto de contención.

Ella se acerca sin inundar a Mane, ni se presenta como un objeto intrusivo, ni peligroso. Va permitiendo que vaya poniendo palabras a sus temores y ansiedades. La desinvestidura psíquica con la que se inicia y que lo había llevado a la hipocondríaca, al dolor y al aislamiento, hacía necesario la proximidad transferencial y el trabajo de simbolización para recuperar ese aparato psíquico precario.

Es importante recordar como la proximidad corporal en el análisis de estos pacientes es fundamental. La presencia, el olor, la mirada, la escucha y la palabra no son suficientes a través de la pantalla en la modalidad on-line (que fue el modelo inicial impuesto por la pandemia). Aunque en el paciente se permitió de esta forma detener la desorganización y el que las dolencias físicas no se convirtieron en una enfermedad grave, una vez se pudo establecer contacto físico se dio prioridad a la modalidad presencial que favorecieron a una transferencia de características más neuróticas.

Conclusión

El evento de la pandemia vivido como traumático se constituyó en un importante acontecimiento que desorganizo la vida psíquica de este paciente y rompió con la continuidad de su existencia como hasta el momento la conocía. Toda la situación sobrepasó la capacidad de reacción de Mane y lo llevó a un repliegue de los lazos con el mundo hacia sí mismo. Aparece la somatización como forma de encontrar una solución somática a la fragilidad psíquica, no hay un duelo por las pérdidas y se usa el cuerpo para manejar la sobrecarga de situaciones dolorosas y las grandes ansiedades de muerte.

Mane sentía perder lo que había conseguido en la pandemia y en el proceso de duelo en lugar de llevar su libido a investir otros objetos que tenía cerca como su novia. Dirigía su libido hacía su yo cuerpo y a sus distintos órganos, es así como surge la hipocondría y junto con ella la melancolía.

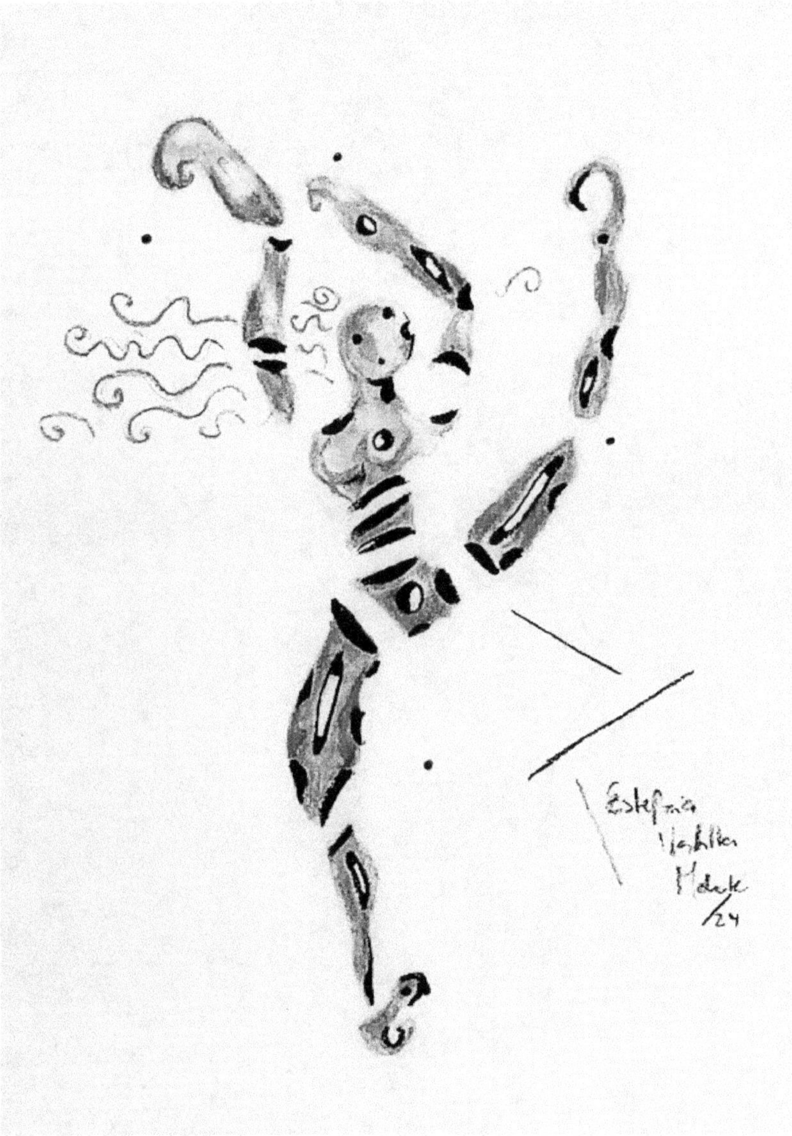

Obra: Movimiento sensitivo

Los tropismos. La búsqueda de un objeto al que crear o ser creado por él

Olga Bechara Moscardi

"Yo haría una diferenciación entre existencia –la capacidad de existir– y la ambición o aspiración de tener una existencia que valga la pena tener –la cualidad de la existencia, no la cantidad; no la longitud de la vida de uno, sino la cualidad de esa vida".
–Bion, 1979, citado por Pistiner de Cortiñas, 2021

El camino que uno inicia al decidir ser psicoanalista, y que se va haciendo cada vez más profundo, es como una huella en un surco por la cual se ha transitado muchas veces. En este sendero, se presentaron autores que golpearon en mí y abrieron un interés que se fue transformando cada vez más en algo parecido a una pasión. Klein me marcó profundamente y en cada lectura me sentía más cerca de sus conceptualizaciones, hasta que apareció Bion.

Con mucho interés y muchas dificultades, intenté comprender su pensamiento. Para mí, es un proceso similar al que viví con Klein: con cada lectura, estoy más cerca de sus teorías y más me transforman.

Siempre tuve, además, interés por las patologías psicosomáticas. Creo que las revolucionarias ideas de Bion me están ayudando a advertir cómo son esos primitivos procesos mentales que se encuentran comprometidos en los funcionamientos que desencadenan una enfermedad psicosomática. Siento que Klein (1990), me permitió un nivel profundo de comprensión de la mente infantil del primer año de vida. Bion, en cambio, me acerca a un aparato para pensar que él construyó a lo largo de treinta años. Su creativo vuelo nos lleva a conocer hasta las partes prenatales de la personalidad, conjetura imaginativa con un gran capital evocativo. Partes que tienden a escindirse en la cesura del nacimiento y a permanecer en un estado de organización social primitiva, sin hallar una forma de representación mental.

El tema que ahora me ocupa, es el intento de aclarar mis pensamientos en cuanto al modo de funcionamiento mental primitivo. Esto resulta difícil, ya que hablamos de niveles microscópicos de la personalidad, cercanos al funcionamiento somático.

El análisis de Meltzer (1990)

Iniciando este camino, me referiré a una fuente que creo nos puede ayudar. Meltzer, en su libro *Metapsicología ampliada* (1990), postula "un modelo Klein-Bion para la evaluación de los estados psicosomáticos". En él, recapitula distintos libros de Bion como pasos en su avance. Meltzer (1990, p. 32), considera que, en *Experiencias en grupos* (1961), Bion desarrolla la idea de que "el hombre lleva consigo la tendencia heredada de su pasado animal y prehistórico a unirse al rebaño, agruparse, donde los individuos participan de un modo más primitivo que aquel que se manifiesta por símbolos, pensamiento, juicios y capacidad de decisión".

Dicha "mentalidad de grupo de Supuesto Básico", se origina en un nivel muy profundo del inconsciente, en el "aparato protomental", "cuyas operaciones se corresponden con el proceso primario descripto por Freud y con la indicación de que el yo, es en primera instancia, un yo corporal". El autor interpreta entonces, que el yo en este nivel traduce las experiencias emocionales como estados corporales y reacciona frente a ellas, con estados corporales y acciones (Meltzer, 1990, p. 32).

Sobre *Aprendiendo de la experiencia* (Bion, 1962), nos refiere que en el momento en el que una experiencia emocional impresiona a la mente, los elementos sueltos de los datos sensoriales se presentan como elementos beta, que deben ser procesados por la función alfa para transformarse en elementos alfa, siendo este el inicio de los pensamientos. Cuando esta transformación fracasa, los elementos beta deben tratarse como "incrementos de estímulos" y ser evacuados (Meltzer, 1990, p. 32).

Acerca de *Elementos del psicoanálisis* (Bion, 1963), Meltzer (1990), nos dice que uno de los mecanismos para evacuar los elementos beta es recurrir al aparato protomental, "específicamente mediante la regresión a la mentalidad de grupo y sus aliados próximos, las inervaciones somáticas" (p. 33). En cualquiera de los casos, se pierde la función meta, tanto en la formación simbólica como en la creación de sentido y de significación para la experiencia emocional.

En *El amanecer del olvido* (Bion, 1979), explica que los "últimos procesos, que quedan fuera de la racionalidad y el pensamiento onírico, se encuentran en aquellas partes de la personalidad formadas durante el último periodo de gestación: las partes prenatales, que forman la porción soma-psicótica de la personalidad -originalmente llamada 'aparato protomental'-", (Meltzer, 1990, p. 34). Sostiene, entonces, que "el terapeuta debe realizar la función alfa que el paciente es incapaz de realizar en esta área particular de la experiencia, para introducir sentido dentro de estos procesos".

Para poder hacer esto, el analista debe poder llevar a cabo "una excursión de pensamiento imaginativo, o de pensamiento onírico, que incluya a la experiencia intrauterina como un 'mundo' bastante diferente del 'mundo' de la identificación proyectiva". Meltzer (1990, p. 34), juzga que, en el libro, Bion intenta transformar este "mundo" en un lenguaje dialogado entre "prenatales" y los "postnatales".

Meltzer (1990), concluye el apartado añadiendo ideas que enfatizan la diferenciación de los fenómenos encontrados en la clínica: "Vemos que al acentuar el problema de los orígenes de los fenómenos psicosomáticos en los procesos que se hallan fuera de la esfera de la formación simbólica y del pensamiento, Bion estaba trazando una importante distinción frente a otros problemas que implican sensaciones corporales o inervaciones somáticas como, por ejemplo, la conversión, la hipocondría y los delirios somáticos. (p. 34)"

El análisis de Meltzer es sumamente interesante, pero de él quisiera destacar ciertos aspectos. En primer lugar, hay un modo más primitivo de comunicación que aquel que se caracteriza por la formación de símbolos y el pensamiento; en segundo lugar, esta forma de contacto tiene sus orígenes en en un nivel inconsciente, que sería el aparato protomental que se corresponde con el proceso primario de Freud y, por último, el yo en primera instancia es un yo corporal.

Estos procesos, que quedan fuera de la racionalidad y del pensamiento onírico, se relacionan con aquellas partes de la personalidad formadas durante el último período de gestación: las partes prenatales, llamadas "aparato protomental" (Bion, 1961).

Si dichos procesos, que están fuera de la racionalidad y de la ensoñación onírica, tuvieran una posibilidad de comunicación, ¿cómo sería la misma? Aún no lo sabemos. Puede decirse con seguridad que es un desafío futuro.

Ahora, bien podemos hacer una "conjetura imaginativa" sobre cómo puede ser dicha forma de comunicación primitiva. El hombre nace prematuro e incompleto, pero con muchas posibilidades de desarrollo, lo que lo diferencia de otras especies. Sabemos por múltiples estudios que el ser humano y su cerebro han evolucionado. Para imaginar este modo tan primitivo de comunicación, que después puede llegar a ser una forma de pensamiento sofisticado, me gustaría recurrir de otro concepto dado por Bion en su libro póstumo *Cogitaciones* (1996) y tal vez también en *Transformaciones* (1965): los tropismos. Pero ¿qué son los tropismos?

Los tropismos

En su libro *Sobre el crecimiento mental: ideas de Bion que transforman la clínica psicoanalítica* (2021), Pistiner de Cortiñas define los tropismos de la siguiente manera: "Las plantas pueden detectar cambios en el medio y responder ante ellos. La respuesta más frecuente en las plantas consiste en crecer lentamente en una determinada dirección definida por el estímulo" (p. 197). Yo agregaría que las plantas buscan el sol como una forma de obtener la luz, el calor, la gravedad y el tacto necesario para su crecimiento.

En la obra de Bion, desde *Experiencias en grupos* (1961), el concepto se vincula fuertemente con sus conjeturas acerca de funcionamiento prenatal y protomental. Sin embargo, lo desarrolla principalmente en *Cogitaciones* (1996):

"Los tropismos pueden ser comunicados, pero bajo ciertas circunstancias son demasiado intensos para los medios de comunicación de que dispone la personalidad.

Esto puede ser debido a que, si la situación traumática tiene lugar muy tempranamente, la personalidad está demasiado débil o insuficientemente desarrollada. Cuando se produce dicha situación traumática, todo el futuro desarrollo de la personalidad depende de que exista un objeto, el pecho, en el cual los tropismos pueden ser proyectados. Si no existe el resultado es la catástrofe que, por último, se manifestará la personalidad como pérdida de contacto con la realidad, apatía o manía... (p. 53)".

También, explica que la actividad propia de los tropismos es la búsqueda:

"Considerados individualmente, los tropismos tienden a la búsqueda de un objeto al que crear o ser creado por él [...] La actividad propia de los tropismos en el paciente que acude al tratamiento es la búsqueda de un objeto en el que la identificación proyectiva sea posible. Esto es debido a que, en dicho paciente, el tropismo hacia la creación es más fuerte que el tropismo hacia el asesinato [...] Los tropismos son la matriz de la cual nace toda vida mental. (p. 53-54)"

Teniendo en cuenta estas consideraciones, ¿podríamos conjeturar un tropismo como una disposición a conocer que se transforma en vínculo a partir del encuentro con un objeto continente, dador de significado?

Por fin, después de tanto andar y de recorrer distintos caminos, podríamos tomar los elementos dispersos de este trabajo y extraer una primera conclusión. Puede existir una forma muy primitiva de comunicación, que al modo del tropismo sea como un buscador de un pecho sol que dé calor y luz mental (tomando el modelo de las plantas) y que esto sea el basamento para el desarrollo y crecimiento de posteriores funciones mentales. Buscar un pecho que esté abierto a recibir y descubrir esta forma de comunicación a través de la intuición.

Me refiero a experiencias emocionales y fenómenos psíquicos que no pertenecen al mundo empírico que perciben los sentidos, que van más allá de ellos y que se encuentran en relación con el aparato protomental, con el proceso primario y con el yo corporal de Freud.

Quizá hasta son previos a la identificación proyectiva. Una forma de describir esta comunicación primitiva es que, a través del llanto, del grito, del pataleo o de la mirada, el síntoma psicosomático se trasmite como una sonda que busca un objeto que pueda contenerla y transformarla y no solo una evacuación. Esto constituye la base de lo que después va a ser el pensamiento.

Asimismo, podríamos imaginar que, si estos procesos de búsqueda primitivos fracasan y no se produce una transformación o evolución, ocurra una catástrofe, que se manifieste por una pérdida de contacto con la realidad, apatía o manía, y un incremento de los síntomas psicosomáticos.

Caso clínico

El paciente es un hombre joven que vive en pareja, es profesional y ha trabajado en distintos rubros, tanto de su profesión como de otras actividades. Se queja de que cambia de trabajos porque no le dan rédito económico.

Concurre al análisis hace varios años (con una frecuencia de una hora por semanal) debido a problemas con su familia primaria, en la que se destacan su madre como una persona sumamente conflictiva y narcisista que "se pelea con todos los miembros de la familia y también con los vecinos" y su padre, una persona ausente siempre dedicada al trabajo.

En la casa se hace lo que dice la madre. Su modo de funcionamiento mental con una marcada tendencia a la sobre adaptación y escasa expresión de los afectos, hace difícil precisar una etapa en su proceso terapéutico. Sin embargo, poco a poco se va afianzando en el mismo.

Pablo es derivado por un familiar psicólogo que me conoce. Como dato adicional, pertenecemos todos al mismo barrio. Cuenta que su padre y su madre eran vecinos desde chicos y refiere: "Mi papá era muy lector, era introvertido. A mi mamá esto le caía mal. Él la quiso rescatar culturalmente, pero ella no escuchaba".

Si bien, han sido varias las problemáticas tratadas con Pablo, quisiera abarcar únicamente las que se refieren a sus enfermedades psicosomáticas. Ha padecido distintas manifestaciones, como trastornos en la piel que se manifiestan en erupciones con picazón, dolores de estómago a repetición y síntomas respiratorios: falta de aire, congestión nasal y cierre del pecho. En algunas oportunidades, presenta fiebre. Durante la pandemia, el paciente se separa de su mujer y se va a vivir solo. En este período, son muy frecuentes las erupciones en la zona baja de la espalda, que según él comunica, se deben a "estar varias horas sentado en la computadora".

Pablo ha sufrido primero la pérdida de su padre, quien falleció hace seis años. Posteriormente, ha sobrevenido la de una hermana mayor, que fue para él "alguien que lo quería". De ella, resalta que si bien, no se veían frecuentemente, era muy afectiva con él. Finalmente, ha fallecido otro hermano de forma inesperada, producto de un infarto masivo.

Con él, no hablaban mucho de lo que les había pasado dentro de la familia o de sus emociones. Sin embargo, este siempre lo ayudaba cuando tenía un problema y corría en su auxilio, sobre todo en asuntos concretos, como un trámite o un cambio de casa.

A Pablo le ha costado hablar de lo emocional y ha venido al tratamiento de forma sobre adaptada, material que hemos abordado en múltiples ocasiones. Su vínculo terapéutico ha atravesado momentos de idealización de mi persona, lo que también fue afrontado en el tratamiento. En la actualidad, se permite hablar de molestias y enojos durante la sesión.

Otros datos significativos son los recuerdos que relata por primera vez recientemente. Los recupera al venir un familiar, quien le cuenta algunas cosas:

"Mi prima traía una mantita tejida por mi abuela hacía muchos años y que era suave y calentita. Ella falleció cuando yo tenía seis meses. Me dio mucha ternura".

"Me contó que mi mamá y sus hermanas vivían con la madre, que era violenta y alcohólica. Su padre las abandono sindo niñas. Mi mamá tiene dos hermanas. Una que se llama Olga y es muy apegada a sus hijos y la otra todo lo contrario".

"Después de la muerte de mi hermana, disfruto sabiendo cosas antiguas".

Otro recuerdo de su infancia es que cuando iba a la escuela, a la edad de seis años, se iba solo en el micro con un compañero tres o cuatro años mayor que él. Rememora, además, que nunca se perdió, ya que "su mamá le decía que cuando llegara a un comercio determinado se tenía que bajar. Iba muy atento". En esta época, comenzaron sus problemas respiratorios.

Fragmentos de sesiones

Cabe aclara que Pablo ha recibido hace uno días las vacunas de la gripe, indicadas por su médico.

P: Me vacuné, me siento engripado.

Tuve un sueño: soñé con mi mamá que me peleaba y ella me echaba. Me iba a un lugar. Era un lugar muy grande y con muebles. Me decían: "Esto te lo dejó tu hermana. Úsalo". Pasaba de no tener a tener todo resuelto.

Siguiente sesión

P: Estoy cada vez más con las vías respiratoria tomadas, el pecho tomado, tos, vías respiratorias con obstrucciones. No tengo las vías limpias.

Yo he pasado por la zona en la que vivíamos hace un año. Ahora es otra cosa. Está todo cambiado. No está más lo que yo buscaba. Todo ha cambiado.

Me comentaron en un grupo de una chica de la infancia, yo no me acordaba. Antes las respuestas a estas cosas me las daban mis hermanos. Me cuesta mirar para adelante sin ellos. Siento una soledad tan grande.

Siguiente sesión

P: Fui al médico, sigo con el catarro ya hace dos semanas largas de la vacuna. Sigo con dolor en las articulaciones y en el cuerpo, estoy recontra volteado. Tengo que dormir con una almohada. Cuadro gripal, antes de la vacuna no tenía nada. El médico me dijo acá hay algo más que la vacuna *(coincidentemente, yo también pensaba lo mismo)*. No sabía qué puede ser. ¿será alérgico? He tenido problemas de alergias. Esa rubicundez, yo no soy blanco, pero se me ve todo como los vasitos la piel roja y muy fina, transparente. También tengo las uñas finas, se me quiebran. El médico me dijo que puede ser algo viral, propio de los niños de tres o cuatro años.

No le dije que el 10 fue el aniversario de la muerte de mi hermana *(llora)*. Me ha costado entender este luto. Hasta estoy más canoso. Me da tristeza, los echo de menos. Mi hermano era como un techo protegiéndome. Es la sensación de inseguridad. Cómo voy a hacer cuando necesite una mano. Siento una gran soledad. Mi mujer es apegada a su familia.

PS: Cuántas cosas emocionales, de desamparo…

P: Sí *(llora con un llanto que parece haber sido retenido, que no ha ocurrido antes en el curso del tratamiento)*. Mi papá y mi hermana no se cuidaban. Lo de mi hermano fue algo fulminante. El golpe que me faltaba, me fui para abajo. Me siento solo, es un pensamiento negativo que va para adelante. Ellos no van a volver. La religión la veo como algo que me puede sostener. Lo que pasa es que a veces creo y a veces no.

PS: Tal vez busca que yo lo escuche y le diga algo sobre la muerte.

P: Sí, busco que alguien me diga algo sobre la muerte que me dé luz sobre el dolor. Busco que me cierre el tema, que alguien me explique. Me he infantilizado.

PS: ¿Infantilizado?

P: No sé, como desprovisto. Un yo muy chiquito. Que mi mujer me tape me hace bien. A veces siento que casi se lo exijo, como obligatorio.

PS: Yo creo que también le hace bien hablar de todo esto acá, sería como taparse un poquito con una manita calentita también.

Fin de los fragmentos.

¿Podemos ver algo más en esta larga convalecencia a partir de la vacuna? ¿Una búsqueda de alguien que lo escuchara en un momento en el que se avecinaban tormentas emocionales a raíz de la muerte de su hermano? Busco en el tratamiento terapéutico una mantita suave, cálida como una contención también de esas características. Mi impresión de que había algo más, que coincidió con lo dicho por el clínico –sin que tuviéramos ninguna comunicación entre nosotros-, ¿fue una forma de este tipo de comunicación? ¿Son todas estas comunicaciones de un nivel primitivo y microscópico, al modo de sus primeros meses de vida y, por qué no decirlo, prenatales? ¿Cada situación de separación reedita ese inicio poblado de sentimientos de desamparo y vulnerabilidad?

Los tropismos se transforman en vínculos a través de la mediatización de un pecho- analista capaz de escucharlos y transformarlos, dándoles significados. El factor ambiental, en su función de *rêverie* que contiene las primitivas comunicaciones del bebé y le da sentido, cobra así un significado psicoanalítico. ¿Es este el primer escalón del crecimiento mental y de la humanización?

Finalmente, nos resta hacer una reflexión sobre cómo vamos los analistas a abordar estos niveles de comunicación tan primarios. También, nos preguntamos, bajo el concepto de "caja de herramientas" (Ungar, 2015), con qué herramientas necesarias accederemos a dichos niveles. No me queda ninguna duda de que una de las más privilegiadas será la "intuición".

Siguiendo a Bion en sus recomendaciones técnicas, podemos decir "sin memoria y sin deseo", donde no solo nos toca captar e intuir el inconsciente y lo que transcurre en la atmósfera emocional de la sesión, sino que también nos enfrentamos a la ignorancia, con nuestro rechazo a lo desconocido y nuestra tendencia a saturar con lo ya sabido para evitar la evolución de lo nuevo. Necesitamos capacidad para tolerar el no saber, sin apelar a la razón y a los hechos. Es preciso abordar cada sesión como si fuera la primera.

Quisiera finalizar retomando las palabras de Meltzer (1990, p. 35), quien afirma que "no podemos pensar que vamos a tratar a los fenómenos psicosomáticos a través de la interpretación de su contenido", y nos invita a "disponernos a realizar una tarea enteramente diferente, específicamente, descubrir la experiencia emocional que el paciente es incapaz de soñar y, por lo tanto, soñar por él".

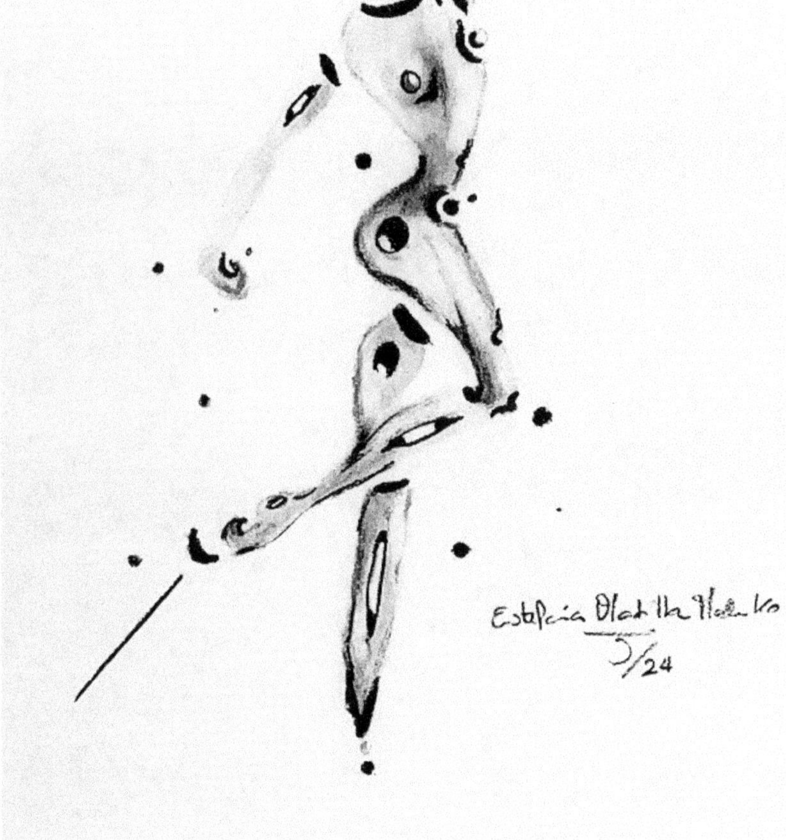

Obra: Movimiento del alma

Acerca de una experiencia hospitalaria con pacientes psicosomáticos

Miriam Jacobson Ihlenfeld

El planteamiento pasa fundamentalmente por las vicisitudes que el paciente psicosomático y su terapeuta han de sortear en el plano transferencial y contra transferencial, dentro de un marco, donde el carácter traumático de la dolencia ha dejado el universo simbólico fuera.

Se interroga sobre el abordaje, en relación a la implicancia de la contratransferencia en la labor terapéutica, instrumentada en esas fronteras de lo psíquico y lo corporal, lo pertinente y lo inapropiado, donde el analista intenta a través de un trabajo de historización del paciente, y desde esa relación en diada, aportar una intervención, una construcción que reduzca el vacío que produjo la escisión mente-cuerpo; efecto del trauma.

Los estudios de los últimos años han permitido avanzar en el conocimiento de esta temática, proporcionando importantes soportes teóricos, que facilitan los abordajes desde la clínica.

La idea de que la mente y cuerpo forman una unidad indivisible está desde el comienzo del psicoanálisis y si nos remitimos a la historia de la psicosomática encontramos que los primeros abordajes de la sintomatología orgánica se hicieron desde la perspectiva de la histeria, como lo vemos, sin duda, en "Los Estudios sobre la histeria", publicados por Breuer y Freud en 1895, donde el fenómeno de la conversión enlaza claramente el cuerpo y la mente.

Dicen algunos comentaristas que lo verdaderamente revolucionario en la obra de Freud no fue tanto el descubrimiento de la importancia de la sexualidad humana, como el hecho de que el funcionamiento mental puede producir un síntoma orgánico.

Aunque ya Otto Fenichel (1934), describió la "neurosis de órgano", la medicina clásica psicosomática tiene a sus pioneros en los representantes de la escuela de Chicago, cuando Franz Alexander dirige el Instituto de Psicoanálisis de Chicago (1939) y aparece la revista "Psychosomatic Medicine" y Flanders Dunbar publica "Psychosomatic Diagnosis" (1943) y "Emotions and bodily Changes" (1947). Muchos más trabajos representan esa época, pero por razones de espacio no me extenderé más.

La segunda vertiente es la Escuela Argentina, cuyo representante principal es el Dr. Ángel Garma, nacido en Bilbao (España) en 1904, primer psicoanalista español que abre su consulta en Madrid en 1931, y que es sorprendido por la Guerra Civil española en Francia, donde se establece hasta 1938, época en que se marcha y se radica en Buenos Aires.

Ahí se reúne con un grupo dinamizador del psicoanálisis entre ellos Arnaldo Rascovsky a quien analizó. Ambos serán los primeros exponentes del desarrollo de la psicosomática hasta cuajar en el Instituto Psicosomático de Buenos Aires que sigue funcionando en la actualidad. Garma analizó profundamente las raíces psíquicas de las úlceras gastroduodenales y toda la problemática de las cefaleas.

Por último, la vertiente más actual, representada por la Escuela de París, iniciada por. P. Marty, M. Fain, M. de M'uzan, Christian David, a quienes han seguido muchos otros autores.

Esta escuela entiende el enfermar somático como consecuencia de una conjunción de factores de orden genético, ambiental, hábitos de vida, pero, sobre todo, investigan la importancia de los fallos estructurales en el aparato psíquico en su trabajo de mentalización. Esto los lleva a desarrollar conceptos como: la neurosis de carácter, neurosis de comportamiento, pensamiento operatorio, depresión esencial, etc.

Esta breve mirada histórica -muy recortada por cierto-, marca de alguna manera una parte de nuestro recorrido teórico, en la búsqueda de una aproximación y comprensión al paciente psicosomático y un método para ir ajustando su abordaje, siempre supeditados por cierto, a los problemas de cada paciente, que tiene motivaciones y búsquedas muy dispares y a la vez, una sólida necesidad de anclaje en Freud, en quien reencontramos al génesis de los diversos planteamientos, tal como las reivindicaciones de las neurosis actuales, el concepto de lo económico, las pulsiones, el narcisismo y la importancia del trauma así como muchísimos otros desarrollos del psicoanálisis freudiano.

Sobre este punto, transcribo un pasaje de Pierre Marty de la "Psicosomática del adulto" (1992), donde claramente señala el lugar preponderante del psicoanálisis en la investigación psicosomática. "El Psicoanálisis constituye una referencia permanente para la psicosomática. La formación psicoanalítica personal y la práctica del análisis deben preceder a la formación de los psicosomatólogos.

La práctica del análisis de los neuróticos debe continuar paralelamente a las de las psicoterapias de los enfermos somáticos. En efecto, sólo se puede estimar las particularidades del funcionamiento normal de los somáticos, comparándolos en cada momento con los mecanismos psíquicos de los neuróticos que Freud nos ha enseñado".

Ampliando el criterio anterior encuentro en el planteamiento de la Dra. Elsa Aisemberg (2013), una mayor aproximación al enfermo psicosomático.

La autora propone una extensión teórica sobre la psicosomatosis. "Enfatiza su hipótesis de la coexistencia en los pacientes con manifestaciones somáticas, de dos tipos de funcionamiento psíquico: el psiconeurótico y el narcisista. El psiconeurótico estructurado a partir de la inscripción de la vivencia de satisfacción como huella mnémica, que dará lugar al desarrollo de la sexualidad, el inconsciente reprimido, el narcisismo trófico, en el encuentro con el otro, en la esfera del deseo y de la conflictiva edípica. El narcisista, que a partir de la vivencia de dolor dará lugar a fenómenos de desinvestidura, escisiones, descarga por el acto o por el soma. Este es el narcisismo tanático y el desarrollo del inconsciente escindido" y en la técnica del abordaje "prioriza el uso de la contratransferencia del analista como herramienta para la inscripción de los afectos escindidos".

Particularmente, he encontrado en el tema del abordaje y el uso de la transferencia y contratransferencia como herramienta, una salida, y a la vez muchos enigmas en el trabajo que realizo con mis pacientes.

En realidad, tratándose de pacientes crónicos con graves afecciones orgánicas, la disyuntiva se impone muchas veces en el método: es decir en el riesgo de trabajar con la transferencia, específicamente con la neurosis de transferencia, cuando esto implica regresiones que pueden facilitar una crisis y del otro lado la exposición a la que se somete el terapeuta a nivel contratransferencial; cuando lo que presta es su propio cuerpo, sujeto a percibir las sensaciones del paciente, casi siempre arraigadas a un padecimiento que lo remite a la pulsión de muerte.

De hecho, Pierre Marty (1992), y la mayoría de los integrantes de la Escuela Psicosomática de París, entienden que estos pacientes no son analizables. El análisis cura tipo puede tener un efecto iatrogénico sobre ellos. Hay que sostenerlos en su regresión, para que ésta no se convierta en un proceso de desorganización progresiva que puede precipitarse hasta la muerte.

La interpretación psicoanalítica y especialmente la interpretación de la transferencia negativa tiene un efecto traumático, del que los pacientes "especialmente neuróticos" se reponen con cierta facilidad ayudados por la contención del analista, pero ante la que los pacientes aquejados de graves afecciones somáticas suelen no tener recursos defensivos.

El trabajo analítico rompe el discurso del paciente para, en un segundo momento, hacer una reorganización más sana. Pero los pacientes psisomáticos graves, con una vida mental muy precaria, dependen de sus reducidas defensas y de su escasa vida mental para una supervivencia física. De ahí la recomendación de prudencia, que siempre hacía Pierre Marty, a la hora de usar nuestra herramienta terapéutica esencial en el psicoanálisis cura tipo: la interpretación y sobre todo la interpretación de la transferencia negativa (erotizada o agresiva).

El trabajo terapéutico que realicé en el Hospital de Clínicas de Asunción (Paraguay), en la Sala de Hemodiálisis, dependiente del departamento de Nefrología. Comenzó 7 años atrás y comenzó a sistematizarse a partir de la creación de CEPA (Centro de Estudios Psicoanalíticos de Asunción) en el 2003, que facilitó y sustentó los mecanismos. Los pacientes a los que asisto están en diálisis tres veces a la semana y mantengo consultas con ellos una vez por semana.

La población total es de 28 pacientes, en diferentes turnos. Por tal motivo la capacidad de intervención terapéutica es deficitaria en cuanto a que no se puede abarcar en su totalidad. Por otro lado, se trata de pacientes crónicos, cuya única salida de la hemodiálisis es el trasplante, y son muy pocos los que acceden al mismo, ya que no existe en el país ningún Fondo Nacional de Trasplantes que los solvente y mucho menos voluntad política para favorecer una salida a los problemas del trasplante; por lo tanto los pocos trasplantados lo consiguen en países vecinos, Brasil, generalmente, o a través de ocasionales ayudas de Entidades nacionales o extranjeras.- ("situación ésta, que en la actualidad está superada").

Presento esta realidad que me ocupa y preocupa, en tanto que remitida a una multiplicidad de situaciones traumáticas; la padecida por el paciente, la que padece la institución, y la implicación en el psiquismo del analista tan igual que en el paciente en ese proceso de regresión y/o escisión que sobre ambos tiene la brutalidad del trauma.

Cuando reflexiono sobre esto, me sustento en el paso a paso y en la función terapéutica de ayudar a restablecer el mejor funcionamiento posible de su psiquismo; quiero decir, sé que la mayor expectativa del paciente es el trasplante para alcanzar una mejor calidad de vida; por lo tanto no pretendo contar de entrada con la interpretación de la transferencia, no creer en la interiorización mental de los conflictos por lo menos no siempre creer; sí de vigilar sus mecanismos, sí tener en cuenta también su enfermedad, sí acompañar y evaluar e intervenir en diferentes ocasiones; también en las de crisis y conectados a la máquina.

Es decir, al comienzo la mayoría de las intervenciones se

fundan en la función materna y su logro dependerá de la posibilidad de establecer una identificación renovada con el paciente; la situación cara a cara facilita una situación descriptiva en apariencia igualitaria, y asegura las bases de una proximidad bilateralmente identificatoria.

Esto es, al mismo tiempo que se perciben y respetan las proyecciones primarias del paciente, puede el terapeuta proponerse como ejemplo de una conducta a la vez de paralela, o bastante diferente; pero de ninguna manera se propone como modelo.

De esta forma ofrece sus propios sistemas elementales de sensibilidad y de representaciones, eventualmente de defensas rudimentarias, desempeña progresivamente el papel de las funciones insuficientes del paciente y abandona esa función en el momento preciso en que percibe los primeros signos de independencia. Es decir, es importante poder, tolerar la regresión que todo enfermo psicosomático hace, a través de un maternaje que contiene y a la vez se ofrece como un punto de fijación que detiene el movimiento regresivo en ese punto e impide que se prolongue en una desorganización progresiva.

Evidentemente que será de ida y vuelta, porque no se puede predecir, en estos casos cuando puede recuperar el paciente su funcionamiento psíquico libidinal, incluso regresivo, aun presentando pruebas de poseer representaciones preconscientes nacidas de afectos, o perceptivas, pero de cualquier modo sujetas a elaboración. Sin embargo, llegar a interpretar dentro de la transferencia, me parece correr el riesgo de la aparición de una crisis somática, en realidad lo que aquí se juega es la relación, que ocupa un lugar primordial y lo que se trata, es de reestablecer es una homeostasis, que propone una reorganización tópica (en el sentido de la primera y segunda tópicas freudianas), que en general es habitualmente deficiente.

"Habida cuenta de la acción desorganizadora de la interpretación transferencial clásica, su utilización es reducida en beneficio del mantenimiento y hasta de la práctica de una relación" dice Catherine Parat, quien, con las referencias freudianas convenientes, trata nuestros problemas terapéuticos dentro del encuadre analítico. Es decir, se puede intervenir desde la transferencia que el paciente ha hecho, pero no se debe interpretar la transferencia, precisamente por su efecto disruptivo en pacientes con una fragilidad psicosomática extrema.

Cuando Catherine Parat (2000), habla de "relación transferencial", hace una distinción entre ésta y la "neurosis de transferencia". La primera la funda en una "transferencia de base", que es trata de una transferencia relacional, positiva; corresponde a la investidura por parte del paciente de la persona del analista, teñida de confianza. En las psicoterapias difíciles esta relación positiva hace que las intervenciones del terapeuta puedan ser aceptadas y sentidas como no hirientes narcisistamente.

La relación o transferencia de base concierne a los dos componentes de la pareja analítica. "Esta relación transferencial se emparenta con la relación dual, mientras que la neurosis de transferencia se inscribe en un registro triangular. (Diane L'Heureux le Boeuf "Transferencia y contratransferencia en Psicosomática" (inédito). Esta peculiaridad en el encuadre y en la relación nos lleva muchas veces a preguntarnos si no estamos concibiendo al paciente puramente como sujetos pasivos de la excitación, y no como sujetos activos deseantes. Es que estos pacientes están más en una situación traumática —la que produce su propia enfermedad- que en una situación en la que pueden ser sujetos de deseo erótico. Están muy deslibidinalizados, por eso son tan convenientes los cuidados psíquicos y físicos, porque les libidinizan.

Cuando Freud nos habla de la realización alucinatoria del deseo, en el capítulo VII de la "Interpretación de los sueños" (1900) nos habla del inconsciente y del nacimiento del aparato psíquico. El principio del placer consiste en la tendencia a representar lo placentero y no representar lo displacentero. "Pero para representar, es imprescindible que el objeto primero esté presente y deje una huella y después no esté presente, y se vuelva a presentar, representar, es decir hacerlo presente mentalmente de nuevo.

Este es el momento capital para el aparato psíquico, porque este es el momento en que la excitación se puede convertir en pulsión. Sin esto la excitación no puede tener recorrido psíquico y tiende a descargarse en cortocircuito por la motilidad, y si esta descarga no es posible queda en el cuerpo como algo destructivo, tóxico, que puede derivar en una desorganización somática", nos dice Javier Alarcón en su trabajo "Fallo estructural y conflicto psíquico".

Estamos en el terreno de lo traumático, en el terreno de la no satisfacción, en situaciones de déficit en la tramitación psíquica de la excitación somática; es decir, cuando una cantidad, una descarga que se origina en la vivencia de dolor invade la escena y no hay representación para ligar. "Por eso es tan importante el incentivar que el paciente recupere su funcionamiento mental, para que pueda restaurar el movimiento pulsional y que sea más eficaz en las descargas de las tensiones, que retenidas, se vuelven tóxicas. "Más vale que el paciente se neurotice, o dé muestras de temores hipocondríacos, porque esto supone el restablecimiento de un cierto funcionamiento mental que puede ser revitalizante", comenta Javier Alarcón.

Me parece esclarecedor, lo que sobre el punto propone Aisemberg E. (2001), en su trabajo "Revisión crítica de las teorías y de los abordajes de los estados psicosomáticos" pero como siempre, Freud (1895), nos recuerda que las cosas no son tan simples, sino que las neurosis son mixtas; las neurosis actuales facilitan la emergencia de las neurosis de transferencia, a su vez éstas favorecen que en un momento determinado aparezcan en escena las primeras. Es decir que el concepto de neurosis mixta se refiere a la presencia simultánea de dos funcionamientos diversos: uno remite a la excitación sexual somática, mientras que el otro se trata de una excitación psíquica como ocurre en la histeria", "Pienso que este concepto constituye un antecedente significativo de mi idea acerca de la coexistencia de diversos funcionamientos psíquicos. Así conviven en un mismo sujeto, una organización psiconeurótica y otra no neurótica o narcisista. Esta última puede expresarse tanto en angustia como en síntomas somáticos".

Entonces esa coexistencia de organizaciones constituye la

brecha, el camino por donde efectivizar el ingreso de la transferencia, o los momentos transferenciales al decir de Marucco (1978), es decir contar con los mecanismos de la primera que permitirá alguna interpretación, en el momento adecuado y cuando el terapeuta lo juzgue conveniente, así como volver a situaciones más tempranas evolutivamente hablando, donde se ha impuesto un déficit representacional, y donde el terapeuta utilizará la contratransferencia asumida en sus propias sensaciones, que tratará de ser estimulada por las sentidas por el paciente, logrando quizás allí movilizar alguna asociación, algún recuerdo que corrobore la construcción del analista y que ayude al paciente en la elaboración del duelo, con el reconocimiento de la pérdida. Siempre en los tiempos acordes al proceso terapéutico y a los niveles de identificación alcanzados entre la pareja, paciente-terapeuta.

Transcribo a continuación partes de entrevistas y sesiones mantenidas con una paciente hospitalaria, que parecen reflejar, además de las vicisitudes personales de su propia historia, también una realidad socio económica de desamparo a la que están sometidos la gran mayoría de los pacientes de la institución.

Blanca tiene 49 años, casada. Padece de un trastorno renal crónico del tipo autoinmune. Vive en Asunción desde hace 8 años, para poder acceder a las sesiones de diálisis, y su marido, en Ciudad del Este con cuatro de sus hijos, a excepción de una hija de 24 años, que vive con ella. Se hospeda en la casa de una hermana en Asunción y su hija trabaja ocasionalmente como empleada doméstica. Blanca se levanta de madrugada para hacer empanadas que luego vende en el camino al hospital, y que le permite en parte comprar algunos productos en parte de consumo diario.

Dice recordar de su niñez sólo a partir de los 8 años, "cuando me iba a la casa de mi madrina a ayudarla". Después me peleé con la nuera de mi madrina porque me pegó y quería que no vaya a la escuela, porque tenía que ayudarle. Eso era en Caacupé, donde nací."

"De ahí, fui a Asunción a trabajar a la casa de un coronel y su fila. Yo tenía una buena nota, hice hasta el 5° grado. Y yo tenía mejores notas que la hija del coronel. Trabajaba como niñera, tenía 12 años". "Antes de eso había ido a trabajar a Encarnación, a los 10 años, con otra familia, y me pegaban, me pegaban mucho. Yo no sabía cómo volver a Caacupé, donde estaba mi familia. En una oportunidad hicieron un viaje a Asunción y se detuvieron en Caacupé, para visitar a la virgen, y me dejaron en el colectivo esperando y yo me escapé a la casa de mi mamá. Ahí mi hermano le retó (regañó) a mi mamá y le dijo ¡cómo la vas a dejar con extraños!"

• Blanca es la penúltima hija entre 5 hermanos todos varones excepto al mayor, también mujer. "De niños casi no jugábamos, porque siempre teníamos algo que hacer. Era terrible mi mamá, era muy trabajadora, no me pegaba, nunca me hacía faltar nada para comer. Tenía amigas, pero no las visitaba porque mamá era muy exigente, era exigente en todo: con la ropa, los cubiertos... A veces teníamos que lavarlo 2 veces. Ya por la mañanita, antes que salga el sol, no quería ver a nadie en la cama.

Con la familia del coronel era mejor, la señora era buena, y su hija, de quien yo era niñera me llamaba mamá-í (forma guaraní de mamá), Después tuvo mellizas la señora y también las cuidé, ya salí de esa casa para casarme".

Esta realidad cultural, social y económica en la que está inserta la historia de Blanca, me recuerda la hiperrealidad de la cultura actual, generadora de lo que algunos autores llamaron "nuevas patologías" y donde la prosecución del éxito, dinero y o belleza son los parámetros que atraviesan sus vidas, claro, en obediencia a una cultura que se los exige.

Salvando las diferencias, sobre todo económicas, porque Blanca proviene de generaciones de familias sin recursos, y que para sobrevivir se ha sobre adaptado a ese realismo impuesto, irreductible, donde las ideas propias quedan excluidas y ya no dependen de la actitud del sujeto, serían como un hecho operatorio, efectista, ligado a un realismo traumático.

Pareciera que los factores de exclusión, fallas sociales y económicas, las pérdidas impuestas... de la niñez, de la capacidad de jugar, de crear, el desamparo y las múltiples violencias, trabajar de niña, ser golpeada, alteraciones en la pertenencia, ir de una casa a otra, no poseer un espacio propio en ningún lugar; esa ausencia de lo que sostiene, de lo que organiza, la presente a Blanca como si la historia que cuenta fuese la de otro, como ajena a su dolor. Pero ¿cuánto hay en la historia de Blanca de desinvestido y no representado?... Tan vulnerable... Tan expuesta. (tan dura por fuera, pero tan precaria por dentro, en su organización mental).

Me pregunto ¿qué función materna es la que pudo introducir la madre? cuánto hubo de contacto, ¿qué fue del deseo de Blanca? con esa madre tan ocupada en resolver necesidades básicas, para sobrevivir.

"Mi marido, (51 años) dice Blanca, trabaja poco después del accidente. Un mita-i (niño pequeño en guaraní), de lo chocó con el vehículo cuando esperaba el colectivo, hace 10 años. Yo hace 8 que estoy acá (en Asunción) por mi enfermedad. Después del accidente, yo trabajaba duro, tenía fiebre y no me sobraba tiempo para mí. Debíamos dinero por la operación de mi marido. Un día me desmayé y me hicieron los estudios y me dijeron que venga a Asunción. Viajé a los tres días y ya me dejaron internada en el Hospital. Me tomó el virus hospitalario y casi me muero. Me iban a sacar las piedras y no pudieron, entonces me operaron después y me tuvieron que sacar el riñón completo y me dijeron que tenía que entrar en diálisis porque el otro riñón casi no funcionaba. Me internaba continuamente, me subía la creatinina y la urea; pero yo no quería dializarme; tenía miedo, después casi no oriné más. Y la Dra. M. me hizo internar. Hay que dializar enseguida, dijo. Yo tenía miedo, al ver a los otros en diálisis y entré y se me pasó el miedo. Pero empecé a preocuparme porque no tenía dinero para mis materiales".

Su discurso es desafectivizado, como si lo recitara de memoria, como si detrás de ese dolor no trasuntaba ninguna emoción (efecto de lo escindido), sólo me siento escudriñada por su mirada, como un expectante signo de interrogación, pero entre ambas. Escucharla, espejar. Me da la sensación de que por el momento sólo eso puedo hacer ante ese interrogante angustioso, más del lado del goce, donde quizás el silencio posibilite que nazca alguna fantasía, o tal vez la posibilidad de que pueda construir algo nuevo a través del silencio contratransferencial, teñido de afecto. Cuestionamientos, vicisitudes, que en definitiva son los que motivan la presentación de Blanca, esperando intervenciones que me permitan enriquecer los ingresos a la conflictiva.

Mi hipótesis es que el accidente del marido la deja nuevamente en una situación de desamparo. Ella tiene que hacerse cargo de todo y no le queda tiempo para ella misma. No le deja tiempo para pensar-fantasear-desear. Nuevamente el narcisismo como soporte último: se somete sin cuestionamientos al cumplimiento del "deber" (ideal del yo). Es su único recurso ante la nueva catástrofe que sufre (después de todos los abandonos de la infancia). Su aparato psíquico no resiste más, no tiene posibilidades regresivas para elaborar la pérdida y el desamparo y se produce una desorganización progresiva que la lleva a las puertas de la muerte.

Por otro lado, y desde la función del terapeuta, incorporar una capacidad contratransferencial de lo primario de lo arcaico. Ese concepto de regresión que describieron César y Sara Botella (1999), donde el analista permite que su propia sensorialidad, sea estimulada por la del paciente.

Vivencias registradas en el analista como un engranaje de inscripciones que, aunque tampoco representadas verbalmente, puedan ser incluidas en el curso de otras representaciones, sí verbales. Es decir, que en el curso del proceso analítico el analista pueda decodificar, a la vez que agregar, representaciones de palabras, que provienen de sus propias inscripciones pre-verbales. Esa intervención del analista ya sea interpretación-intervención o construcción, tendrá que ser confirmada por la convicción del paciente. De hecho que esto produce bastante inquietud, ya que cae fuera de ese terreno seguro que brinda el significante, aunque en definitiva es uno de los recursos técnicos más valiosos, y dependerá del analista, y de su experiencia personal como tal, la efectividad de la intervención.

En cuanto al encuadre, es coincidente el criterio de la flexibilización de este. Los trastornos psicosomáticos exigen una creatividad para la instalación de la transferencia; demandan extensiones técnicas y teóricas del método psicoanalítico, que constituyen un enriquecimiento de dicho bagaje, y que se consolida en el sostenimiento del encuadre interno o pensamiento psicoanalítico. Al respecto, Elsa R. De Aisemberg (2001) dice: "pienso que a menudo debemos aceptar lo variable o creativo del encuadre -el estuche- para sostener la joya, la matriz activa, el encuadre interno o pensamiento psicoanalítico". Green A, (1986).

El acontecimiento somático provoca una búsqueda imperativa e irrefrenable del objeto, perdido en el pasado, en ese vínculo temprano, donde no hubo suficiente sostén, donde el amor que no fue con ese objeto primario se convirtió en la actualidad en un sojuzgamiento compulsivo del cuerpo.

La aspiración es poder dar lugar, a través del trabajo de historización del sujeto, a un universo simbólico, que reduciría el vacío que produjo la escisión mente-cuerpo. Es dentro del campo analítico donde la repetición puede tornarse, gracias al aporte del significante del analista, en representación.

Poder regular el encuadre y mantener la creatividad necesaria que permita el desarrollo del proceso terapéutico. Y para concluir, traigo una idea de André Green (1995), "preservar lo mínimo de las condiciones exigidas, para el desarrollo máximo de la simbolización".

Obra: Giro Lineal

De matices y colores: La desorganización psicosomática

Adriana Meluk Orozco

En este trabajo se pretende presentar a través de un caso clínico de un paciente que va teniendo un derrumbamiento somático progresivo, el trasfondo del trauma y como este hace mella en el funcionamiento psíquico hasta el punto de generar una importante desorganización mental. Es significativo observar la relación que los pacientes psicosomáticos establecen en el encuentro analítico y como será una importante tarea del analista el re-tejido del espacio psíquico como red de soporte de colapso corporal. Se presentan 3 momentos del análisis de un paciente, donde desde sus relatos nos será evidente su colapso psicosomático y la relación que se establece con el entorno. Muchos matices afectivos, que no logran convertirse en muchos momentos en colores sólidos y procesos firmes de pensamiento, que sirvan de guardianes de su funcionamiento integral.

Primeros matices

Antonio llega a España hace 7 años proveniente de Colombia. Migra buscando nuevas oportunidades laborales. En su país era delineante de arquitectura y colaboraba en un estudio de arquitectos, lo que le permitía tener un cierto estatus social. Aquí ha tenido que dedicarse a muchos oficios como: recolector de fruta, constructor y mesero. Esto, por no encontrar una equivalencia profesional, que le permita el desempeño laboral en lo que él sabía hacer. En la actualidad trabaja en las mañanas en una fábrica de pinturas -en el almacén- donde su jefe es muy agresivo y lo amenaza permanentemente con sacarlo del trabajo. Ante esta situación Antonio no responde nunca y calla. Durante las tardes trabaja como autónomo pintando casas.

Comenta que fue presionado a migrar por su mujer e hijos, que veían en la vida en el exterior una mejora económica. Sin embargo y a pesar de no estar de acuerdo con migrar, se embarca en dicho propósito. No habla en los primeros encuentros mucho sobre sus padres, solo menciona que no viven. No relata sueños, y al indagarlo sobre su estado de salud previo no recuerda ninguna enfermedad importante.

Viene a consulta porque ha tenido un Ictus (infarto cerebral), y ello ha llevado a que dejara de trabajar un tiempo. Esta situación lo pone ansioso, porque piensa que el haber estado de baja puede hacerle perder su trabajo. Llega pensando que no necesita estar en terapia, pero que lo hace porque su familia está muy preocupada por él. Sin embargo, en las entrevistas iniciales y después de algunos señalamientos por mi parte sobre lo ocurrido a nivel de su salud, piensa que se dará la oportunidad de iniciar un análisis. Programo 2 sesiones por semana y no sugiero el uso del diván, ya que en las entrevistas veo que es un paciente con pocas producciones psíquicas y dificultad en el contacto. Me inquieta su estado previo de salud y procuro ir poco a poco.

Mil y millones de colores. Sesión 6 (lunes)

Antonio: La verdad no sé muy bien que decir (mira el despacho en varias direcciones). Como te comenté antes vengo, pero no sé muy bien por qué. No me siento triste, ni tengo cosas, ya paso el ictus, ni estoy tan loco…bueno perdona que diga esto…pero siento que pierdo el tiempo.

Hoy tengo mucho que hacer afuera y estar aquí sentado sin moverme, ni hacer nada, pues lo veo como una pérdida de tiempo (mueve su pie con rápidamente de un lado a otro y mira en diferentes direcciones del despacho).

Analista: Bueno… quieto, quieto no estas (y miro su pie)

Ant: se ríe tímidamente…bueno me refiero a estar trabajando. (Yo sonrío). Es bonito el color de la pintura que tienes. Este color se llama rojo Cartagena, es muy bonito color porque no es tan encendido como el rojo naranja que me parece como muy intenso. Hay muchos tipos de rojo: cereza, merlot, sangre, manzana, rubí, caramelo, sangría, vino (y va mencionando un gran número de colores ante lo que yo estoy entre sorprendida y confundida, estoy pensando que me quiere decir). Bueno después de que se empezaron a usar los tonos con códigos de números y letras se ha hecho más compleja la tarea y aburrida. A mí me gustaba cuando tenían nombres de cosas.

A: claro, cuando los colores tienen nombres los podemos relacionar con cosas que son cercanas para nosotros.

Ant: sí, es cierto…lo que ocurre es que hay tantos colores que no alcanzaban los nombres.

A: Si, como pasa con las cosas que uno siente, que a veces son tantas, que uno no sabe cómo decirles o como ponerles nombres. (Antonio me mira en silencio y afirma con su cabeza)

Ant: yo soy capaz de diferenciar cualquier matiz de color. Entro a un sitio y es como si la carta de colores se abriera ante mis ojos. Por ejemplo: este blanco que tú tienes es nieve. Hay miles de blancos: glacial, trigo, hueso, ostra, ostión, blanco tímido y dependiendo del color al que se acerquen puede ser agua, bosque, rosa, plomo (y menciona tonos de blanco por varios minutos.

Yo entiendo que es una persona a la que las percepciones se le convierten en registros detallados y es una forma de relacionarse con el mundo. Pero es una forma superficial, sin verdadero tinte afectivo. La relación que hace hacia mí es el blanco nieve y pienso si me siente fría y distante, aunque hay un rojo Cartagena que piensa es bonito). Así que me molesta que los colores se llamen ahora BG1, AC3, Pantone X. En fin…no sé porque te digo esto.

A: Quizás porque quieres que comprenda como ves tu mundo…miles de cosas que no sabes cómo nombrarlas o que antes tenían un nombre y ahora no lo sabes.

Ant: son sensaciones. Mi mundo es de miles, millones de colores. A veces agota. Me acuesto y repito miles de colores. No puedo pararlo, se repiten solos.

A: Antonio estoy pensando que algo parecido te ha paso en tu vida. Las cosas tenían un sentido, las podías nombrar y relacionarlas con cosas que eran familiares para ti. Pero de repente cambia tu mundo y tienes que aprender otra forma de nombrarlo y es más lejana, como sin sentido. Y te ves obligado a aprender esa forma de funcionar, y repetir y repetir un día tras otro. Hasta que te enfermas.

An: Colapse (y no menciona nada más).

Comentario a la sesión

Al conocer a Antonio me encuentro con una persona un poco rígida y en la que sus relatos me dan siempre la sensación de carecer de tinte afectivo. Las narraciones son planas, aburridas y sólo describen situaciones donde la mayor parte del tiempo no está involucrado afectivamente. Habla de su trabajo y las tareas que realiza, de algunos eventos de su esposa e hijos y de las peleas frecuentes que se dan en casa porque los muchachos no cumplen con sus deberes.

Me llama la atención también el sometimiento en muchas situaciones y como él no responde a las constantes agresiones, aunque muchas de ellas son realmente importantes. Relata los eventos, pero como si ocurrieran a otra persona. Como analista me es difícil pensarlo, fantasear, imaginar sus relatos. Muchos momentos me veo desconectada de él o funcionando igual que el "sin palabras". Pienso en colores y manchas de colores, pero no tienen formas.

Otros tintes

Viñeta a los 4 meses de análisis.

Para este momento no es que cambien mucho los relatos del paciente. Cuando no habla de los colores que debe usar en su paleta para pintar, habla de todos lo material que debe usar (tipos de brochas, tipos de cintas para cubrir, materiales que mezcla).

Se han dado dos eventos significativos para resaltar en estos primeros meses. Uno con relación a él, donde empieza a experimentar dolor de cabeza de características migrañosas, que lo obligan a encerrarse en su habitación sin luz, amarrando un paño a sus ojos y donde nadie puede hacer ningún ruido durante las crisis. Experimenta vértigo, ganas de vomitar y no es capaz de ingerir ningún alimento.

Y la segunda situación, es que empiezo a tener lapsus con Antonio. Confundo el día de su sesión en una ocasión, dejo las llaves del despacho en otra. Esto me alerta, ya que solo me ocurre este último hecho cuando algo pasa con pacientes muy graves en las que mi contratrasferencia está relacionada con distanciarlos, alejarlos u olvidarlos. Se que son relatos que tienen que ver con nosotros y el insipiente y descolorido vínculo afectivo. En el lenguaje de colores de Antonio, es una relación incolora donde no encuentro tintes, ni matices es una relación llena de blancos y vacíos.

An: Ayer me tuve que ir del trabajo. Me empezó el dolor de cabeza y ya se cómo puede terminar. Así que preferí irme. Hoy sigo como con arcadas. Sensible. (Es complicado este momento, porque sé que debo cuidar los estímulos y que no lo inunden, pero que en simultaneo me sienta suficientemente cercana como para contenerlo. Me siento como haciendo malabares. Así que opto por indagar un poco lo que le ocurrió intentando ayudarlo a procesar lo que le pasa o incluso quedándome con parte de su malestar).

A: Antonio ya llevas varios días experimentando dolores de cabeza muy fuertes. ¿Qué te ocurre?

An: No lo se. Sera el hígado, cansancio. No se me siento sin energía, muy agotado. Tendré que ir al médico a ver si es que me está sentando mal la comida.

A: ¿Antonio será solo la comida? pienso que llevas días con mucho malestar en casa y en el trabajo. ¿Será que eso es lo que te "has comido", las cosas que te ocurren y las emociones que te despiertan?

An: Han sido días difíciles.

A: Intensos…donde tienes que encerrarte en casa y como

alejarte del mundo y todos sus colores, porque no puedes pensar lo que pasa, solo sientes de forma muy intensa.

Comentario

Antonio se cierra al mundo de mil colores, estos lo inundan, lo agobian, resultan intensos. Su mente es incapaz de procesar la información del entorno a nivel de sensaciones afectivas y tintes emocionales. Su cuerpo y su mente se desploma permanentemente y van cambiando los síntomas. Aparece esta enfermedad en crisis ante los desbordamientos emocionales.

Entra en desorganizaciones intensas que lo comprometen físicamente de forma muy importante.

Nuestra relación se ve atravesada por las desligaduras, los no lazos, la poca vinculación. Las pocas ligaduras no se mantienen en el tiempo. El trabajo en el análisis se centra en la descarga y el procesamiento y "digestión" por parte de la analista, buscando eliminar la sobrecarga mental del paciente que él es incapaz de contener. Se busca que él pueda mantener la escaza mentalización y no pase todo sin filtro directamente a su cuerpo. Resulta una tarea intensa donde muchas veces siento que a pesar de mis esfuerzos el desplome es inminente.

La intensidad y desborde del color afectivo.

Después de 10 meses de análisis recibo un mensaje de texto en el teléfono, en el que Antonio me dice que no vendrá a la siguiente sesión, porque ha tenido un infarto cardiaco y que se comunicará conmigo cuando esté mejor. Permanece dos semanas sin asistir, mientras yo me mantengo a la expectativa de lo que está pasando. Nadie se comunica conmigo, y durante todos esos días solo pienso que ha muerto. Recibo finalmente después de muchos días, un mensaje de su esposa en el que me dice que Antonio ha salido del hospital y si me es posible verlo. Antonio vuelve y en esa sesión de regreso solo de pasada comenta su infarto. Yo estoy perpleja ante su funcionamiento. Habla muy poco del hecho y se centra en lo preocupado que estuvo durante la hospitalización de perder el trabajo.

El trozo de sesión que voy a presentar corresponde a la segunda sesión de la semana, después de regresar tras el infarto.

Antonio pasa casi 20 minutos de la sesión contando todas las intervenciones médicas y todos los laboratorios y exámenes que le han hecho en estos días. Pero no habla de sus sensaciones y sentimientos frente a lo ocurrido.

An: Yo no sé a mí qué me pasó. Esto de nuevo es una cosa muy mala porque no volveré al trabajo pronto. Serán como 3 meses de baja. Eso no está bien porque como ya sabes, a lo mejor se cansan de uno y lo sacan del trabajo. (Yo sigo sorprendida de su relato, Antonio no logra conectarse con sus sentimientos, ha estado al borde de la muerte y no habla de esto. En la sesión previa, de pasada, dice que lo revivieron 3 veces y no profundiza en ello).

Analista: Cómo te cuesta hablar de ti y de lo que sientes y piensas. ¿Qué te pasó Antonio para que se te rompiera el corazón?

Antonio: Doctora.... es que si le digo cómo me siento, creo que me voy a romper en pedazos (guarda silencio) ... creo que al final mi corazón habla porque yo no lo sé decir o no puedo decirlo... detrás de todo esto hay... no sé, como mucha rabia, mucho miedo, muchas cosas que no logro asimilar.

Mi esposa me pidió el favor de pintar el piso de una hermana suya y yo no quería porque me parecía mucho trabajo. Cuando se lo dije, ella se enojó mucho; así que yo no dije nada y me callé. El día del infarto yo estaba pintando y reconozco que estaba de muy mal humor y pensando, que yo por qué tenía que estar en esta situación tan jodida, teniendo otra vida en Colombia en la que yo no tendría que estar pasando por todo esto.

Cuando de repente sentí que me dolía mucho el pecho, corrí a la calle, con la suerte de que llegaba mi mujer (empieza a llorar, es la primera vez que lo hace en todo el tiempo de análisis) y fuimos corriendo al hospital y me salvé...me salvé porque le recé a mi madre y a mi padre pidiéndoles que no me dejaran morir...

yo no pude ir a su entierro, los dos murieron estando yo aquí. ¡Qué joda uno por aquí, en la tierra que no es de uno, jodido, solo!

(Yo lo siento muy triste por primera vez en el tiempo que lleva de análisis) Hecho una mierda y con esta sensación de desamparo donde si uno tiene un lío no tiene quién le dé una mano, quién lo asista. Yo no sé por qué joda me vine…por la presión de mi mujer. Pensando que aquí todo era color de rosa y joder, no era sino color de hormiga…yo he sufrido desde el primer día y uno manteniéndose fuerte. ¿cómo uno se acobarda?, sí, yo tenía que responder por la familia. ¿Usted cree Doctora que yo pude dizque acoplarme y esas cosas? Ni mierda…desde el día uno, levántese, suénese los mocos, deje de llorar por lo que dejó y hágale.

A: Hasta que no pudiste más y tu cuerpo te lo dijo primero con el ictus y ahora con el infarto.

Antonio: No hay mal que dure cien años ni cuerpo que lo resista…y así fue; como vos lo has dicho, se me rompió el corazón…pero no ahora, se me rompió hace siete años cuando dejé mis viejos, cuando dejé mi vida…ésta no es mi vida, no me pertenece, no soy yo, yo no soy esta persona. Doctora, yo me he perdido lo que allí ha ocurrido los últimos años…es como una muerte, porque uno ve cómo la vida sigue allí pasando sin uno.

Yo en siete años no he podido ir nunca porque ¿cómo? Si no hay dinero, yo no voy a poder ir pronto y eso me mata. Me da miedo ahora que lo pienso, también llegar y ver que todo ha cambiado… ya no están mis padres, es otra cosa…yo no recuerdo a colombia así.

Comentarios

El mundo que Antonio conocía ha desaparecido y él no encuentra en la nueva tierra el arraigo que necesita para poder construir otro mundo cargado de nuevas vivencias y afectos. La separación de sus vínculos tempranos de forma definitiva se vive inicialmente como una muerte y un trauma donde es imposible reconstruir y elaborar la situación. Es la muerte de sus lazos y de sí mismo. Es la herida de ver que le mundo sigue sin él y se reconstruye, se teje, se reedita alrededor de la propia ausencia. Durante años, Antonio no usa sus palabras para expresar su malestar, sus miedos, sus duelos, quizás porque no las tiene o porque las mismas no son capaces de simbolizar su dolor mental.

Las palabras en el análisis también son peligrosas porque pueden romper el frágil psiquismo que Antonio mantiene. Pero su cuerpo se expresa como un último grito de ayuda, como un grito para que Antonio esta vez se asista y pueda empezar a contactar con ese mundo interno ahora plagado de objetos muertos y desaparecidos.

El análisis acerca a Antonio a sus pérdidas e intenta ayudarlo a ligar sus dolencias físicas con las situaciones traumáticas que ha experimentado como la separación de sus padres y posterior muerte, así como a la pérdida de su propia identidad, la cual no ha logrado encontrar en estos años. Él no se reconoce, no se vive como él mismo, no siente su vida como propia, le es ajena y extraña.

En el momento que Antonio se encuentra cerca de la muerte física -porque la mental ya ha ocurrido- invoca sus objetos protectores que serán capaces de rescatarlo de la situación y devolverle la vida que Antonio siente perdió cuando salió de su tierra.

A manera de comentario final

Pasan los siguientes meses en un estado de aparente estabilidad, con aumento de la actividad física. Antonio camina más de 15 kilómetros todos los días, muchas veces me menciona que no le es fácil detenerse hasta que está en estado de agotamiento. Hay un importante paso de sus impulsos a descargas motoras y su sistema mental sigue siendo deficiente.

A los pocos meses de estas sesiones Antonio decide no volver. Vuelvo a saber de él por azar. Se que ha sufrido un nuevo ictus, que lo han dejado paralizado de medio lado de su cuerpo. Esta situación ha hecho que no pueda trabajar y ahora dedica gran parte de su día a diferentes terapias físicas.

Otra paleta de color

Quisiera contar que Antonio con el trabajo analítico se alivió y pudo volver a pensar. Que creó una paleta de colores afectivos y representaciones que pudiera nombrar y ligar. Por momentos esto fue así, pero era tal el estado de detrimento de su mente que su reconstrucción implicaban muchos años de trabajo terapéutico sostenido y esto no fue posible.

Antonio llega a la consulta con un importante sufrimiento mental del que no se ha podido hacer cargo. Se muestra inquieto y poco vitalizado, con una angustia que no logra muchas veces clarificar. La pone en eventos externos que lo sobresaltan y que no logra procesar ni darles una salida en la actividad psíquica. Su mundo se llena de acciones y síntomas corporales cada vez más desestructurantes y que lo acercan a la muerte. No esta triste pero como nos lo señala P. Marty (1980), se encuentra en un estado de depresión sin expresión que se transforma en el paciente en estrés, fatiga, cansancio, en un estado de intranquilidad interna y que poco a poco va abriendo paso a un estado de depresión de características esenciales.

Su sistema de simbolización se suprime y existe una importante investidura de las percepciones. El interior de Antonio se llena de colores afectivos que no logra interpretar ni ligar a su mundo de representaciones. Las cosas pierden su nombre y solo son un algo informe e incoloro. Carece de palabras que comuniquen su dolor interno. A nivel de la contratransferencia se ve ese estado en forma de desconcierto, perplejidad y sorpresa. Su preconsciente ha colapsado.

La migración y su posterior dificultad de adaptación al nuevo entorno, sumado a un no duelo por las múltiples perdidas, actúa como un importante evento de características traumáticas sobre el que se instala la desorganización psíquica. Este hecho se constituye en la importante fractura del equilibrio psicosomático y en un significativo derrumbe de la continuidad de la existencia de Antonio.

Es como si esta nueva gran pérdida resonara con pérdidas anteriores y tempranas, que lo sumieran en un importante estado de desamparo, ansiedades difusas y sumisión a las pocas figuras de apego con las que cuenta. Antonio pierde el contacto con sus padres internos y sus padres reales mueren en su ausencia devastando para siempre su mundo conocido. Sin embargo, en algunos momentos esos padres internos lo rescatan de la muerte. Pero no son figuras constantes ni que devuelvan la calma y el sosiego.

La migraña aparece como un nuevo evento corporal, que se presenta en crisis, que borra las percepciones, y el mundo de Antonio primero descrito en distintos tonos de rojo ahora se torna negro y vacío, con ruptura de los vínculos con el exterior; estos se desobjetalizan, se borran.

No percibe, para no representar y el pensamiento se vuelve complejo y peligroso. No se sueña, no se fantasea, ni existen las ensoñaciones como factor de protección y relación constante con los objetos internos. Su pensamiento es actual y narra solo los hechos de su día, como si de dar un parte se tratara. Habla de los colores que tiene que clasificar, los materiales y brochas que utiliza. No conecta con su mundo interno y sus deseos, viéndose abocado únicamente a mantener las actividades ligadas a las necesidades básicas (se trabaja para comer y pagar el alquiler, no se usa la actividad por ejemplo como medio de canalizar, organizar o sublimar sus deseos).

Con esta enfermedad se hace evidente el carácter regresivo que se instaura periódicamente en Antonio y que es un nuevo punto de evidencia de la desorganziación que ya ha iniciado su camino. Antonio a pesar de los señalamientos, no logra crear un vínculo entre sus síntomas físicos y su sufrimiento emocional. Relata sus síntomas corporales como hechos aislados que tiene sus orígenes en otros hechos somáticos (la migraña es por cansancio o el hígado, no por enfado y tristeza).

Posteriormente al infarto, Antonio logra hablar de la muerte de sí mismo y de sus objetos internos que rescatan de morir, pero rápidamente esta conexión se remplaza por infinitas caminatas sin rumbo, que funcionan a la manera descrita por Szwec (2014) como movimientos de tipo autocalmante que buscan lidiar con el desamparo y descargar el estado de tensión que no logra apaciguar. Como el mismo Szwec lo menciona (2014, p 6): calmar una excitación recurriendo a otra excitación. Se remplaza el funcionamiento mental con un funcionamiento sensoriomotor.

El paciente se ve inundado por las pulsiones destructivas y deja de ser un constructor y creador de casas (su antigua profesión y fuente de importantes gratificaciones narcisistas) para ser un pintor de brocha gorda, que repite una y otra vez su tarea, sin poner en marcha las pulsiones eróticas que le permitirán reconstruir su estructura psicosomática colapsada y un narcisismo al que le es poco posible restaurarse (él se ha convertido para sí mismo en nada, en algo sin valor dentro de un mundo que no logra erotizar).

Ahora bien, Antonio se nos revela como un paciente con un funcionamiento operatorio en donde su preconsciente ha dejado de cumplir de forma cabal su papel de ligar las percepciones y sensaciones, a representaciones de cosas y palabra. Es un preconsciente que pierde fluidez y por tanto se ve como soló por momentos hay precarias conexiones con el inconsciente. Se pierde el adecuado funcionamiento y movilidad psíquica lo que hace que rápidamente los conflictos se instauren en la vía somática. Como lo señala Marty (1991) hay un borramiento del trabajo mental sostenido, desaparición de la libido y regresión a las funciones somáticas. Antonio proyecta su sufrimiento en la analista de forma masiva y este sufrimiento rápidamente se convierte en aburrimiento y en un intento de digerir y vitalizar al paciente agónico.

Sin duda el espacio analítico y la insipiente relación analítica en muchos momentos fueron el soporte que evitaban el colapso corporal del paciente, sin embargo, es importante decir que siempre era más grande el agujero mental que dejo el trauma de la migración. Un trauma antiguo que es vestigio del desamparo temprano sufrido por el paciente, un trauma que funciona como hueco, cráter roto, agujero del complejo intrincamiento psicosomático.

Quisiera terminar mencionando como pacientes como Antonio nos hacen mejores analistas ya que nos enseñan como son pacientes que están mucho más cerca del "más allá".

Obra: Ruptura asímetrica

Falla en la simbolización y la aparición de una enfermedad grave en un niño de 9 años[9]

Eugenia Valdés Salas
Olga Bechara Moscardi
Miriam Jacobson Ihlenfelt

El grupo de psicosomática de FEPAL, desea presentar el trabajo terapéutico con un niño de 9 años que consulta por problemas conductuales, impulsividad y falla en el control de impulsos. Se pudo diagnosticar luego de las entrevistas, una alteración del curso del desarrollo, falla en el control de impulsos, violencia cuando sus deseos no eran satisfechos, intolerancia a los fracasos, dificultad para concentrarse; además de tendencia a accidentarse, por la predisposición a exponerse a riesgos.

El conjunto da cuenta de un comportamiento predominante de posición esquizoparanoide, acompañado de niveles de angustia tan altos que le impedían pensar y dificultaban la posibilidad para poder simbolizar; los mecanismos de defensa sobresalientes eran: escisión, Identificación proyectiva masiva y el uso del cuerpo como una forma de evacuar, de descargar emociones que no tenían registro simbólico. Junto a lo anterior se observa la coexistencia de núcleos psicóticos, y una fuerte tendencia a regirse por el principio de placer.

A medida que el tratamiento avanzaba, se puede observar que el paciente comienza a presentar un espacio mental más amplio, que le proporcionaba la posibilidad de expresar sentimientos de profundo dolor y desamparo.

El tejido mental precario logra ir tomando forma en su mente, poner en palabras emociones como los celos y la rabia, sin

[9] Ponencia presentada en el en congreso Latinoamericano de Psicoanálisis, FEPAL. Tema: Transitoriedades e incertezas. México (online). 2023.

embargo, en el segundo año de terapia, nuevos episodios familiares desestabilizan el sistema, reaparecen momentos agresivos, y al reanudar la terapia, después de las vacaciones le aparece un ganglio en el cuello, cuyo diagnóstico es un linfoma no Hodgking. La enfermedad es entendida como elementos Beta, sin representación mental, expresados al cuerpo, evidenciando la fragilidad y la existencia de montos primitivos que orbitaban sin posibilidad de aterrizaje.

Los sueños que aparecen poco tiempo después de iniciado su cáncer expresan el estado anárquico interno en que se encontraba, permitiéndose trabajar esto con el paciente.

La enfermedad es entendida como una expresión desorganizada, que se concreta en el cuerpo y se da la oportunidad, de que, a través de los sueños, aparezca un mundo interno amenazante y una nueva estructuración familiar.

El proceso terapéutico finaliza cuando el paciente esta pronto a cumplir 14 años, a petición e insistencia de él.

El cáncer fue tratado exitosamente, se fue nivelando académicamente, incorporó nuevos amigos y el nivel de impulsividad se fue controlando, aunque la analista piensa fue prematura la terminación del análisis, dada la gravedad, pero el paciente manifiesta necesitaba estar sintiéndose sin tratamientos por un tiempo y confiando que si lo requiriese volvería a consultar.

Caso clínico Manuel Analista: Lic. Eugenia Valdés Sala.

Marzo (2009), 9 años.

Recibo a Manuel siendo un niño de 9 años, pálido, muy blanco, casi transparente, delgado, algo más bajo que el promedio, con unos ojos azules intensos, rehúye la mirada, presenta algunos tics que intenta disimular, tiene buen lenguaje, menciona que le había pedido a su madre ser visto por una psicóloga.

Manuel es el 3er hijo de 4, de un matrimonio de profesionales: su hermano mayor A. tiene 15 años, le sigue B. mujer de 13 años y C. una niña de 7 años.

La madre refiere que consulta porque Manuel es muy ansioso, está lleno de tics y tiene déficit atencional, esta aparece como una madre-niña, con un hijo muy enfermo al que desea sanar pronto y no sabe cómo.

Antecedentes generales

Ambos padres, cuentan con historias de abandono y enfermedades psiquiátricas: El abuelo paterno es alcohólico, la abuela materna tuvo psicosis no precisada.

La madre de M, se auto percibe como alguien que le cuesta captar y sentir afectos. Los dos padres a lo largo de sus vidas han tenido crisis por fluctuaciones emocional y ambos tienen diagnóstico de bipolaridad, la segunda hija del matrimonio también tuvo un episodio psicótico. Todos están en terapia.

Manuel teme a la oscuridad y le cuesta mirar a los adultos a los ojos; ha presentado diversas fracturas, porque es muy inquieto y no mide el peligro.

Cuando el niño tiene entre 3-4 años, al padre le detectan un cáncer testicular y los siguientes 2-3 años presenta inestabilidad laboral, hasta que lo contratan.

El clima familiar parece muy tenso, las peleas de los padres y de los hijos son frecuentes, porque según la madre: "todos en la casa somos de mecha corta".

Los hijos se ven poco contenidos, a menudo están solos con la nana, una mujer vieja y sin autoridad. Los padres trabajan y permanecen poco tiempo con los hijos, la madre refiere que huye de ellos, porque son muy violentos e inquietos.

En las primeras entrevistas M. se muestra muy angustiado, me parece que tiene ganas de llorar, no me mira a los ojos; después me cuenta que le gusta jugar con una honda y apuntarle a su perra, también juega con su hermano al tiro al blanco con cuchillos y de vez en cuando lo combinan con pasar rápido delante de este, posibilitando ser impactados por el arma.

En la hora de juego, estructura un juego de guerra, en donde hay mucha descarga y agresión. Se identifica con los animales más feroces o los autos que chocan y se destruyen unos a otros.

Reitera en su juego la existencia de policías buenos, que persiguen a ladrones, que poseen gran capacidad de destrucción. Cuesta distinguir quienes son buenos y malos, por momentos todo es muy confuso.

Presentaré algunas sesiones del primer año de tratamiento y algunas después de la detección del Cáncer.

(Sesión 26 de agosto 2009) a 4 meses de iniciado el tratamiento.

Llega a la hora, se ve muy eufórico. Llega con un osito pequeño de color azul, que había prometido traer.

A: Es muy bonito y parece que tú querías que yo lo conociera, -responde que sí- Agrego- yo creo que tú también quieres que yo conozca al Manuelito chiquitito, como el osito.

P: ¡Sí! Oye juguemos, hoy quiero que hagamos un juego, (se ve muy eufórico, maníaco, en un dos por tres transforma la sala). Hagamos un juego (un recorrido) en donde los autos deben ir de un lugar a otro. Coloca un extremo del diván-colchoneta sobre el mesón y el otro extremo sujeto de la mesa (ésta, está más baja que el mesón), debemos partir de la mesa al mesón.

A: Es muy difícil, es como ir en contra de la corriente.

P: ¡Sí! Pero lo podemos lograr, yo seré dos autos y tu dos. Comienza el juego en donde los autos los hace correr a gran velocidad desde la parte baja a lo alto, en ocasiones se caen, algunos logran llegar, sólo lo veo interesado en llegar a la meta, que los autos cumplan sus metas exigentes, emite ruidos por la boca, está lleno de explosiones, cada vez que sus autos caen, surgen más.

A: A estos autitos le está exigiendo metas muy altas, ¿Será así como te sientes exigido? (ha mencionado que desea ser buen alumno y admirado como los hermanos, Manuel se siente oveja negra).

P: Puede ser, ¡pero juega! - Oye, ¡mira como lo hago! Ahora te toca a ti (está francamente maníaco, entremedio saca un sándwich de la mochila y como ansioso), -Se lo come entre los recorridos- '¿Quieres un pedazo? (de sándwich).

A: (Lo veo de un lado a otro agitado, comiendo rápido). Digo- A veces te cuesta poder comer y digerir con tranquilidad.

P: Al recorrido le pone obstáculos y nuevas reglas que incorpora para que yo pierda, cada vez que gana dice ¡Soy Bacán! y agrega: ¡Sólo yo tengo que ganar!

A: Porque si no ganas parece que sientes que no vales, que te pierdes, necesitas ganar y sentirte poderoso.

M, introduce reglas nuevas y estas yo las debo conocer por telepatía, siempre dice: ¡Sí ya te las dije! si no acato, se enoja y dice que soy tontita.

(9 septiembre de 2009), M. de 9 años

Estoy atendiendo un paciente y siento gritos y mucho ruido en el pasillo fuera de mi oficina y a continuación el timbre fuerte e imponente, repetido (debo interrumpir la sesión con el paciente) y me encuentro a la nana de Manuel llorando, cuenta que este, le pegó con una botella de bebida antes de llegar a la sesión porque se avergüenza que lo vaya a buscar. Manuel sin culpa dice que le pegó porque no le dio los Doritos al tiro; que no la quiere; que no es de su familia; que nunca la ha querido; ¡la odio! ¡Ojalá se muera! (Observo un odio muy grande, su cara se ha vuelto inexpresiva, fría y dura). Le pido que me esperen ambos en la sala de espera, que ya vamos a pensar que pasó y los dejo allí, hasta terminar con la hora del paciente que atendía.

Lo hago pasar, cuenta que está furioso con la nana porque no le dio lo que quería de inmediato y que se avergüenza de ella, porque los otros niños ven como ambos se suben a un taxi (al venir a la consulta).

A: Estás muy enojado porque no te dio lo que querías de inmediato; porque no es lo que tú esperas que sea, y parece que cuando sientes eso, te llenas de rabia y ahí se pierde el cariño que le tienes, eso mismo te ha pasado antes conmigo.

M: ¡No la quiero porque no es de mi familia!

Le muestro que parece que para él los únicos a los cuales puede amar son sus familiares, agrego que yo tampoco soy de su familia sin embargo hay un afecto entre los dos -responde- pero tú eres mi amiga, pero tampoco te quiero (me mira para ver que pienso).

A: Pero la amistad es un cariño, es un sentimiento- Yo también creo que tú quieres saber si yo te quiero… y por otro lado, me parece que tú me quieres, pero te cuesta reconocerlo.

P: ¡Yo no te quiero!, ¡Eres solo mi amiga, pero no te quiero!

A: Entonces si no quieres a las personas ¿les puedes pegar?

P: Les pego, también le he pegado a la B. (hermana mayor)
A: ¿Por qué les pegas?

P: Porque no las quiero, a la nana no la quiero, porque es una pesada, ¡ojalá se vaya!, ¡ojalá se muera!

A: Cuando estás muy enrabiado se te olvida el cariño que le tienes a las personas y desde la rabia sientes que tienes derecho a todo, porque las personas como tu nana, como tus hermanas, como tus padres y yo, como que casi no somos personas cuando estás así.

P: Cuando he odiado a la B, quiero que ojalá se muera, ella también me ha dicho que me va a matar, que me odia.

A: Cuando te inundas de rabia se te va lo amoroso, solo aparece lo frío y duro y te olvidas que hay un tú muy amoroso, se pierde ese aspecto en ti. – me mira sorprendido-.

A: Parece que te sorprendes de tener sentimientos amorosos. – En ese momento se saca la mochila de encima.

A: Es aliviador sentir que, además, se puede sentir amor, que no todo es odio.

P: No le voy a pegar a mi nana, pero no voy a venir más con ella, voy a venir con mi abuela, se lo voy a decir, ¡pero ahora juguemos! -Quiere hacer una carpa con una manta, se saca los zapatos y se cubre entero con la manta-.

A: A veces necesitas sentirte cubierto como ahora, tapado, porque la rabia te hizo sentirte sin piel.

P: Rápidamente hace una carpa y me dice: ¡Oye, juguemos a las escondidas! (Quedo asombrada ya que la sala de juego es de 3x 3 mts. En donde la silla y mesa reducen el espacio) ¡Tú cierra los ojos! - Me pide que cuente y no mire- (igual miro de reojo, porque pienso que puede hacer algo malo, dado que venía muy desestructurado), se esconde haciendo un triángulo con el diván.

A: -Cuento hasta 10 y digo- ¿Dónde estará Manuel?, ¿Estará aquí, estará allá? ¡Ahí está! (Juego de niños de 3 a 4 años).

P: Comenta feliz: ¡Tú buscabas por ahí y me había escondido acá! ...aunque igual sabías… ¡Juguemos de nuevo! Se vuelve a esconder y se trata de subir al mesón.

A: No, No, hay cosas que son peligrosas y no se pueden hacer, la madera es débil y te puedes caer, mejor usa lugares seguros.

P: Perdón, perdón. Se esconde detrás de una silla y cuando voy llegando a él se desliza a otro lugar. M. piensa mágicamente que no lo veo y al descubrirlo comenta sus movimientos con éxito, dando por hecho que no lo vi. ¿Me cachaste por los pies?

A: (Pienso en algo divertido como: ¿cómo sería esconder un elefante, sin ser visto?)

-Respondo seria- ¡No me había fijado en ellos! -agrego- has disfrutado este juego especialmente después de tu enojo con la nana, te gustó que te pudiera encontrar porque enrabiado te pierdes, necesitabas que te pudiera encontrar, rearmar.

Nos faltan 5 minutos. Se lo digo y le pregunto si desea hablar con la nana (porque vi tal rabia y la consiguiente destructividad, que le presento la oportunidad de "reparar", de irse con algo mejor, aunque no me siento segura de lo que hago. ¿Será una actuación mía, estará bien…?). Le pregunto si la voy a buscar a la sala de espera.

P: Bueno, pero no le voy a decir que la quiero.

Voy a buscar la nana· estaba acurrucada en la silla, con los ojos aún llorosos, muy afectada, dolida, y dice: ¡Ay que terrible, yo también estoy mal, parece que también necesito psicóloga, fue muy duro, me pegó muy fuerte, y dijo que se avergonzaba de mí, él es muy violento! -Le digo que Manuel desea hablar con ella-

M- La mira de reojo al entrar, está sentado en el suelo, en un rincón.

A: Manuel parece que desea decir algo respecto a lo que pasó antes de llegar acá

P: ¡Perdón! no voy a pegarte más, ¡pero no te quiero!

Nana- Ahora ha estado diciendo que no me quiere y se avergüenza e mí.

A: Cuando Manuel se enrabia dice cosas que duelen.

P: Perdón Berta, no lo voy a hacer más (voz, sincera y cariñosa).

N: – Enternecida-Yo lo quiero mucho, lo conozco desde que usted estaba en la guatita (barriga) de la mamá.

P: ¿Me conoces desde que estaba en la guata de la mamá?

N: Yo llegué cuando estaban sus dos hermanos chicos, yo trabajaba con la suegra de su mamá y me dijo: ¡Anda a ayudar a los niños porque van a viajar! Ahí me vine, pero yo los conocía desde que pololeaban (eran novios), cuando usted nació era muy rico, gordito, lindo.

A: (observo actitud de Manuel, enternecido y también la humildad y cariño y gran sencillez de la nana al expresar tanto amor).

A: Quizás lo que ha pasado da cuenta que Manuel es un niño cariñoso y sensible, pero que cuando se enoja, eso se pierde.

Manuel no agrega nada más, pero se va con la nana, llevando otro sentimiento, ya no hay rabia, se va acompañado de alguien que lo ama incondicionalmente".

En el primer período de terapia era frecuente que la madre se quejara que M. le había pegado a un hermano de manera violenta, e incluso a ella misma. La impulsividad, y la descarga destructiva era masivas y peligrosas, corriendo riesgo su vida y la de sus hermanos. Comenta que es grosero, que en el colegio era un solitario, que los otros niños lo encontraban como un bicho raro, además que no tenía buen rendimiento académico por el exceso de ansiedad.

En las sesiones en las que sentía que no lo entendía me insultaba, me decía "que seguro me había ido mal en el colegio, que no tenía cerebro". Al principio le interpretaba la proyección de sus sentimientos, pero me daba cuenta de que en esos momentos era mejor callar. A la sesión siguiente llegaba como si nada.

Al tratar de pensar con él, respecto a lo que había pasado, se mostraba receptivo y le tranquilizaba ver que yo no estaba enojada, como supuso en la primera explosión.

Hubo un par de momentos en los que debí ser muy firme y clara, anunciándole que suspenderíamos la sesión si intentaba agredirme, como una vez que tomó la mesa, con intención de arrojármela. En otras sesiones tiró la familia de títeres por la ventana de la oficina, que luego debió reponer.

También le gustaba inventar juegos, en los que sabía que yo iba a perder y eludía los que vislumbraba la posibilidad de que yo ganara.

Pensaba en esos momentos en su necesidad de asegurarse narcisisticamente y al tiempo le mostraba, como él me ponía en roles de perdedora, para que viera lo que se sentía.

En los años siguientes, Manuel logra de a poco ampliar su grupo de amigos en el colegio, llevaba a las sesiones tareas y me parecía que le gustaba que lo acompañase en esto, a veces traía libros y quería que le tomara las lecciones, en las cuales él sentía que me debía enseñar. Yo le mostraba que deseaba ser escuchado, que yo estuviera muy tranquila a su lado, para que pudiera incorporar mi tranquilidad.

Por otro lado, me daba cuenta de que M. se sentía muy angustiado por competir y "comer rápido", (dificultad para entender y aprender), y por ello no lograba "digerir".

Caminaba de un lado a otro como león enjaulado cuando me recitaba sus lecciones; el padre decía que era imposible estudiar con él, porque estaba todo el rato caminando (producía en el otro un estado de mucha intranquilidad, como una inseguridad y ansiedad enloquecedora, yo le interpretaba estas sensaciones, como algo que él sentía cuando se sentía medido y comparado).

Esto fue cambiando y a fines del 2011, se observaba este aspecto en retroceso, se veía motivado y por primera vez interesado en un genuino saber y en descubrir cosas nuevas, sus calificaciones fueron subiendo sin que él lo pudiera creer.

En ese contexto a fines de noviembre, despiden al padre de la empresa en donde trabajaba, según la madre por mal genio.

Manuel se angustió mucho, sacaba cuentas de lo que gastaban, se tranquilizó cuando supo que le pagarían una buena indemnización. Con la hermana menor comienza a presentar muchos celos, siente que la madre no lo quiere y sólo se fija en ella, las peleas y momentos de violencia entre ellos eran frecuentes, aunque no como las del inicio del tratamiento.

En diciembre, el padre es contratado en una nueva empresa y negocia con esta la posibilidad de tener vacaciones anticipadas de tal manera que se van de viaje a partir del 15 de enero 2012.

Enero 2012 (a los 2, años 9 meses de iniciado el tratamiento, Manuel de 11 años 9 meses).

En las últimas sesiones de enero, el nivel de celos con la hermana era muy fuerte y llorando me pide tener una entrevista con la madre, estando él presente. Convengo una cita con ambos en donde la madre lo acusa de molestoso, atrevido, violento, de que le pega a ella por los celos que tiene (me sorprende la violencia, falta de límites de esta familia), ella aparece como una niñita acusando a un par.

Manuel se justifica y valida su actuar porque la mamá es injusta. La madre lo acusa de perseguir a su hermana y el llorando le dice que la busca porque se siente muy solo y que no hay nadie que tenga tiempo para él. Yo les digo que en ocasiones él se siente como sin piel y que necesita que alguien esté a su lado y lo acompañe, aunque sea con peleas, pero en lo profundo desea ser contenido (expreso esto con un gesto de abrazarme yo misma con mis manos) y en ese momento la madre va a su lado y lo abraza, él se deja abrazar, y contener.

La familia adelanta las vacaciones y lo vuelvo a ver un mes y medio más tarde.

En la primera sesión de marzo, cuenta que no lo pasó muy bien en las vacaciones, porque invitaron a un primo de su edad y pensó que lo querían más, esto hace que actúe el rol de malo y violento, luego agrega que le salió un poroto en la mandíbula, que su nana se lo descubrió. La madre lo llevó al médico, días después anuncia que le harán biopsia. Posteriormente el resultado devela un Linfoma no Hodgkin, posterior a esto se ausenta desde la segunda semana de marzo, hasta el 12 abril en donde acude a pocas sesiones ese mes.

En su ausencia la madre me mantiene informada respecto del curso de la enfermedad y de la tolerancia al tratamiento.

Sesión 12 de abril, M. de 12 años

M. Llega con el pelo corto, anticipándose a su caída, está más alto y muy pálido. Observo una cicatriz reciente debajo de la mandíbula izquierda de más o menos 3 centímetros. Lo siento vulnerable, (lo espero con ambiente tibio y agrego desinfectante ambiental). Tengo susto que se pueda resfriar, siento que me pica la garganta y me digo: ¡Yo no estoy resfriada!

Se saca los zapatos dice ¿Puedo? Y se los saca igual, se sienta en la silla. Me mira y dice: "no vine porque tengo cáncer, mi nana me lo descubrió".

A: -Conmovida digo- ¿Qué pensaste?

P: ¡Que me voy a sanar!, me colocaron un catéter y me lo muestra, la mamá dice que me salieron unas células locas que crecen degeneradamente, me lo pillaron en Grado I, he estado con náuseas y vómitos.

A: Debes haber estado muy asustado…

P: ¡No! Porque sabía que me iba a sanar, en ese momento

abre la caja de juegos y dice que desea jugar un juego de guerra, que va a armar su regimiento (me explica el juego: en una hoja de papel, hace un trazado con forma de continente, elige zonas donde instala sus bases y se avanza a través del cuadriculado) ¡Este es un juego de ataque!, no quiero que te defiendas solamente, porque yo te voy a atacar.

A: Tú quieres que el tratamiento sea bien agresivo, que gane la batalla (también siento que se refiere a sus propios aspectos destructivos e invasivos) -agrego- también has estado un poco asustado y molesto con todo lo que ha pasado.

Manuel niega el susto y rabia por una enfermedad inesperada que lo transformó en alguien vulnerable y que la reacción al tratamiento lo acentúa. Me cuenta de inmediato que el abuelo ha tenido cáncer en la piel y está en tratamiento.

Hace una especie de mapa por donde vamos a jugar, me pide que lo pintemos en conjunto, veo que le gusta nuestro trabajo, lo mira y reconoce que nos está quedando muy bonito. Le digo que le gusta nuestro trabajo en conjunto y quiere que lo acompañe en esta guerra entre la enfermedad y el tratamiento.

Pone regimientos en distintos lugares, amenaza que será muy agresivo.

A: Pienso que sabe que la enfermedad y el tratamiento serán muy agresivos, Manuel me escucha, ya estamos en la hora.

Sesión 19 abril (Cambiada por 17 de abril) M. de 12 Años

Es un día fresco de abril M. se saca la parka (abrigo), me preocupo, pienso si tendrá frío. ¿Y si se resfría?; la mascarilla se la sacó antes de entrar a la sesión suponiendo que yo estoy sana, yo siento que puedo tener de todo.

Dice que está bien, pero no quiso venir el martes porque estaba cansado, le digo que el tratamiento cansa y que pudo darse cuenta de esto. Lo bueno es que pude hacer un cambio de hora.

Lo miro un rato, me da ternura, lo siento indefenso. Al mismo tiempo pienso que debe ser difícil tolerar el tratamiento, que el nivel de angustia a morir y la envidia a los que están sanos ha de ser muy alto, en eso pensaba cuando dice: "Cachay que antes de enfermarme tenía buenas notas, puros 6.5 y 7".

A: Justo ahora te estaba yendo bien, como que sientes injusta esta enfermedad.

P: ¡Sí!

A: (Pienso que la enfermedad de alguna manera viene a remecerlo, a cambiar algo que se estaba estructurando mal) -Digo casi desde una reflexión- Por algo pasan las cosas-.

P: Sí.

A: Quizás te estabas esforzando mucho solo por tener buenas notas y que pensabas en la nota, como un indicador que diga eres muy inteligente y ahora te ha tocado detenerte como en el juego de Metrópolis y perder algunas jugadas. Quizás para tener más tiempo de estar tranquilo, con menos exigencia.

P: A mí nadie me gana en Metrópolis y en ningún juego.

Veo su palidez y al verlo sin parka, le pregunto si tiene frío, dice que no; le recuerdo de las veces que le ha costado sentir el lenguaje de su cuerpo.

P: Quieres decir que no me cuido ¿Que tiene que ver?

A: Tiene que ver, porque tu cuerpo hoy dice que tiene frío y tu no le haces caso, parece que dice que lo cuides.

P: ¿Cuándo lo trato mal?

A: Cuando lo tratas como un medio para conseguir un fin, cuando hace frio y no te abrigas, cuando no sientes el dolor en tus pies y juegas futbol a pies pelados.

P: Hum...Oye ayer soñé que había un conductor, el mismo que conduce el bus escolar que me trae a mi casa y manejaba sin control, como loco; yo quería pararlo, venían unos policías detrás del bus para detenerlo, también había una pared, parece que me iba a estrellar con la pared o parece que los policías lo iban a detener. ¡Voy a tener que soñarlo de nuevo para ponerle un final!

A: ¿Qué pensaste del sueño?

P: Tú vas a decir que el conductor loco soy yo.

A: ¿Y qué pensaste tú?

P: Que no todo es psicológico y como sabes que los sueños tienen algo que ver ¿Cómo se comprueba eso?, ¿Tú has estudiado los sueños?

A: Sí (Segura)

P: Me mira con curiosidad y dudando dice como para probarme: Yo pienso que no es comprobado que los sueños tengan algo que ver.

A: Parece que no deseas saber quién es ese conductor loco, y lo que quiere hacer.

P: ¿Por qué?

A: Tal vez conduce con la necesidad de que aparezcan buenos policías que lo detengan. Como también lo que pasa con el tratamiento, que se puedan detener esas células que se disparan sin control.

P: Yo creo que los policías lo van a detener o lo iban a detener, no lo sé bien, porque justo desperté

A: Quisieras ponerle un final, un límite a ese conductor loco.

P: Juguemos…voy a poner un cuartel acá y te cagué porque te voy a destruir, me voy a adueñar de tu cuartel.

A: Pero yo me puedo defender.

P: ¿Y cómo?

A: Me puedo comprar hombres-soldados que tomen tu cuartel también.

P: Pero yo me voy a construir una torre y desde ahí te voy a atacar ja, ja.

Después se interna para la segunda quimioterapia. La primera consistió en administración de drogas vía catéter venoso y segunda vía intratecal, la tolerancia a esta última fue muy mala, presentó alucinaciones en donde siente que las paredes se le vienen encima, que lo aplastan, que iba a morir, que la cabeza crecía desmesuradamente etc. por ello la madre muy asustada, me pide que vaya a verlo a la clínica antes de la segunda dosis intratecal.

Ese día estaba intranquila pensé: ¿como lo iba a encontrar?, ¿cómo lo iba a hacer con los tiempos?, en el encuadre etc. Fui, lo hice a su hora habitual de terapia.

Manuel estaba con aislamiento y debí entrar con mascarilla y delantal, lo encuentro en su cama y con una máquina que le administra drogas por la vena, ya está con alopecia, pide ser acompañado por la madre. Se ve como avergonzado, aun así, me cuenta que no está asustado, ha soñado mucho y me relata sueños con ladrones, con monstruos y con él mismo robando la comida en una celebración etc.

Le muestro que ha estado asustado, que no entiende bien, porque ha pasado todo esto. En esa oportunidad mis intervenciones estuvieron centradas en contenerlo, cuando me voy siento que fue bueno ir y que el vínculo conmigo le permitió contar sus miedos en los sueños.

La siguiente quimioterapia intratecal es bien tolerada, aunque es hecha en pabellón y con anestesia.

En mayo se reintegra totalmente a las sesiones, siempre se muestra bien dispuesto, colaborador. En una ocasión llegó con fiebre y muy decaído, tuve que suspender la sesión.

En otra ocasión vino sólo a dormir, estaba muy cansado y con dolor de cabeza, esa vez la abuela no lo esperó (yo pensaba, para que lo traen así). Solo lo miro, lo veo pálido y tan, tan cansado, que me impresiona, pienso en la muerte, en mi muerte, en si no tendrá metástasis y me pregunto si no será por eso está tan decaído.

Sesión 10 de Julio (2012, M de 12 años 3 meses)

Llega muy feliz en mangas de camisa, con el polerón en la mano, dice que está feliz, feliz, al fin de vacaciones. Se saca las zapatillas, luego saca una pelotita y la chutea, me dice: ¡Juguemos! Saca la pelotita y comienza a chutearla.

A: Estas feliz porque estás de vacaciones en todo sentido, te sientes más sano y quieres gozarte.

P: ¡Sí!... echemos goles

A: Yo me pongo en un extremo y él en el otro (no me explica el juego porque ambos lo conocemos). Me está ganando por 3 -0, me recupero, empatamos, me vuelve a ganar, me gana

10-8 (Estoy pensando en el juego, en su significado, en el deseo de ganar etc.).

Me cuenta que se fue a alojar a la casa de sus dos abuelos paternos, que lo pasó bien, anteriormente había ido con los maternos, dice que allí se come bien.

P: Oye tu eres casada con el Dr. del lado (En algunos momentos ha preguntado por mis pacientes, si tengo Facebook, para ubicarme ahí, en que colegio iba, que notas tenía en el colegio etc.).

Insiste, le digo que está interesado en saber quién soy, que hago etc. Pienso ese día: ¿tendrá deseos de hacerme goles para mostrarme su capacidad masculina?, pero no digo nada.

P: Soñé que iba en un avión de papel y el piloto se muere, tiene que pilotear, yo tomo el control del avión y cae en una isla desierta llena de indios y monstruos. De ahí me reúno con otra gente del avión y tratamos de sobrevivir.

-Noto que sus calcetines están mojados, el derecho específicamente, le pregunto por ello. Dice que: "no está mojado, es que me chupé el dedo gordo del pie, no sé porque lo hago".

A: Pregunto si ha estado nervioso.

P: No; sólo ¡feliz!

A: Como las guaguas (los bebés) que se chupan el pie.

P: Sí.

A Hoy te sientes contento, puedes sentir tu cuerpo sano moverte, chutear-la pelota, chuparte el pie.

P ¡No sabes cómo estoy de feliz!

A: Y en las otras vacaciones estabas distinto (Estaba en la casa en aislamiento, porque recién lo había dado de alta y el hemograma estaba alterado).

A ¿Qué pensaste del sueño?

P: No lo sé.

A: Quizás a veces sientes que todo es tan delicado, que puede pasar cualquier cosa.

P: Quizás -chutea-.

A: Eso de que el que pilotea, deja de pilotear debe dar mucho susto, ya que así se queda expuesto a las cosas malas, como cuando te cuesta sentir que tienes un cuerpo que cuidar, este queda expuesto a todo.

Manuel se está moviendo de un lado para el otro. Dice hum... hum...

A: ¿Y dónde caías?

P: Caía a una isla y ahí me encontraba con monstruos e indios.

A: O sea con seres o personas que no piensan, que solo actúan destructivamente.

P: Pero yo ahora me estoy cuidando más, yo no juego tanto Nintendo (es adicto a juegos en el computador), ni le pego tanto a C. (hermana chica).

A: Porque quizás ahora estás pensando que a esas personas más primitivas hay que enseñarles, enseñarles a querer, quizás la enfermedad te ha permitido ver las cosas de otra manera (Pienso tantas cosas y trato de decirle algo que sea sencillo y entendible para él, quedo en la duda).

P: Ahora me saco un 7 y no estudio tanto, antes me ponía tan nervioso que sólo rezaba... ahora estoy jugando más con C. le estoy enseñando a jugar futbol.

A: Y has descubierto en ella a una buena compañera de juegos.

P: Hoy se van todas las mujeres a la casa de la abuela materna (las enumera), yo quería ir, pero me dijeron que eran puras mujeres.

A: Y te molestó no poder ir, quedar fuera de ese grupo.

P: Sí, pero después entendí que eran puras mujeres y que otro día iría.

A: Entonces quedaste más tranquilo...

P: Sabes que hace tiempo que quiero ir al bowling, le voy a decir a mi papá.

A: Te pudiste recuperar, como que dijiste ¡yo también puedo!

P: Si es verdad, yo también puedo hacer algo entretenido, claro...también puedo ir con mi papá a la plaza, como cuando fui a la plaza de la casa de mi abuela. Ahí hay una plaza que me gusta mucho.

A: Ya estamo señor hora.

Comentario sobre el caso de Manuel. Miriam Jacobson Ihlenfeld

"Muchos analistas se ocupan poco del psicoanálisis de niños, tal vez porque Freud no se interesó en él, sin embargo, a través del caso Juanito dejó abierta una puerta ¿Serán por eso disidentes los que si se ocupan sobre este tema? Lo mismo se puede decir sobre la psicosomática en la que Freud también no se interesó, detenidamente y, además, sería importante saber el por qué.

Los analistas piensan que el aparato mental de cualquier paciente aquejado de una enfermedad somática es forzosamente parecido al de un neurótico mental, y por eso, conviene emplear con el psicoanálisis clásico. Se corren así serios riesgos porque conocer la psicosomática de manera competente exige tener la experiencia de las diferentes categorías de enfermos somáticos según Tenorio de Calatroni, M. (1900, pág. 151).

Sin embargo, la misma teoría psicoanalítica freudiana es la que dará pie a Pierre Marty, en las conceptualizaciones centrales en su trascendente e invalorable desarrollo de la investigación en el área de psicosomática.

Esto a modo de ir transitando por un caso de un niño de nueve años de edad (cuando comienza el tratamiento) y la incerteza que en un comienzo se atraviesa a la hora de hacerse cargo de una patología muy compleja y severa (alteraciones en el curso de su desarrollo, con predominio de angustia permanente, falla en el control de sus impulsos, violencia, intolerancia a los fracasos, tendencia a regirse por el principio del placer), características que se destacan en las pruebas proyectivas y hora de juego diagnóstica, con presencia de núcleos psicóticos. Así se presenta Manuel.

Madre y padre con historias difíciles y signadas por sucesos traumáticos; con recursos insuficientes para mantener y/o ejercer la ley paterna desde un lugar que organice, que posibilite tramitar las necesidades primarias del niño, así como la estructuración adecuada de un aparato psíquico. Por lo tanto, se hace notoria la escasa capacidad del niño de conseguir activar en su mente una espera, que le permita frustrarse, alucinando el objeto nutricio.

Este se podría decir fue el comienzo, el arranque incierto de un tejido psíquico lábil. Es probable que el pequeño Manuel desde muy temprana edad se vio instado a buscar en el exterior, no precisamente una búsqueda objetal, sino todo aquello del objeto que le provocaba sensaciones intensas, que le hicieran sentir vivo, como movimiento, luz, olor, contrastes, voces, contacto. Un bebé en cierto modo, atravesado por el destiempo y sin contar con un objeto permanente y sólido a investir.

"Es probable también que todo su ser se sostenía en este apego a los órganos de los sentidos, en la tonicidad sensoriomotora de sus autoerotismos primarios." Era necesaria una nueva acción psíquica que proviniera del objeto y debía de añadirse a los autoerotismos primarios de Manuel. Era necesario reconstruir esos trozos de la realidad material que habían quedado como simples elementos sensoriales, que no podían acceder a una representación y donde el afecto estaba ausente.

Es en ese momento y en ese reclamo donde aparece su analista, y su trabajo de figurabilidad Botella, C y Botella, S (2003), en el que a través de la ensoñación se puedan ir dando las transformaciones esperadas, la unidad narcisista del erotismo de Manuel, que le permitieran pasar por la experiencia de ser mirado y reflejado por el objeto investido, y que a la vez le permita mirarse, sentirse y generar el sentimiento de existir, de ser.

A partir de esto se comienza a transitar con una estrecha relación dual, entre él y su analista. Diría Parat, C (1995), basada en un juego de transferencia básica, maternante. En este momento del proceso, el precio a pagar es que la prohibición, la inclusión del tercero queda de lado, expuesto al margen. Lo importante es salvar la vida psíquica del niño del estado traumático de sus angustias, atravesada por un malestar arcaico.

En medio de estos avatares aparece en Manuel un diagnóstico grave, un linfoma No Hodgkin. Esta aparición de trastorno autoinmune ocurre precisamente a partir de la pérdida del trabajo del padre, las consecuencias que desencadenó en la familia tal situación aumentaron considerablemente las angustias primarias de Manuel. Además, unas vacaciones anticipadas y encuentro familiar en donde aparecen nuevos estados de abandono y celos (con un primo) que terminan desorganizando más aún su frágil vida psíquica.

El psiquismo de Manuel estaba sometido desde sus orígenes a roces más cuantitativos que cualitativos. Esto producía en él, desencadenamientos más agresivos que eróticos. Venía repitiendo en su vida un modelo familiar de funcionamiento donde las elaboraciones psíquicas eran difíciles de tramitar y la constante se evidenciaba en descargas violentas dentro de un comportamiento agresivo.

Parecía que la vida se desenvolvía en términos de cantidad, (estamos en el campo de lo económico – carga – descarga) y Manuel tenía que salir de esa fragilidad y "elige" una enfermedad autoinmune. No podemos alejarnos de la noción muy importante, en estos casos, de las bases genéticas. Así y todo, las defensas biológicas se vieron quebradas en Manuel.

¿Fue Manuel un heredero de un estilo de funcionamiento que se repetía transgeneracionalmente? No lo sabemos, es incierto, pero sí dio pie a renovados y personalizados cuidados para con el niño.

Si se puede decir que se trata del fracaso del psiquismo (este puede ser más o menos arcaico, más o menos profundo, parcial o global, transitorio o permanente).

Sin embargo, factores hereditarios o marcas en la primera infancia que provienen de fijaciones muy precoces pueden incidir en la estructura del sujeto, en este caso, gravemente.

Las proyecciones también forman parte de los mecanismos mentales corrientes y comunes; mas no deben confundirse las proyecciones con las simbiosis primarias que se encuentran en la base o regresivamente de muchos enfermos somáticos.

Parafraseando a Marty P. en uno de sus textos menciona que, no se arriesgaría a hablar de recurso corporal cuando hay desorganizaciones psíquicas que dan lugar a enfermedades graves, pero si a hablar de recursos psíquicos o mentales. Cuando el paciente accedió a un análisis de larga data, como en el caso de Manuel, y pensar que, en ese transcurso, en ese transitar, pudo construir de la mano de su analista – madre, nuevos recursos libidinales que promovieran mejores defensas a nivel mental, que facilitaron la salida de una grave enfermedad.

Manuel y su vida psíquica y familiar, además de las graves y dolorosas vicisitudes que transita, nos deja con la incertidumbre de cuál fue la incidencia de estos factores en la aparición de su enfermedad y cómo, a partir de este suceso, tuvo la oportunidad de ser cuidado e investido libidinalmente. Factores que, junto con el proceso terapéutico con su analista, le permitieron a Manuel reorganizarse y conseguir una vía para transitar su vida más saludablemente.

Comentarios y reflexiones sobre Manuel

Olga Bechara Moscardi

El contenido y la forma del juego es sin lugar a dudas una óptima forma de acceder a las dramáticas de las relaciones de objeto y un campo privilegiado para la reconstrucción de la historia vincular, aporta una amplia gama de información que permite reconstruir las primeras experiencias de contacto emocional entre la madre y él bebe. Liberman y colaboradores (Liberman y otros 1986), investigan el funcionamiento mental del paciente psicosomático a través del juego y llegaron a importantes conclusiones:

Unas de las modalidades de juego corresponden al "juego ritualista", con juegos defensivos, monótonos, con dramatizaciones esquemáticas, con un movimiento espacial restringido, con pocos gestos, ausencia de registros emocionales y con exploraciones de la cara del analista en busca de aprobación o permiso. (madre-hijo, maestra-alumno, vendedor-comprador).

El otro tipo de juego es el denominado "juegos impulsivos", con predominio de rasgos anal-expulsivos. Pueden estar desde el principio o por momentos y es cuando el control obsesivo fracasa y da curso a fenómenos de identificación proyectiva evacuativas, a través de las cuales el paciente expresa situaciones emocionales primarias y violentas. El paciente se mueve por todo el ámbito del consultorio; predominan actividades de ensuciar y arrojar objetos, desarrolla juegos y dramatizaciones en los que dominan, carreras, partidos de futbol, entre otros. Los objetos dejan de tener sus características formales, para ser usados indiscriminadamente para la necesidad emocional dominante. Cualquier objeto puede ser usado de proyectil

A través de toda la información aportada por los padres y la analista, podemos conjeturar que Manuel es un niño con una gran exigencia y competitividad ("quiere ser inteligente y exitoso como sus hermanos mayores") con fuertes sentimientos de rabia cuando se equivoca o siente que no es tenido en cuenta o querido, especialmente en el ambiente familiar.

En Manuel vemos estados mentales de control, seguramente haciendo uso de mecanismos maniacos y esquizoides, (disociación), tendientes a evitar el contacto emocional. Por ejemplo: aislamiento en la escuela; euforia y sentimientos de intenso odio acompañadas de expresiones frías y duras) que lo mantienen sin expresión afectiva y en un lugar de aislamiento, con poca cercanía emocional y sin posibilidad de acceder a procesos de simbolización.

La conducta y el juego de Manuel dan cuenta de momentos explosivos, que tienen la finalidad de evacuar estados emocionales, que el niño deposita masivamente, quizás con la intención de encontrar un continente que lo signifique y que se constituyen en momentos de alto valor comunicativo, (juego evacuativo).

En esos momentos, el paciente no tiene en cuenta las características formales de los objetos (botella), que son usados indiscriminadamente para la necesidad emocional imperante y que constituyen un alivio de las descargas motoras a través de actividad lúdica expulsiva.

Son momentos en los que el paciente prueba la capacidad continente del analista. Serán las sucesivas pruebas de receptividad emocional por parte del analista, las que le permitirán rectificar las experiencias patológicas de rechazo y rebote de las identificaciones proyectivas a las que estuvo expuesto en su infancia

Aparecen figuras a lo largo del relato de las sesiones que llevaría a inferir, que nos hablan del vínculo primarios entre la madre y niño. Podemos tomar por ejemplo a la nana, (suponiendo que ella sea un subrogado de la figura materna), a quien Manuel le reclama alimentos que serían alimentos afectivos, que necesita como un bebé de forma inmediata y que al no lograrlo le despiertan intensos sentimientos de odio y lo sumergen en un estado mental persecutorio, donde se pierde la integración del objeto, quedando solo el objeto malo que priva del alimento afectivo y del contacto cálido (sentimientos que Manuel expresa en la transferencia con su analista).

Con el material clínico que tan generosamente, nos aporta la analista tratemos de hacer una conjetura imaginativa (López Corvo, R. 2002; P. Foulquié, 1967) de los primeros momentos de la vida mental de Manuel. En esos momentos vemos un bebé en crecimiento y una mamá carente de intuición y de empatía, con la creencia de que el sufrimiento humano, se calma a través de conductas concretas: alimentación, baño, cambio de posición o prácticas de higiene. Privando así, de significado la experiencia emocional.

Desde el bebé Manuel, el grito, el llanto, la protesta y el gesto, surge a la espera de una mamá que lo signifique. En su lugar, se encuentra con la dificultad materna para ligar reacciones a significados emocionales, lo que derivara a una dificultad para discriminar y nombrar emociones, que quedan excluidas de la vida psíquica, de la elaboración y transformación por el pensamiento y la fantasía.

Pensemos en un hecho muy importante de los primeros años de la vida de un ser humano: el destete, que en este caso se efectúa precozmente (primer mes de vida), en un contexto con una mamá con las condiciones descriptas y un papá ausente. Podemos animarnos a conjeturar, un destete que es vivido como catástrofe, una vivencia de separación de los primeros momentos, pero sin muchas posibilidades de elaboración

En este juego imaginativo, pensemos que pasa el tiempo y nos trasladamos al momento previo en que se desencadena el cáncer. El ambiente familiar de Manuel es muy conflictivo, su papá pierde su relación laboral con los problemas económicos que este hecho acarrea. A la par sus padres adelantan las vacaciones (prototipo de separación y movilización de intensas ansiedades), movimiento que no le da tiempo a la analista para elaborar ese desprendimiento, con el antecedente de un destete catastrófico y un contexto como el que hemos descripto anteriormente.

¿No podemos animarnos a pensar que a este niño lo que le queda es la vía somática de descarga? Y como consecuencia, una enfermedad física, un cáncer.

A través del material se hace evidente el buen vínculo con la analista y el avance del tratamiento. En algunos hechos que me gustaría destacar, Manuel puede poner en palabras sus emociones cuando le dice a su mamá: "que se siente sólo y nadie tiene tiempo para él".

Se hace evidente el buen vinculo logrado con la analista en la conducta de llegar y sacarse los zapatos, (desnudarse emocionalmente ante ella) y decirle: "tengo cáncer", con un profundo deseo de contención.

Se hace evidente el avance del tratamiento en la aparición de los sueños, (señal que Liberman y colaboradores destacan como indicador de un avance en el tratamiento de estos pacientes).

En cuanto al contenido de los sueños, podríamos hipotétizar que nos hablan, según me parece, de las ansiedades de muerte del niño y por qué no, de la percepción de la actuación de las células malignas en el cuerpo, que se reproducen sin control, (conductor loco). Como así también de los tratamientos y el deseo del niño de parar la enfermedad, (policía).

En el segundo sueño, evidencia el profundo miedo de Manuel de perder a su analista (nana-mama), él es el piloto del avión que se estrella y se muere). De ocurrir esto, él tenga que tomar el control y sobre adaptarse como antes; lo que sería sumergirse en un mundo emocional terrorífico, con seres destructivos, (monstruos e indios) que se esconden en la sobre adaptación.

Reflexión final

Se puede pensar que la historia de fallas en las funciones maternas y paternas, de los propios padres de Manuel, incidieron en el desarrollo del cuadro del paciente. Ambos padres tienen historias de sobre adaptación y de contención. Ellos se enfrentan a la tarea de ser padres, sumado a las propias características constitucionales del paciente.

Todo lo anterior, nos hace pensar que falló la función continente en periodos muy tempranos de su vida, permitiendo la aparición de los síntomas comportamentales y luego somáticos.

Se podría decir, que se trata de un paciente en donde la falla inicial de contención, a sus necesidades básicas, dejaron una huella profunda en su aparato mental, un trauma en momentos en donde no había posibilidad de articular símbolos. Trauma, en el sentido de no obtener la alfabetización, necesaria a intensas emociones del primer momento de su vida.

Al parecer, la estructura de su aparato se montó sobre palafitos débiles, que anunciaban un desmoronamiento. Se observa que, al principio de la terapia, este cúmulo emocional sin acceso a la simbolización, tendíam a la descarga vía alucinosis y otras veces a través de descargas de tipo motor.

La enfermedad surge cuando existe una mayor capacidad de simbolizar, aunque aún es insuficiente. Esta es entendida, como una forma extrema de mostrar sus necesidades, en momentos en que el ambiente familiar vuelve a ser caótico.

Nos parece que el paciente venía saliendo de una larga enfermedad y en estado de convalecencia, aparece un nuevo trauma, que escenifica con el cuerpo y que posteriormente es relatado a través de los sueños.

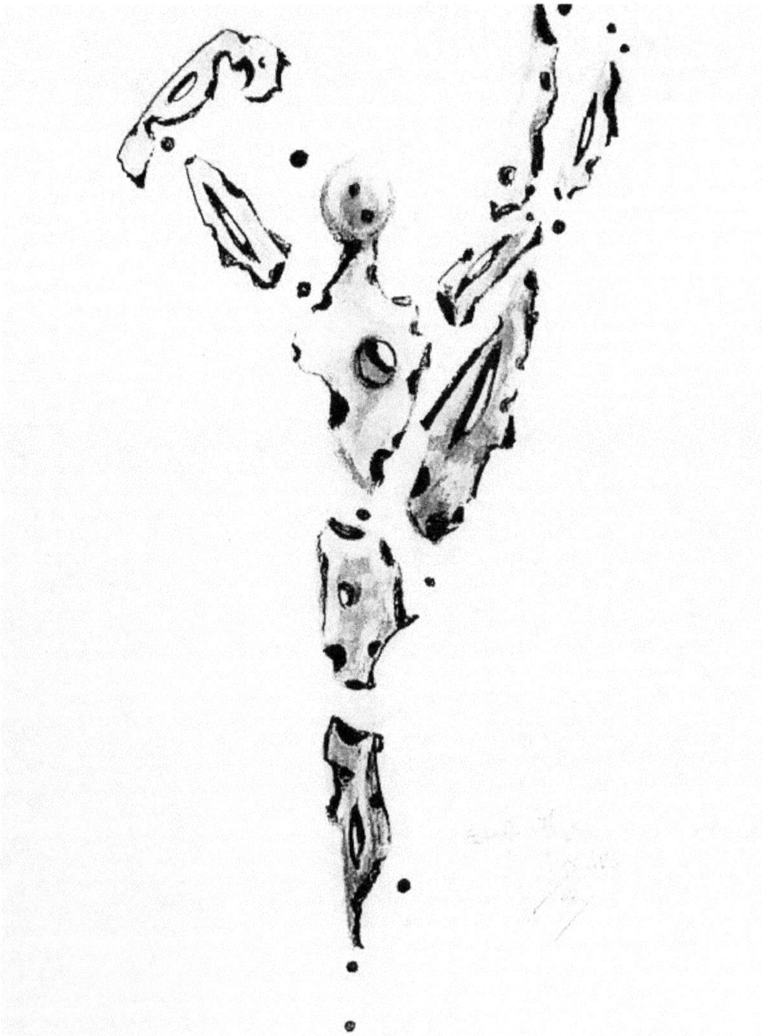

Obra: Danza superflua

Pulsión de muerte y estados somáticos

Leticia Villagómez Tovar

"... hemos arribado al puerto de la filosofía de Schopenhauer, para quien la muerte es el <<genuino resultado>> y, en esa medida el fin de la vida, mientras que la pulsión sexual es la encarnación de la voluntad de vivir".
Freud, (1920) Más allá del principio del placer

En este trabajo se articulan los estados somáticos al fragmento de un caso, donde los dos componentes pulsionales, se desligan y surge la pulsión de muerte.

El recorrido por distintos conceptos teóricos freudianos, son el puente que nos lleva a la pulsión de muerte, Tanatos, con los estados somáticos. Se revisan otros conceptos fundamentales como la pulsión de vida, para pensar la clínica en este caso, y el principio subyacente de ligazón pulsional y las formaciones de lo somático, en donde hay una transformación de la excitación en angustia. Otro término desarrollado es el de estados narcisistas del soma.

Algunas partes relevantes en el análisis de Any fueron: llegar a la transferencia para abordar las formaciones somáticas y a las representaciones psíquicas, para nombrarlas y así enlazarlas con objetos y afectos. También retomar imágenes, recuerdos y eventos traumáticos en su historia de vida.

En este entrelazado se reconstruye un tejido psíquico escindido, desarticulado, roto, quizá desaparecido o desolado.

A través del entretejido de sus relatos se intentó ligar la pulsión de muerte, para acercarnos a los de vida, así ella tomó un lugar como sujeto en su mundo psíquico.

Se menciona lo estruendoso y devastador de la pulsión de muerte en los tiempos de pandemia de COVID, por los que pasábamos al momento de la presentación de este trabajo.

Introducción

En 1920, Freud da un giro a su obra con la última teoría de las pulsiones, retoma una dinámica dualista, Eros y Tanatos.

En el ensayo *Más allá del principio del placer (1920)*, pone en cuestión postulados psicoanalíticos fundamentales, hace reformulaciones metapsicológicas. Reconoce la existencia de fenómenos que contradicen el dominio del principio del placer como el sufrimiento en la satisfacción masoquista.

Descubre la tendencia del ser hablante a actuar en contra de sí mismo, por su naturaleza destructiva e irrefrenable.

En la repetición da cuenta de una pulsión de muerte que es posible dirigirse al propio sujeto o dirigirse hacia el exterior, bajo la forma de agresión y destrucción. En la metáfora "la pulsión de muerte tiende al retorno, a lo inanimado", se encuentra el desafío de la pulsión de muerte, al principio de constancia, donde el aparato psíquico tiende a buscar la reducción de la excitación a cero. Caracteriza a la pulsión de muerte como silenciosa.

Las propuestas teóricas y clínicas lo llevan a hacer nuevas formulaciones y a abrir caminos para que los psicoanalistas, aún hoy, a cien años de su aparición, continuemos pensando la transferencia y la reacción terapéutica negativa, donde aparecen poderosos sentimientos de culpa.

En el acercamiento al sadismo y masoquismo retoma un elemento nuevo, la tendencia de Tanatos que actúa de forma independiente a la libido, donde el placer sexual y el dolor forman una unidad. La psicopatología recobra distintos caminos desde estos planteamientos. En este ensayo, articulo los estados somáticos al fragmento de un caso donde los dos componentes pulsionales se desvinculan y surge la pulsión de muerte. Retomo diversas conceptualizaciones desde Más allá del principio del placer (1920) para enlazarlas a otros trabajos de Freud.

El concepto de pulsión de muerte y pulsion de vida.

El concepto de pulsión de muerte fue introducido por Freud en *Más allá del principio del placer* (1920). Esta pulsión representa la tendencia fundamental de todo ser vivo a volver al estado inorgánico. Dentro de la última teoría de las pulsiones, se designa una categoría fundamental de las pulsiones, que se contraponen a las pulsiones de vida y que tienden a la reducción completa de las tensiones, es decir, a devolver a todo ser vivo al estado inorgánico. (Laplanche J. y Pontalis J. 1993).

El ser vivo apareció después que lo no-vivo y a partir de esto, la pulsión de muerte tiende al retorno de un estado anterior.

Desde este punto de vista todo ser vivo muere necesariamente por causas internas. En los seres pluricelulares la libido sale al encuentro de la pulsión de muerte o de destrucción que domina en ellos y que tiende a desintegrar este organismo celular y a conducir a cada organismo elemental al estado de estabilidad inorgánica. (Laplanche J. y Pontalis J. 1993).

La Pulsión de vida, gran categoría de pulsiones que Freud contrapone, en su última teoría, a las pulsiones de muerte. Tienden a constituir unidades cada vez mayores y a mantenerlas. Las pulsiones de vida que se designan también con el término "Eros", abarcan no sólo las pulsiones sexuales propiamente dichas, sino también las pulsiones de autoconservación.

Las pulsiones de muerte se ven atenuadas por las pulsiones de vida, que se oponen a la acción disgregadora de las primeras, me interesa resaltar, que no es posible una sin la existencia de la otra.

En los estados cercanos a la normalidad ambas pulsiones alcanzan un cierto equilibrio, Freud concibe una intrincación, un enlace reciproco que atempera la tendencia aniquiladora de la pulsión de muerte.

Dos tendencias pugnan entonces en el ser humano; una le incita a reproducirse, a generar. La otra le musita muy quedo -es casi muda- que sería más cómodo abandonar la agitación vital y dejarse volver a un estado anterior, ajeno a la lucha por la vida. Ambas tendencias no se presentan en estado puro en ninguna de las manifestaciones del ser humano. La intrincación pulsional -se mantiene también -al igual que en las dos formulaciones iniciales de la teoría freudiana- para la tercera y definitiva teoría de Freud sobre las pulsiones, la que le llevó a contraponer pulsión de vida y pulsión de muerte, Eros y Tanatos. (Aurelio Gracia, 2005).

En *Esquema del psicoanálisis* (1938) Freud indica que el principio subyacente a las pulsiones de vida es un *principio de ligazón.* El fin de Eros consiste en establecer unidades cada vez mayores, y por consiguiente conservarlas: es la ligazón. El fin de la otra pulsión, la de muerte, por el contrario, consiste en romper las relaciones y por consiguiente destruir las cosas. Con el último dualismo pulsional, es la pulsión de muerte la que pasa a convertirse en esta fuerza primaria, demoníaca y propiamente pulsional, mientras que la sexualidad, paradójicamente, pasa del lado de la ligazón.

En el capítulo IV de *El Yo y el Ello*, (1923) Freud menciona la posición sobre la intrincación y desintrincación de las pulsiones.

Ahí manifiesta el riesgo de que los dos componentes pulsionales se desvinculen y la mezcla pulsional pierda su influencia estabilizante. Menciona algunas patologías como la neurosis obsesiva, donde las pulsiones parecen haberse desmezclado a beneficio de la pulsión de muerte, así como sucede en el sadismo perverso, también en el ataque epiléptico, donde el Ello quedaría temporalmente desprovisto de energía vital. (Aurelio Gracia, 2005).

Me acercaré a abordar la función de ligazón-desligazón del aparato psíquico relacionada a esta segunda teoría de las pulsiones. La tarea de los estratos superiores del aparato anímico seria ligar la excitación de las pulsiones que entran en operación en el proceso primario, sólo tras una ligazón lograda podría establecerse el imperio del principio del placer (y de su modificación en el principio de realidad.) El fracaso de está ligazón provocaría una perturbación análoga a la de neurosis traumática, donde es posible suponer la acción de la pulsión de muerte en la desligazón.

El tema de *los estados somáticos* ha sido abordado por Freud desde 1898, con las neurosis actuales, los retoma de una manera importante en 1915 en *Introducción del narcisismo.* Se acercó a ellos en 1920, desde *Más allá del principio del placer*, donde son nominados como estados somáticos y se encuentran asociados a las afecciones psicosomáticas estudiadas por autores posfreudianos como: Winnicott, Laplanche, la Escuela Psicoanalítica de París de Martí, Mc-Dougall, Liberman, Lacan y otros.

La escucha psicoanalítica de los sujetos afectados me ha llevado a las formaciones de lo somático, en donde hay una transformación de la excitación en angustia, (*Manuscrito E*, 1894) sin encontrar los mecanismos psíquicos de desplazamiento, condensación y simbolización, como sucede en los síntomas neuróticos. Encontramos en ellas, la tendencia aniquiladora de Tanatos, donde se deduce una fuerza que actúa independientemente de Eros, y está relacionada a las patologías graves como en los estados psicóticos, en las tendencias suicidas, en algunas melancolías y en las enfermedades psicosomáticas entre otras.

Lo*s estados narcisistas del soma* estarían atrapados en la desligazón de las pulsiones como una dificultad del aparato psíquico de los afectados, sin la posibilidad de ligar, como función del proceso secundario, así lo no ligado queda en el psiquismo como vacíos de lo no representado.

El análisis del yo, bajo la égida del narcisismo, donde el destino de las pulsiones se inscribe también en la dimensión de una regresión narcisista. Se nos inscribe así la huella de una propiedad general de los instintos, quizás incluso de la vida orgánica en su conjunto, una propiedad tal vez poco conocida o que no ha sido formulada aun explícitamente. Un instinto no sería más que la expresión de una tendencia inherente a todo organismo vivo, que lo empuja a reproducir, a restablecer un estado anterior al que se vio obligado a renunciar bajo la influencia de fuerzas perturbadoras exteriores; la expresión de una especie de elasticidad orgánica o, si se lo prefiere, de la inercia en la vida orgánica. De modo que toda vida debe estar representada por un estado antiguo, un estado de partida que la vida abandonó otrora y hacia el cual tiende a volver por todos los rodeos de la evolución, así lo inanimado es anterior a lo animado. (Kaufmann, P. 1993).

Desde las neurosis de transferencia, me acerco a la teoría de la libido para mencionar que cuando un sujeto retiene su libido en el interior del yo y no desembolsa nada de ella en investidura de objeto se declara narcisista. Así la libido narcisista del yo, desde la pulsión de muerte se encamina a que las células del soma se adhieran unas a otras y no lleven la libido a investir al objeto. Las afecciones somáticas son desencadenadas por frustraciones o traumas que conducen a un estancamiento de la libido, es así como se pone en evidencia el elemento actual de los padecimientos psicosomáticos.

Las células que destruyen al organismo son células que se comportan de manera <<narcisista>>. Freud relaciona las células de los neoplasmas malignos como ejemplos de la muerte celular. La referencia a esta enfermedad en donde las células anormales se dividen sin control y destruyen los tejidos corporales, me parece lo relaciona al cáncer que en ese momento de su vida padecía.

En la escucha de analizandos con afecciones psicosomáticas se advierte la repetición de vivencias displacenteras, traumáticas que son llevadas a somatizar. No consiguen un dominio sobre los derivados pulsionales que con frecuencia se manifiestan en impresiones o afectos intensos sin lograr hacerlos conscientes representarlos, ligarlos al decurso del proceso secundario. Nada de esto contradice el principio del placer; es palmario que la repetición, constituye por sí misma una fuente de placer en estos padecimientos.

Los conflictos psíquicos que presentan, los pienso también desde la desinvestidura del aparato psíquico del sujeto que padece estas afecciones. En cuanto al supuesto de que la compulsión de repetición aparece como más originaria, más elemental, más pulsional (indomeñable), que el principio de placer que ella destrona.

Any

En la escucha analítica de una joven mujer de 30 años, me encuentro con una escisión psico-somática donde parece no apropiarse del cuerpo, no ha logrado investirlo libidinalmente, hay una desconexión con su cuerpo y una regresión a lo oral, acude por problemas en su alimentación, tiene obesidad. Aparece en sus relatos un acontecimiento traumático de su infancia, perdió a la madre cuando era muy pequeña, se quedó a cargo del padre y dos hermanas mayores.

En un inicio hace presencia un cuerpo imponente ante mí, pero no figura para ella, no lo apalabra, no lo toma en cuenta, no lo siente. En el análisis voy acercándome a ella a través de ese cuerpo y sus significados, para darle palabra, mirada y escucha.

En la escucha psicoanalítica de esta joven, encuentro desligaduras pulsionales, tal vez rotas, como si hubiera desaparecido su tejido o ensambladura entre lo psíquico y lo somático. También he pensado que quizá en esa frontera hayan sobrevivido lazos débiles ante el trauma donde parte de sus construcciones mentales se han mantenido de manera desdibujada. La sexualidad infantil ha quedado detenida en su vida, vive con la pareja buscando una cercanía, pero sin tener una vida de "mujer deseante", no aparece la sexualidad adulta.

Desde las transferencias llegamos a las formaciones somáticas y luego a las representaciones psíquicas para nombrarlas, enlazarlas con objetos y afectos, retomar imágenes, recuerdos e historia de vida. En este entrelazado reconstruimos un tejido escindido, desarticulado, roto, quizá desaparecido o desolado.

A través del entretejido intentamos ligar la pulsión de muerte de sus relatos para acercarlos a los de vida, así ella toma un lugar como sujeto en su mundo psíquico.

Parece que los lazos libidinales que enlazaron a la analista a través de la transferencia favorecieron que otros objetos fueran investidos eróticamente y fuera articulando sus pulsiones mortíferas para salir a la vida. Las sesiones con una frecuencia de tres veces por semana y de cara a cara permitieron mayor acercamiento de analizante y analista.

Para terminar, retomo la pulsión de muerte en estos tiempos donde estamos amenazados a la vida, la salud, a la estabilidad emocional, social y económica por esta peste universal avasalladora y donde aparece la pulsión de muerte de manera estruendosa. Viene a mí la fuerza de la naturaleza adquirida desde este virus implacable. Ya Freud se acercó desde Más allá…, a la ciencia de lo vivo donde incluye al reino animal y vegetal, no sólo al humano, muestra que una evolución muy a menudo se paga con una involución que se hace a expensas de esta.

Ahora la pulsión de destrucción aparece escandalosa, quizá como un llamado a la vida. La multivocidad y severidad de la crisis, ha puesto en evidencias los atentados en que hemos incurrido. Los más vulnerables al contagio y muerte por COVID son los que padecen enfermedades somáticas, entre ellas, obesidad, diabetes, hipertensión, enfermedades respiratorias, cardiopatías y otras crónico-degenerativas.

La pandemia del COVID ha puesto en evidencia verdades silenciosas, como el abandono y omisión de las condiciones para preservar la vida. El cuidado en este sentido debería ser desde los afectados, de sus grupos de pertenencia, de las comunidades, de las naciones y del mundo entero, no es un problema únicamente de los sujetos que las padecen, es también de Salud Pública.

Obra: Fragilidad

Los lunes a las 11 con Ana. Cuando el tiempo, el espacio y los límites van más allá del consultorio. El encuadre en la práctica psicosomática[10]

Adriana Meluk Orozco

Psicoanálisis y evolución qué combinación tan absolutamente fascinante. He sido una apasionada de este tema desde que, en el cuarto grado, teniendo unos 9 años, mi padre me explicó la teoría de Darwin y Lamark.

Aún recuerdo el dibujo que hizo de una jirafa pequeña que iba estirando su cuello para intentar alcanzar las hojas de un árbol, y cómo este acto repetido en sucesivas generaciones se pensaba hacía que estas tuvieran luego el cuello más largo y pudieran alimentarse de árboles que con su tamaño anterior no lograban. Recuerdo un ejemplo que me dio sobre selección natural sobre mariposas amarillas y verdes, que luchaban por no ser devoradas por los pájaros, siendo las verdes las que lograban sobrevivir y reproducirse luego, gracias a que podían ocultarse en las hojas.

Cuando llegó a mí la teoría de la escuela de París, era como si dos temas significativos en mi mente se enlazaran (psicoanálisis y evolución) y se completaba un puzle en mi intención de comprender la complejidad humana.

Si tenemos esto en mente como primera idea, vamos a ver cómo el tema que hoy nos convoca (el encuadre en psicosomática) nos va a remitir, no a *un* solo encuadre, sino a *diversos* encuadres, dependiendo de cómo esté anudada y armada esa unidad psicosomática en el momento en que nos encontramos con un paciente.

Es decir, siguiendo mi idea inicial, evolucionamos y mol-

[10] Ponencia presentada en el Coloquio de la Asociación Internacional de Psicosomática Pierre Marty. Tema: *El encuadre en la prática psicosomática.* Bilbao. Octubre,2018.

deamos la técnica psicoanalítica clásica para que esta resulte realmente adaptativa al paciente psicosomático y favorezcamos el que se dé un proceso de reorganización o reestructuración de su unidad.

Freud en sus consejos al médico de 1912, cuando intenta recabar los aspectos técnicos significativos para el ejercicio del psicoanalista, empieza comentando algo y es que esta técnica, cito textualmente: "*ha resultado la única adecuada para mi individualidad*" y continúa: "*no me atrevo a poner en entredicho que una personalidad médica de muy diversa constitución pueda ser esforzada a preferir otra actitud frente a los enfermos y a la tarea por solucionar*".

Aquí, nos va a dejar ya las primeras pistas sobre nuestro quehacer, y es como no perder nuestros propios trazos (estilo) dentro de una cuadrícula (técnica), que sirve como una hoja para desplegar el trabajo que surge entre el analista y su paciente.

Freud termina este artículo diciéndonos que: "*con la progresiva experiencia de los psicoanalistas, podremos llegar a acuerdos sobre los problemas de la técnica para el tratamiento de los pacientes neuróticos*". Es decir, que nos quedó la tarea de qué haríamos con todos los pacientes que estructuralmente no están en este registro.

P. Marty con su grupo de colegas nos dejó un robusto marco de trabajo, que posteriormente ha seguido siendo desarrollado y enriquecido, pero a mí me sigue pareciendo -por lo menos curioso- el cómo estando ya claramente instauradas las prácticas para nuestro ejercicio como psicoanalistas/ psicosomatólogos, o psicoanalistas de hoy en día, nos veamos permanentemente justificando nuestra acción, y cómo seguimos, quizás, añorando la práctica del psicoanálisis que aprendimos para el tratamiento y comprensión del paciente neurótico.

Nos ha costado muchos años desprendernos de algunas prácticas que veíamos propias del ser psicoanalistas (como el uso del diván, el silencio, la intepretación como herramienta privilegiada etc.) y quizás, buscáramos en una parte de nosotros ser redimidos por ello o quizás solo intentamos integrar esta parte de la práctica.

Estábamos fascinados con los sueños, palabras, olvidos, símbolos, lapsus y fantasías; y nos vimos envueltos en tratar de entender el paciente sin estos elementos ampliamente desplegados.

Ha crecido la comprensión y es interesante cómo la técnica, permite, al ser adaptada, no solo que siga su evolución, sino que nuestra disciplina siga siendo altamente explicativa en los diferentes funcionamientos y estructuraciones psíquicas, ampliando nuestro alcance a otros territorios.

Nos recuerda nuestra teoría y técnica, que tenemos herramientas clínicas para trabajar con los pacientes "del más allá" y *esto también es psicoanálisis.*

El encuadre que nos fue enseñado será un importante referente, y es desde allí que serán posibles las variaciones. Es el marco de referencia de cómo se trabaja con las neurosis bien mentalizadas, y nos señala cómo en un paciente en desorganización, es recomendado mantener los apuntalamientos para favorecer el mínimo desplome. No somos infalibles y desplegaremos todas nuestras habilidades como psicoanalistas, para que, podamos acompañar al sujeto a vivir o morir, como corresponde a su individualidad y a la particularidad de la pareja analítica. *NO* son análisis a la carta, son análisis respetuosos a esta premisa.

Hace años le hicieron una entrevista a Fernando Botero (El pintor colombiano de las figuras corpulentas y voluminosas) donde un periodista lo increpaba diciéndole que en la actualidad arte era cualquier cosa, y que hacer sus figuras era muy fácil, que no se necesitaba mucho trabajo, ya que lo difícil era reproducir una imagen, quizás, al modelo de las representaciones de Da Vinci o Miguel Ángel.

Y Fernando Botero le contestó que se equivocaba, ya que sus grandes influencias eran el arte clásico y el del renacimiento, y que, para pintar sus figuras gruesas, exageradas o redondeadas, primero había tenido que hacer miles de figuras donde se respetaban las formas y proporciones técnicas que le habían enseñado en la escuela de arte. Pero al manipular el espacio y las perspectivas, los espacios fueron muy pequeños para contener todas las figuras.

Y esto es lo que nos ha pasado a nosotros y conversare con ustedes.

Freud, en una carta que escribe a Ferenczi (1928, p 332),

cuando este le envía su artículo Elasticidad en la técnica analítica, le comenta que él hizo un importante énfasis negativo, cuando dio sus recomendaciones técnicas, y le menciona que, quizás, pensó que era significativo hacer énfasis sobre lo que no se debía hacer para: "demostrar las resistencias (tentaciones) que operan contra el análisis. Casi todo lo positivo que uno debe hacer, lo deje librado al "tacto". Pero lo que conseguí con eso, fue que los obedientes no se dieran cuenta de la elasticidad de estas disuasiones, y se sujetaron a ellas como si se trataran de tabúes".

Nuestros márgenes de analizabilidad se ampliaron y un espacio-tiempo que por momentos fue cómodo, hoy puede ser estrecho. O quizás, lo estrecho como lo dijo Freud fue, en algún momento nuestra mirada de lo humano y de la técnica analítica. Winnicott en mi caso ha sido una influencia importante porque me ha permitido pensar que, cuando puedo hacer psicoanálisis clásico lo hago y otras veces haré análisis con modificaciones. El dirá psicoterapia o contención, yo diré análisis como psicosomatóloga.

A nuestra consulta llegarán pacientes con muy diversas manifestaciones somáticas. Desde el paciente en el que su sufrimiento corporal expresa un conflicto, hasta ese cuerpo reservorio de nuestros primeros objetos e investiduras narcisistas.

Esta diversidad nos llevará a plantear el encuadre que vamos a proponer inicialmente, las variaciones que deberemos tener en cuenta conforme avance la cura, la elección del funcionamiento que tendremos en cada uno de esos momentos, las transferencias del paciente psicosomático y las contratransferencias.

El paciente psicosomático nos pondrá en permanente confrontación, ya que muchas veces la situación física nos forzará, con lo que debemos disponer de muchos recursos para afrontar esos cambios, sostener y reconducir permanente el tratamiento.

Podríamos ponernos de acuerdo sobre lo que pensamos que es el encuadre, es decir, ese grupo de variables que servirán como marco de referencia en cada momento del tratamiento (referencias externas que sirven de conexión con la realidad, e internas que sirven de conexión intrapsíquica e interpsíquica), y el ¿cómo vamos a funcionar?, ¿qué trabajo creemos que vamos a posibilitar?, o lo que diferentes autores denominan el proceso, ¿Cuál es nuestra metapsicología básica para orientar la técnica, y nuestros supuestos básicos? Las pulsiones serán el telón de fondo y la economía psicosomática, consecuentemente.

Nos vamos a mover en el territorio del trauma, del déficit y quizás un objetivo significativo es el que lleguemos a conflictualizar al sujeto, que ya nos daría cuenta de un aparato psíquico mejor estructurado.

Así que será significativo pensar, y aquí abogo al modelo de la Escuela francesa, y siendo coherente con este, si nosotros pensamos a nuestros pacientes con diferentes formas de intrincación psicosomática nos preguntaremos: ¿qué se transforma y qué se construye o introduce en el encuadre, cuando se ha instaurado una desorganización, o no se ha dado una adecuada organización?, ¿Cuáles son los elementos comunes con la técnica clásica y que variaciones necesitamos hacer con este tipo de pacientes? .

La investigación en psicosomática es fundamental, porque determinará el ¿cómo nos vamos a posicionar inicialmente? y ¿cuál será nuestra tarea? No solo nos guiara en el establecimiento de las condiciones formales del encuentro: espacio (físico y mental), tiempo (duración sesiones, frecuencia) manejo del dinero (teniendo en cuenta las posibles ausencias por descompensación de los síntomas o la muerte), tarea a realizar conjuntamente, contacto entre sesiones, conexión con miembros de los equipos que intervengan en la situación médica, papel de la familia, condición de la transferencia-contratransferencia y el estilo comunicativo.

Vamos a pensar por partes el encuadre. Me centraré inicialmente en aquellos elementos que nos suponen los mayores ajustes, y son los que tenemos que hacer con los pacientes con mala mentalización y mentalización incierta, que sabemos son aquellos que podrían desencadenar desorganizaciones parciales o totales, y que tendrían complicaciones somáticas que podrían, incluso, llevar a la muerte.

Estamos en el territorio de lo sensorial y perceptual, del

movimiento, de la sensibilidad ambiental, de un psiquismo sin espesor. Donde los afectos no son plenamente reconocidos por el paciente y los vínculos son atravesados por el desamparo y la negativización. Conectarse con otros duele (incluyéndonos a nosotros, por supuesto), y seguramente en este estado, el analista tiene tareas cercanas a lo que se denomina "la función materna", esto también ya fue rescatado por varios autores.

Aquí quiero hacer algunas precisiones sobre esto y recordaré a Míchel Fain (1971) quien nos menciona esta función (madre y amante) cómo: "*aquella capacidad generadora de medidas que tienden a proteger y hacer evolucionar a la nueva criatura*" (en nuestro caso pacienteproceso). Nos recuerda, que esta es una tarea significativa en la génesis de las funciones somáticas de un individuo y una guía desde las funciones repetitivas hacia la programación.

Tenemos la tarea de ser soporte, brindar condiciones de amparo, estabilidades ambientales que favorezcan la puesta en circulación del pensamiento y la presentación de objetos que permitan el apuntalamiento de la unidad somatopsíquica.

Funcionaremos muy a la forma de un "Yo auxiliar" con un preconsciente compartido, donde es el analista quien moviliza las representaciones, es buscador de las huellas mnémicas y los tintes afectivos hasta que se vayan reagrupando las representaciones de cosa en representaciones palabra, que serán las que sean capaces de recordar realidades experimentadas por el paciente a nivel sensorio perceptivo y motor. Pueden estar estas ligadas a afectos, pero, solas, no se prestan a asociaciones de ideas, y casi nunca son movilizables por el aparato psíquico.

En el análisis vemos el estilo de pensamiento y el estilo comunicativo y, aquí, hay una importante clave como P. Marty (1976) nos ha señalado: "*las representaciones-palabra se producen a partir de la percepción del lenguaje de los otros, desde el más elemental hasta el más complicado. Las representaciones-palabra son también representaciones-cosa, ya que su origen es sensorial. Abandonan progresivamente esta condición de representaciones-cosa durante el desarrollo individual. Nacen de las comunicaciones con la madre (terapeuta), después mantienen y organizan las comunicaciones con los otros individuos, permitiendo progresivamente las comunicaciones consigo mis-*

mo: las reflexiones interiores. Las representaciones-palabra constituyen la base esencial de las asociaciones de ideas y, con ello, la posibilidad de la narración del trauma que aquí es posible conflictualizar e interpretar".

En una fase inicial de tanta dependencia, marcada por las condiciones de salud y el desamparo psíquico, el analista es guardián del tiempo y el espacio (separaciones y encuentros), de la secuencia y del mantenimiento de la estabilidad relacional, recolector de percepciones, movimientos y sensaciones que creen cosas y prestamista de palabras. El encuadre tendrá que ser lo suficientemente explicitado, actuado y guardado por el analista, como condición que da estabilidad en el vínculo. No es rigidez y, aquí aclaro, que movimiento no es caos, es más bien algo cercano a una danza compartida. Son movimientos, gestos y palabras que buscan la reconexión o reagrupación de los fragmentos psicosomáticos.

Y aquí va un señalamiento para todos nosotros, y es que el encuadre no puede volverse la expresión de nuestra propia resistencia. Durante años pusimos el foco en repetir los *aspectos formales* del encuadre sin cuestionarlos, diré "encuadres operatorios" que perdían el sentido del encuentro y nos instauraban en una posición más defensiva que comprensiva. Muy importante repetir, como una forma de organizar y dar constancia a la interacción. No repetir sin sentido.

Aquí tengo una duda, y la dejaren para que lo conversemos luego en el debate. Es en torno a la frecuencia de los encuentros, equilibrio entre el contacto presencial (cuerpo-cuerpo) y virtual (cuerpo-pantalla-cuerpo).

Quiero mencionar algo, y es que en pacientes graves muchas veces la asistencia a la consulta presencial sabemos es compleja, con lo que los encuentros virtuales favorecen no romper la continuidad del vínculo. Marcan también espacios de separación, sin desconectar con el objeto de que contiene, y nos permiten acompañarlos en lugares que para nosotros serian difíciles de acceder (casas, unidades de cuidados especiales, hospitales etc.)

Hemos hablado ya en otros escenarios sobre el número de sesiones que un paciente con una organización deficitaria sería adecuado tuviera, y hemos acordado, no una alta frecuencia, es decir, 1 o máximo 2 sesiones por semana. Sin embargo, si pensamos en pacientes que necesitan un importante apoyo del mundo externo (donde el/la analista se encuentra), y nosotros tenemos la tarea de ir ayudando a construir psiquismo y este, se construye con la presencia real del objeto, su constancia y soporte, sería interesante pensar si es necesario un número mayor de encuentros con el analista y, quizás, disminuir el tiempo de la sesión.

El paciente estará soportado por su equipo médicosanitario, y en muchos casos sus familias, pero pienso que se necesitan interlocutores que dosifiquen y ayuden a metabolizar el mundo interno y externo que sabemos es concreto, actual y, en ocasiones, vivido como intenso, demasiado, abrumador, incomprensible o terrorífico.

En ese "cara a cara" (que será el modelo de relación), vamos a favorecer, como nos lo menciona E. Aisemberg y otros (2000): "el despliegue narcisista de la transferencia, la búsqueda por parte del paciente de la mirada del analista, que sostenga en un intento de construir o reconstruir una imagen unificada de sí mismo", con lo que nuestro diván podrá usarse en un segundo o tercer momento del proceso. ¿Qué decir del enunciado de la regla fundamental?

Aquí rompemos con otra de nuestras reglas enseñadas, y es el analista "silencioso" (escucha e interpreta). El analista psicosomatólogo con un paciente en desorganización, funcionando operatoriamente, y muy seguramente desvitalizado, es un analista más activo que ante todo observa y se permite las conexiones sensoriales, presta palabras, indaga y pregunta. Se permite escuchar el curso cambiante e inestable del pensamiento y va calibrando la calidad de este, pero no está deseoso de interpretar, está más cercano del lugar de construir.

Una de las cosas que impacta cuando se empieza a leer la obra de P. Marty, es verlo haciendo sus entrevistas en el hospital, donde pregunta, acompaña al paciente en su relato, lo lleva a observar sus movimientos, e indaga sobre lo que el paciente percibe, o donde centra su atención. Le hace señalamientos sobre sus fantasías cuando observa los gestos y con esto, les da las primeras pinceladas de la conexión entre lo que se dice, se siente, se hace y se piensa.

La regla fundamental sigue siendo válida, por supuesto, en el sentido de que el paciente pueda expresar todo lo que piensa, pero tendremos que ampliarla comentándole que será importante lo que hace, lo que se hace, lo que siente y percibe y esto se trae a los encuentros.

En nuestro caso la atención libre, flotante, se centrará en todo ello, y adicionalmente lo que el paciente "nos hace", nuestras propias actuaciones, y algo que para mí es muy importante: y es el, como nos sentimos corporalmente (visceralmente), no solo durante la sesión sino en los a posteriori.

Aquí, es importante rescatar el papel de la identificación adhesiva y proyectiva como formas tempranas del psiquismo para comunicarse con el objeto. Esta observación y conexión senso perceptiva, permite ir creando representaciones conjuntas, que dan cuenta de esos afectos escindidos, suprimidos, o negativizados.

Por otro lado, estos pacientes, que también sabemos están funcionando desde el masoquismo aparente (Marty,1976/1984), muestran una importante dificultad para identificar lo que les hace daño, con lo que la relación con el entorno se hace difícil. Será significativo que puedan tener conciencia del sufrimiento que es posible estén experimentando, y aquí el analista deberá desplegar recursos cercanos a los usados en las terapias con niños donde el fantaseo conjunto, el juego compartido entre otros, pueden ser de significativo soporte. Veremos juegos repetitivos, hasta llegar a un juego más simbólico (la experiencia de sí mismo en presencia de otro). Jugar permite regresiones tan significativas que favorecen la reorganización mental.

A nivel contratransferencial, nos veremos muchas veces invadidos por la desvitalización, con lo que no es extraño que, al no ser incluidos como objetos, nuestra tendencia sea replegarnos, sintiendo al paciente distante, tedioso y aburrido. Son pacientes con los que es difícil identificarse, porque como ya lo mencioné, están lejos de la conexión afectiva, o nos conectan desde la idea de un profundo fracaso o derrota que es seguro, lo que ellos mismos están experimentando: El sin sentido, el instinto desligado.

Voy a terminar esta disertación hablando de temas que ya cité al principio al hablar de los aspectos formales del encuadre. Ello corresponde a algunos aspectos concretos, o como diría A. Green "el estuche".

Pienso que es significativo que pensemos en los cómo del manejo del dinero, las ausencias (necesarias para crear fantasías), la compresión del analista de los movimientos en el encuadre del paciente (más allá de las resistencias) que, de nuevo, son indicadores del funcionamiento mental en términos de la discontinuidad e integración. Serviremos de guía y domos guardianes de la *constancia, continuidad e interés* -en esto quiero hacer un énfasis- no solo de la adaptación activa de las necesidades del paciente, que se va reduciendo conforme avanza la integración, pero sobre todo de la conexión con las realidades. Es decir, funcionar con encuadres *no operatorios,* para pacientes en vida operatoria.

Para cerrar este trabajo quiero compartirles, algo del proceso de Ana como muestra de esos *encuadres* necesarios en el paciente psicosomático en desorganización.

Ana

Son las 11 de la mañana de un lunes, hora habitual de la sesión con Ana, pero hoy ella no vendrá. Dentro de una hora seré yo la que vaya a su funeral. Esta será la última sesión. En ninguno de mis escenarios del encuadre pensé que haría una sesión así. Pero Ana y yo hablamos y pudimos fantasear este último momento juntas, como cierre de su análisis y, paradójicamente, este era el logro de su proceso, poder pensar lo que por años no pudo ser pensado: 23 "*las veces en* que *la mataron y cuantas murió*".

Ana llega a su análisis con un diagnóstico de cáncer de estómago, con tan solo 32 años está abrumada, porque este se ha extendido por su hígado y se ven algunas lesiones en cadera y cerebro. Me dice que no puede pensar, que su mente está en blanco. No es una situación actual. Desde la pandemia le era difícil pensar e incluso sentir. Y agrega: "quizás una parte de mí siempre ha sido así...está en blanco" (yo pienso: "*y se llena con algo como el cáncer...*", pero no se lo digo).

Su médico no ha sido alentador con el pronóstico, pero Ana decide que ella va a "luchar", y le señala que se prepare psicológicamente. Ana no tiene claro que le quiso decir con esa frase. Sin embargo, relata con detalle cómo miró el oncólogo la hoja de su analítica, las caras entre los miembros del equipo de salud y la de sus padres que la acompañaban. Me dice:" *Nadie me dijo nada, pero sus caras eran un poema*".

-A: ¿un poema sobre?

A lo que ella me responde: "*No podría decírtelo muy bien, quizás... a algo muy malo*".

-A: ¿qué imaginas?

-Ana:" *No puedo imaginarlo, pero se siente malo*".

Ana me cuenta, en los primeros encuentros, que trabajaba como arquitecta en un país del exterior, en un gran estudio. Ganaba mucho dinero, trabajando entre 15 y 17 horas por día.

La pandemia le trajo situaciones impactantes: No pudo trabajar, ya que se suspendieron todas las obras en las que participaba, bajaron de forma significativa los ingresos y su novio, en el momento que se declara la alerta sanitaria, se encuentra en su país de origen y no puede regresar hasta casi 2 años después.

Esta última situación es un punto que a mí me resulta altamente significativo, y me atrevería a señalar, el evento que irrumpe en el psiquismo y se vuelve excesivo (el desamparo repetición de la relación temprana con sus padres que se han ocupado muy poco de ella).

Ana me dice que su mundo se detuvo. Permanece 8 meses en su casa y, aunque intenta hacer muchas cosas, me dice que sobraban muchas horas en el día. Que limpiaba sobre limpio, y que, por momentos, perdió la noción de los días, de las secuencias, apoderándose de ella una sensación de angustia que no logra calmar.

(Esto para mí ya es una pista muy importante de su agitación y la pérdida de la conexión con los aspectos de la realidad, y lo tengo muy en cuenta a la hora de establecer el acuerdo del encuadre…noción de los días…separación-cercanía)

Piensa que puede morir y que estará sola en su casa y su novio no podrá venir a ayudarla o, al revés, que algo le va a ocurrir a él, y ella no podrá ir a auxiliarlo.

Cuando finalmente regresa al trabajo, me menciona que empieza a experimentar algo de dolor de estómago el cual calma con algún antiácido o analgésico. Nunca consulta al doctor. Un día, estando en su trabajo, se empieza a encontrar mal y su jefe le dice que se vaya a urgencias siendo muy insistente, pero ella no quiere.

Finalmente, cede y asiste porque tiene un vomito con sangre.

El diagnóstico es demoledor un cáncer que ha invadido su estómago y deben intervenir lo antes posible. Ana me relata, cómo ella no dio eco a su malestar físico, ni le parece importante su pérdida de peso, ni logra darle un lugar en su mente al dolor. A pesar de tener nauseas, debilidad, y una sensación permanente de "estar indigesta", no busca ayuda y atribuye todo a la tensión que estaba experimentando en su trabajo.

Es una mujer que dice: "Evito dar trabajo o problemas. Trato de ser una chica buena. No hablo con nadie porque no quiero preocuparlos, me muestro fuerte y valiente". Y agrega: "como siempre".

Me dice: "*Yo solo puedo con un dolor a la vez*". A lo que yo en ese momento le señalo que, quizás, solo pudo ocuparse del dolor de lo que estaba ocurriendo en su mundo externo, como no poder ver a su novio, y no pudo ocuparse de sí misma. Ella solo responde que no lo sabe.

Le quitarán el estómago, y tendrá que aprender a comer, y todo esto lo relata como si no fuera con ella. No logra pensar lo que esto supondrá: el cambio de rutinas, regreso a casa paterna. Tampoco se hace una idea de lo que supondrá para su cuerpo. Cuando esto ocurre, donde la veo altamente desconectada le paso mi "Tablet" y el lápiz, y le pregunto si pinta. Me dice que pinta casas y que le encanta diseñar. Le hago una analogía... "¿Si tú fueras cómo una casa como serías?" (Hace un plano).

Una vez lo termina le pregunto... ¿Dónde está el cáncer? Y ella pone una gran mancha en el espacio que ha destinado a la cocina...Le digo: ¿Estaría en la cocina?... *"Es posible"* ...le digo: Quizás hay algo de carcoma (gorgojos) en alguna parte de la estructura (refiriéndome a la metástasis de hueso) ...me mira y no responde.

Le pregunto: Tú que sabes de casas, ¿qué le podría ocurrir a esta casa que tiene esta dificultad en la cocina, en parte de la estructura, y se ve que algo pasa en el altillo? (refiriéndome a su cabeza y señalo mi cabeza). Ana sonríe y dice: "Qué fácil lo has descrito..., pues que se pueden hacer cosas, pero que ya veremos si el agujero no compromete las bases y que no se haya extendido la plaga de carcoma por todos lados".

Les confieso que no me era claro el tiempo de vida de Ana, pero viendo su desamparo, su incapacidad de poder pensar, su historia de funcionamiento en acción, su marcado desinterés sobre su propia vida, lo que el desamparo pudo suponer para ella, decido hacer un primer acuerdo del encuadre.

Es muy difícil pensar en un encuadre muy estático para ella, porque las sesiones de quimio, revisiones, analíticas, y descompensaciones permanentes, hacen parte de la vida de Ana. Intento situarme en su funcionamiento actual y propongo verla una de las sesiones de la semana presencial y la otra virtual dependiendo de los efectos de la quimioterapia y estado general.

Ella escogerá dependiendo de cómo se sienta cuál será de una forma y cuál de otra. He de mencionar que, casi siempre, Ana quería ir a la consulta. Manifestaba que era tranquilo, que podía pensar lejos de la mirada de sus padres y hermana, que era importante cuando ella podía contar algo de su vida, y que algo del espacio la tranquilizaba. Algunas veces hace referencia a la luz, otras veces al olor que hay (dice que se parece al de la casa de su abuela), otras veces fija su atención en algún objeto, o me mira y comenta algo sobre mi apariencia.

Psíquicamente la encuentro en un estado de desorganización muy importante, con lo que sus elaboraciones son escasas, y yo entiendo que está en este momento la pulsión de vida puesta al servicio de la supervivencia.

Coordiné con ella qué haríamos si se descompensaba en sesión y a quien llamaría. El pago de la terapia se haría al final del mes y asumiría las ausencias. Sin embargo, acordamos que su salud iría marcando muchas pautas, pero que era muy importante que pudiera venir para que ella pudiera ir llevando mejor su tratamiento y pudiéramos, juntas, pensar toda la situación que estaría atravesando.

Ocasionalmente, conforme va pasando el tiempo, y cuando se queda sin relatos, le propongo que me cuente cómo era ella antes y qué cosas hacía. No logra pensar mucho, le pido fotos de sus trabajos e intento situarla en tiempos y espacios que le permitan ir evocando sus recuerdos. Entre edificios a medio construir, Ana recoge sus días, sus sensaciones, el desamparo que de niña la acompañaba por tener unos padres que trabajaban mucho, y con los que siente que están pensando más en su dolor que en el de ella.

La penúltima sesión del análisis, casi 1 año después de su llegada, Ana se conecta a su hora desde el hospital. Me dice que la ingresaron, que tiene mucho dolor, que tiene miedo. Me dice que agradece mucho esté allí y que le hace mucho bien poder entender qué le ha pasado estas horas. Este encuentro le digo que, aunque ella sabe el tiempo que siempre usamos, si no se encuentra bien, me diga y paramos.

Nos quedamos en silencio y yo solo estoy sentada observándola. Me dice: Adriana tengo miedo. Le pregunto de qué, y me dice: "*Creo que esta será la última vez que te ved*". Yo siento mucha ternura. Me dice: "*Qué penita que no pensé hacer terapia antes…me hubiera gustado mucho pensar*". Me pide que vaya a su funeral, y yo le prometí que iría a esa "sesión" que ella, con anterioridad, dejó pagada. Me dijo, que, ya que ella no podría estar presente, yo lo haría por ella. Que, aunque parecía mágico, era como poder estar en el momento más significativo de su vida.

Me dijo: "*Yo iré en el recuerdo de lo que te dije y tu asistirás en cuerpo* (curiosa descripción, ya que pienso que durante los meses de análisis quizás los papeles eran al revés- yo era el recuerdo y ella el cuerpo-...pero descubro donde está hoy el pensamiento).

Cuando llegué a la misa que celebraban por ella, vi su ataúd. Y pensé en silencio: "Aquí estamos Ana..."

Miré a mi alrededor y vi los que, supongo, eran sus amigos, familiares, su novio, sus compañeros del trabajo, y cada una de las personas que ocuparon sus relatos durante el último año de su análisis... estos fueron teniendo rostro para mí. Le dije a Ana en mi mente y empecé a relatar a su ausencia: "Ana llegamos al miedo, tu muerte, esto era lo que iba a pasar, y que era imposible de nombrar, y menos pensar, cuando llegaste. Como lo pudimos fantasear, vino mucha gente y hay muchas coronas de flores. Tu familia escogió un ramo de flores de tonos naranja y amarillo, como lo querías, y están sobre tu féretro... son lirios y gerberas.

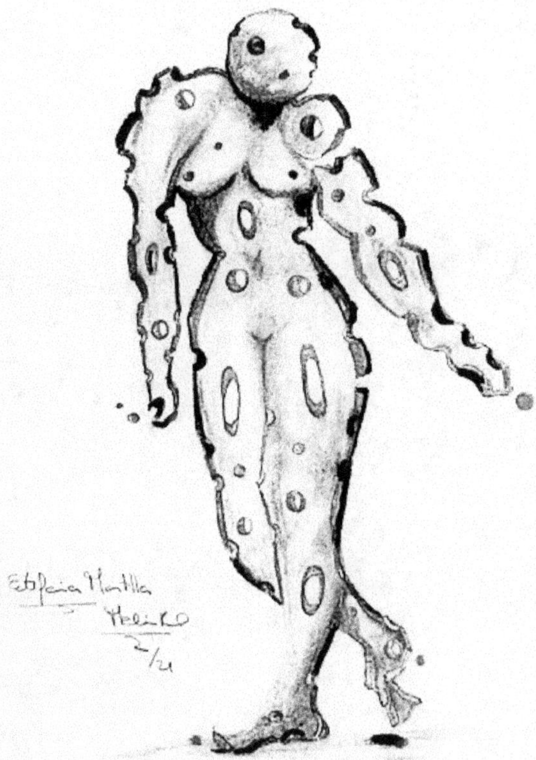

Obra: Arte superfluo

Enfermar físicamente para sobrevivir al fanatismo religioso: Desorganización psíquica e implicación somática en una adolescente con Lupus[11]

Adriana Meluk Orozco
Olga Bechara Moscardi
Eugenia Valdés Salas
Leticia Villagómez Tovar

El grupo de psicosomática de la Federación Latinoamericana de psicoanálisis (FEPAL), se adentra en esta ocasión a explorar el territorio del fanatismo religioso desde el psicoanálisis y lo que ocurre en la mente de quien se ha visto involucrado en grupos, donde se ofrece la ilusión del cuidado, el bienestar o la salvación de una vida de sufrimiento, por algún tipo de líder mesiánico quizás sustituto de las figuras paternas de amparo.

Samy es una chica que llega a análisis con tan solo 12 años, con un importante cuadro alimentario y que rápidamente va a desembocar en una enfermedad autoinmune, producto de una dramática historia familiar. Esta se inicia cuando sus padres entran en un grupo religioso que lentamente se apodera del funcionamiento familiar y de la identidad del grupo.

Samy y su familia son captados como miembros significativos para la comunidad religiosa y se les atribuye "dones" como ser capaz de profetizar o sanar.

Es importante señalar que los niños y adolescentes son considerados importantes para estos grupos, porque son sensibles para incorporar la identidad fanática.

A Samy se le hace creer que todo lo que piensa es un pre-

---

11 Ponencia presentada en el 35º congreso FEPAL.Tema: *Intolerancia, fanatismo y realidad psíquica*. Río de Janeiro-Brasil.2024

sagio de que ocurrirá, con lo que sus pensamientos de características agresivas la llenan de terror. Para ella, sus padres se han vuelto malos, y ella misma se considera mala por lo que piensa e imagina situaciones catastroficas. Samy enferma gravemente y es su situación física, la que cumple el papel de reguladora de su equilibrio pulsional.

La compleja enfermedad de Samy.

Adriana Meluk Orozco
(Material clínico con modificaciones que preservan la identidad de la paciente)

Al inicio del tratamiento me llamó la atención en Samy, el silencio que reinaba en sus sesiones y la expresión de su cara, que siempre mostraba una mezcla entre sorpresa y pánico. Quizás, es la cara que tiene alguien después de que ha pasado un gran susto.

Me miraba siempre fijamente con los ojos muy abiertos y a mí me daba la impresión de que estaba alerta y en defensa conmigo, nunca lograba relajarse, parecía aterrada y su cuerpo se veía rígido.

Cualquier sonido exterior o un movimiento inesperado por mi parte hacían que saltara de su silla, con lo que yo intentaba moverme lentamente para no sobresaltarla y me vi muchas veces inquieta con los ruidos que se producían alrededor (la voz de alguien, un timbre, el ruido de alguna reparación en el edificio, las campanas de una iglesia) era como si estuviera vigilando el sueño de un bebé y yo tuviera que cuidar su sueño de las interferencias del exterior. Muchas veces le preguntaba: ¿Qué ocurre? Y Samy o no respondía o decía: me asusté.

Yo le preguntaba que pasaba por su mente y ella solo encogía sus hombros sin responder. Muchas veces tuve la fantasía de que ella fuera una niña "abusada" o que había cosas de las que era muy difícil hablar. Samy tiene muy mal dormir y reporta insomnio con frecuencia.

Las sesiones con Samy en general en sus primeros momentos fueron densas, intensas, las palabras no fluían y predominaba la acción. Samy llega a la consulta por una anorexia nerviosa con tan solo 12 años (en la actualidad tiene 19 años y sigue en su análisis) y en ese entonces yo me explicaba su funcionamiento por ser una preadolescente.

No jugaba tampoco y cualquier intento mío por ofrecer algún estímulo que despertara algún interés, no era siempre recibido o el interés duraba muy poco. Arcilla, pinturas, juegos de mesa o Tablet, propuestas sobre temas diversos entre otras cosas, no la conectaban. Muchas de las sesiones giraban alrededor de sus inquietudes sobre su peso, su cuerpo, sus ingestas o la cantidad de acciones que ejecuta, ya que no podía estar quieta.

A través de estos temas logré tener contacto con ella inicialmente.

Pasa el día en un sin fin de rituales muchos de ellos de tipo mental, por ejemplo: intentar no pensar o hacer listas de tipo supersticioso para que algo que ha pensado no ocurra. La mayor parte del tiempo reporta tener miedo a no cumplir con las expectativas de otros, fallar o equivocarse, el "no ser castigada o regañada". Teme que sus pensamientos sean ciertos y en muchos momentos es evidente para mí la disociación. No tiene amigos y está escolarizada en su casa, cosa que se justificó por el cuidado que debían tener los padres por su cuadro alimentario y por los cambios permanentes de residencia.

Mantengo sesiones frecuentes con sus padres quienes son un matrimonio multicultural (madre de un país de América Latina y su padre de Europa) ambos con estudios superiores y doctores en sus áreas. La madre antropóloga y doctora en estudios sociales y su padre ingeniero quien se ha doctorado en programación de computadores. Samy es la única hija de este matrimonio. Son una familia que ha vivido por temporadas en un país u otro y esto ha generado muchas presiones para todo el grupo e importantes dificultades de adaptación.

Me inquietaba que muchos de los cambios de país se daban de forma abrupta y sin mucha preparación y sin avisarme, por ejemplo, he visto a Samy el viernes en América y su siguiente sesión el martes están en Europa. Hasta el momento es muy raro que se falle a una sesión, la veo dos veces por semana. Es importante aclarar, que han existido pequeñas temporadas de sesiones presenciales y la mayor parte del tiempo por vía telemática.

La situación alimentaria y vital de Samy fue mejorando con los años de tratamiento y cuando el cuadro alimentario no está presente, disminuyen las autolesiones y rituales. Samy se muestra más vital y activa. Por años esta chica sufre este padecimiento y muchos de sus síntomas corporales a nivel médico y nutricional son interpretados como consecuencias de su baja ingesta y conductas de riesgo. Sin embargo, cuando todo parece estabilizarse Samy empieza a tener desmayos ocasionales que alertan a sus padres y por supuesto a mí también. No se encuentran causas médicas claras y se atribuye a la ansiedad y el estrés ante la carga académica (Samy ha retomado sus estudios fuera de casa y se prepara para ingresar a una universidad muy exigente.

Ella es muy perfeccionista y siempre busca obtener las notas más altas (para este momento del análisis Samy tiene 17 años). Su siguiente síntoma físico es una hipertensión ocular que hace que ella pierda parte de la visión lateral en su ojo izquierdo. Samy empieza a quejarse de dolores articulares que ceden al tomar paracetamol e ibuprofeno (necesitando tomar a lo mejor 3 por día), se queja de un importante cansancio y posteriormente de que su cara se enrojece y tiene erupciones -ella las interpreta como acné porque ha subido de peso- y este síntoma junto a la pérdida del pelo, son los que más la inquietan.

A mí me resulta curioso que a pesar de mis señalamientos a los padres no consultan con un médico, hasta que me veo en la obligación de imponer la asistencia al mismo como condición para seguir siendo tratada por mí. Veo la instauración de una importante desorganización, con lo que considero vital dicha asistencia. Esta situación hace que decidan dejar la terapia. Me sorprende por el vínculo que tengo con Samy, que su madre mencione que el motivo es porque la chica les ha dicho que no quiere seguir conmigo. Ella tiene también apoyo de psiquiatría y nutrición (para ese momento de forma ocasional) y en ese momento rompen con todo el tratamiento.

Cuatro semanas después Samy se comunica conmigo y me dice que necesita tener una sesión (Le ha sido diagnosticado un Lupus eritematoso sistémico).

Yo se la doy y le digo, que es importante que podamos hablar de lo que ha pasado. Samy me menciona que sus padres simplemente le dijeron que no seguiría en tratamiento sin ninguna explicación adicional. Propongo reunirme con ellos ante la información tan contradictoria. Samy me ruega que por favor no, sin embargo, yo me mantengo en la idea de tener una sesión conjunta donde poder reencuadrar después de la ruptura anterior. En dicha sesión Samy está muy agresiva (comportamiento que yo no había visto previamente dirigido al exterior) y cuando su madre la responsabiliza de la suspensión del tratamiento Samy tiene un ataque de pánico donde hiperventila, grita y llora. Yo pregunto si es habitual que esto ocurra y su madre menciona que sí. Les indago porque no había sido mencionado y Samy responde: Porque en esta casa hay muchas cosas que no se dicen.

A: de las que es difícil hablar o que son secretos

S: que están prohibidas hablar.

Los padres de Samy en dicho encuentro se muestran muy angustiados y dicen muy poco. El padre llora e intenta acercarse a la chica y la madre menciona en repetidas ocasiones que ha hecho lo mejor que ha podido las cosas y que si se ha equivocado le pide perdón, a lo que Samy responde: Nunca voy a olvidar nada de lo que me han dicho y hecho.

A: ¿Qué está pasando? No se me responde, y de nuevo reinó el silencio por semanas.

Trato de volver sobre la situación de agresividad vista en dicha sesión y Samy en las siguientes sesiones solo tiene un objetivo: entrar a la universidad e irse de casa. Esto se convierte en su nueva obsesión y Samy lo plantea como una urgencia vital. "Debo salir de mi casa, no puedo seguir aquí".

Yo no tengo muy claras algunas cosas e intento moverme

con cautela, pero se me ocurre que en dicho clamor es claro que la sobrevivencia de esta chica no pasa solo por la asistencia médica, sino por salir de su casa y tomar distancia con sus padres. Entramos en una época de hiperactividad alrededor de lo académico. Ella solo mencionó algunas veces miedo de que la elección profesional no fuera admitida por sus padres.

Samy entra a la universidad y se va a vivir fuera de casa a una residencia de estudiantes y con esta situación hay un cambio importante en el análisis. Ella empieza a traer imágenes de cosas que fantasea o de pensamientos que tiene. Un día me dice lo siguiente:

S: lo que más tranquila me tiene, es no volver a ver a los de "la comunidad".

(Yo en ese momento no caigo a que está haciendo referencia y pienso en la comunidad donde habitaba).

Dice: Ahora puedo leer lo que me gusta, ver lo que me gusta y hacer los amigos que me gustan. Me da un poco de miedo por las consecuencias, pero ahora lo hago.

Yo le pregunto: ¿Y antes no? ¿por qué?

Samy me dice: pues porque mis papas no me dejaban. Hay libros prohibidos, no puedo ver televisión, ni puedo relacionarme con nadie que no sea de la comunidad. Yo me siento ahora muy feliz de poder leer mis libros.

He de confesar que sentí como si una gota de agua fría atravesara mi espalda.

A: ¿Samy tú me estás hablando de que comunidad? Porque me dices que es una comunidad que prohíbe cosas.

Samy hace de nuevo cara de terror y se percata de que es algo que no debía decirme.

Yo le digo: Samy estoy pensando que este tema tiene que ver con todo lo que te ha pasado por años y ahora empiezo a entender tu grito de auxilio para que te ayudará a salir de tu casa.

¿Qué está pasando?

Samy rompe en llanto, tiembla, aprieta sus manos sobre el pecho y coge su cabeza. Me dice que es muy fuerte y que sus padres le habían prohibido hablarme de ello. Que nadie puede saber de su tratamiento porque no podría seguir. Me menciona que sus padres decidieron hacerlo sin contarlo a nadie porque la vieron muy mal, pero todo el tratamiento es secreto. Con lo que por momentos a ella le ha hecho sentir que es malo, pero luego se siente mejor y piensa que es bueno.

(Ellos llegan a mí por recomendación de una conocida a quien consultan por la parte nutricional y ella les menciona que es urgente recibir ayuda psicológica. Me mencionan que buscaron opciones en grupos "tipo AA" pero que no resultó bien)

Me dice: yo tengo mucho miedo de hablarte de esto, pero sé que, si no lo hago, no voy a poder mejorar nunca. Mis padres pertenecen a una comunidad religiosa especial.

A: ¿Especial cómo?

S: pues es religiosa pero no católica, ni nada de eso... bueno como te lo explico...hay pastores que son los que mandan y tienen reglas muy estrictas...muy rígidas...sobre todo...con quien hablar, que decir y...Adriana tengo tanto miedo.

Cada vez la información es más confusa para mí, pero empiezo a conectar rápidamente en mi cabeza hechos, funcionamientos de Samy, sus ideas sobre el bien y el mal, las constantes prohibiciones y rituales, las salidas abruptas de país entre otros hechos. Por primera vez logro sentir el terror que quizás ella experimenta. Nunca se me mencionó la pertenencia a ningún grupo religioso, ni prácticas en ese sentido.

S: yo estoy aquí encerrada en mi habitación y he cambiado mi teléfono, mi computadora, todo, porque aún creo que esos pastores están por todos lados. Si a mi alguien se me acerca yo siento que no puedo respirar, no quiero que nadie me vea...si alguien me mira en la calle yo estoy muy asustada. Tapo mi cabeza con el gorro de mi abrigo para que no me vean.

Yo sigo intentando encajar como ella en toda esta historia.

Samy prosigue: yo no quiero estar cerca de mis papas.

No puedo explicar en detalle todo lo que Samy empieza a

abrir en los siguientes meses. Me cuenta como cuando ella tiene 8 años su madre ingresa a un grupo religioso para ayudar a la comunidad y desde ese momento empiezan a cambiar muchas cosas en su casa. Cada vez más, su madre pasa largas horas en actividades del grupo y poco a poco, ella y su padre, son involucrados en todas las actividades de este. Primero alguna actividad lúdica, luego alguna actividad religiosa y así sin que se dieran cuenta todo empieza a girar alrededor de los miembros de la comunidad.

Refiere cómo los integran y los hicieron sentir como "sus familiares y hermanos" (cosa de la que carecen sus padres ya que la relación con sus familias de origen es muy mala) cada cosa que hacían se ofrecía como un acto para cuidarlos y protegerlos. Por ejemplo, una de las cosas fue ofrecerles una casa en una urbanización que pertenecía a la comunidad, con lo que todo lo que allí pasaba era regulado por el grupo. La familia vive como una ayuda dicha oferta y ellos pagan la estancia con actividades. Cada vez estaban más atrapados. Trabajan para la comunidad, se hacen favores, etc. y esto empieza a dar derecho de decidir y opinar (los pastores dicen guiar) sobre todo lo que la familia hace. Todas las actuaciones son consultadas con un mentor que señala si la acción es correcta o no.

Cuando Samy tiene 10 años y empiezan los primeros síntomas alimentarios la comunidad les menciona a sus padres que Samy es una chica muy especial y estaba siendo "atrapada por el demonio" con lo que deben protegerla. Ella pasa por varios rituales para ayudarla a sacar el demonio, con lo que Samy empieza a sentirse mala e interpretar todo lo que le ocurre como una posesión. Por ejemplo, uno de los rituales era abrir su boca y llenársela de comida porque era la forma de combatir la anorexia. Samy recuerda el miedo que sentía y la sensación de ahogo experimentada por no poder tragar cuando su madre llenaba su boca con comida y algunas personas la sostenían mientras ella intentaba defenderse pataleando y moviéndose.

Son muy intensas a nivel afectivo estas sesiones. Es separada de la escuela de la comunidad, ya que se piensa puede dañar a otros chicos y por eso está todo el tiempo en su casa. La comunidad dirige la intervención y determina a qué médicos se debe consultar. Todos ellos son parte de la comunidad religiosa.

De otro lado y como menciona Samy:

"yo siempre he tenido rasgos muy obsesivos… ¿Tú sabes el daño que se le hace a una niña cuando se le dice que tiene el don de la profecía? Si yo pensaba en cualquier cosa, creía que se iba a volver real o que quizás no era mi pensamiento si no un pensamiento de un ente malo. Yo no puedo confiar en mis padres Adriana, no puedo volver…es complicado porque es lo único que tengo. ¿Tú te acuerdas cuando nos fuimos del país anterior? Afirmó con mi cabeza.

¿Te acuerdas que salimos de un día para otro? Pues mira… nosotros nos fuimos de ahí porque mis papas decidieron que dejaban la comunidad porque me veían muy mal, eso fue cuando lo de los desmayos. ¿Y sabes que paso? Empezaron a amenazarnos, a seguirnos y mis padres se dieron cuenta de que estaban metidos en una secta. Se sentían muy estúpidos porque no lo habían visto así… solo se sentían parte de algo y estaban apoyados, pero en realidad se aprovecharon de su vulnerabilidad. Los pastores empezaron a pedir mucho dinero y vendimos nuestra casa para pagarles lo que en teoría les debíamos que era mucho dinero.

Se mostraban siempre como buenos y eran muy malos.

Y un día te liberas… ¿pero sabes? Nunca puedes salir de ahí de verdad, porque ya están dentro de ti. Ya está el miedo dentro y yo lucho todo el tiempo con ello. Siento que me persiguen, me ven, saben todo de mí. Me pueden atacar.

A: Samy me haces pensar algo y es como esas personas no solo te han perseguido afuera, sino que siguen como dices dentro. ¿Es posible que tu cuerpo y tus defensas estén intentando destruirlos?

S: pues es posible, yo se ahora que no son demonios que son mis pensamientos, como funciona mi cabeza y como responde mi cuerpo… pero ¿Adri como lo bueno vuelve a ser bueno? Eso me parece muy difícil. Yo no puedo olvidar todo lo que me hicieron mis papas.

A: ¿Todo lo hicieron mal?

S: bueno, todo no...porque por ejemplo te buscaron para que me ayudaras, aunque eso los ponía en riesgo...pero me da rabia de como terminaron metidos ahí...bueno por tontos.

A: ¿por malos?

S: por tontos.

El fanatismo y el funcionamiento fanático

Empezaremos por mencionar que el fanatismo comprende, apasionamiento y tenacidad desmedida en la defensa de creencias u opiniones, especialmente religiosas o políticas. El fanatismo se inicia primeramente al interior del grupo familiar, para luego desplazarse a templos religiosos, partidos políticos o grupos radicales.

Solar, M. (2016), sugiere que los rígidos y absolutos mandatos dictados por los padres en algunas familias, tienen la función de eliminar irremediablemente el pensamiento propio y libre del hijo, puesto que éste está obligado a cambiarlo y a acatar lo que sus predecesores le dicen. Si los cimientos narcisistas están bien instalados, se lograría que el sujeto pudiera separarse de sus objetos primarios. En el fanático, esto no ocurre ya que las figuras parentales no reconocen la necesidad del hijo a tener su propia identidad.

La omnipotencia del objeto se impone al sujeto con un yo frágil, vía inoculación de la grandiosidad del yo ideal omnipotente y un superyó temprano tiránico al que hay que someterse. Se observan fallas importantes en la constitución del narcisismo. La presencia del otro como diferente se ve alterada, con lo que las nuevas ideas resultan intolerantes. No hay lugar en la parte fanática para la alteridad, la diferencia, el otro, no hay tolerancia para la idea diferente.

Como lo menciona R. Cassorla (2019), la organización narcisista protege al sujeto/objeto (que están simbiotizados) contra la explosión psicótica. Nos menciona, además: “Cuando las defensas se debilitan, el objeto frustrante se vuelve amenazador y es atacado de manera vengativa y con resentimiento”.

Existen muchas formas de fanatismo: raza, nacionalidad,

costumbres e ideas. Una de ellas es el fanatismo de tipo religioso y sus consecuencias las cuales intentaremos desarrollar en este trabajo.

El fanatismo se caracteriza por la creencia de poseer la verdad absoluta y atemporal, no se acepta la crítica o reflexión. En el fanatismo religioso encontramos intransigencias, intolerancia, extremismo, radicalismo y sectarismo, en la defensa de creencias u opiniones de este tipo.

El fanático se entusiasma de manera hipertrófica con la idea, la cual pasa a ser incuestionable, de tal manera que el funcionamiento fanático mantiene en su interior aspectos psicóticos, perversos, que varían en su grado, desde la adherencia religiosa, partidista, grupos nacionalistas a sectas. Se puede observar la irrupción violenta de la parte psicótica en actos genocidas, guerras, atentados, suicidios colectivos, etc.

En las ideas inquebrantables del fanático existe una fuerte incertidumbre y aspectos frágiles y atemorizados, que contrastan con la fuerza y contagio con las ideas que se impone. Unido a esto, según R. Cassorla (2019), la personalidad fanática se origina en una persona o grupo o sociedad, cuando existe el sentimiento de fragilidad y amenaza, estas son utilizadas como una forma de contrarrestar la desesperación o temor, se busca un salvador que sustituya la incertidumbre por certezas.

Los hechos son eventos aislados que son transformados y acomodados por la organización fanática, de manera que conforman una idea que comanda, cohesiona y permite incorporar adeptos.

El fanatismo, es la incapacidad para admitir el mundo en su diversidad y para aprender de los otros, en algunos casos genera detención del tiempo y una manera única de ver las cosas. Se opone al movimiento que conduce a la realidad y por tanto no se pueden ver cambios en ella, lo que no da posibilidad para el desarrollo de la vida y el descubrimiento de nuevas ideas.

Freud menciona en la psicología de la religión de 1907, en *Acciones obsesivas y prácticas religiosas*, que, indagando los procesos anímicos de la vida religiosa, en relación al fanatismo ha encontrado semejanzas con quienes padecen de neurosis obsesiva. Entre las causas y motivos del padecimiento se observa un sentimiento inconsciente de culpa, que tiene su fuente en ciertos procesos anímicos tempranos, junto a una angustia de expectativa de desgracia y de castigo siempre al acecho. El fanatismo para Freud funciona a la manera de un mecanismo defensivo, frente a la propia inseguridad emocional, en la que se exige a los otros cambios, que el sujeto mismo no puede realizar.

Según Matiella L. (2024), "El fanático renuncia a una identidad personal por una colectiva, se identifica con el grupo con el que comparte el fanatismo. Se aferra obsesivamente rechazando cualquier posibilidad de duda como una exagerada defensa. Desde el punto de vista psicoanalítico el fanático posee una conciencia moral exigente y rígida, su superyó es severo, lo cual ocasiona ansiedad en el niño que le induce a vivir sus impulsos como peligrosos. Esto lo lleva a una obediencia estricta y luego a una personalidad autoritaria y prejuiciosa

De acuerdo a Freud (1907), el mecanismo psíquico que está en la base de estas patologías es la represión de una moción pulsional, (de un componente de la pulsión sexual), que estaba contenida en la constitución del sujeto, esta tuvo permitido exteriorizarse durante algún tiempo en su vida infantil, pero luego cayó bajo la sofocación. El psicoanálisis ha mostrado que, de manera predominante, son mociones pulsionales las que caen en esa sofocación religiosa o de otra índole fanática.

Desde la teoría de M. Klein (1988), se puede pensar que el fanatismo se inicia en la primera infancia, en el período en el que predominan las escisiones entre el objeto bueno y malo, que son formadores del superyó primitivo y cruel. Es probable que, en el núcleo del yo, el objeto bueno y bondadoso, haya sido escaso y débil. Bion podría decir que el fanatismo de las sectas se asocia al pensamiento regido por el supuesto básico (en Meltzer 1993) los cuales son:

1-Ataque-fuga
2-Apareamiento
3- Dependencia del líder y los seguidores

Respecto del líder o líderes de la secta se puede observar que el supuesto básico predominante en él es de apareamiento, en donde el líder mesiánico, tiene la convicción que pondrá pronto fin a todos los sufrimientos provocados por la desesperación, odio y destrucción.

En este grupo predominan sentimientos de esperanza de protección mágicos, en donde el líder será el encargado de llevarlos a la salvación a través de una idea alienante, dogmática, difícil de articular con otras ideas, no admite transformaciones y forma conglomerados de elementos beta, que simulan tener la lógica y verdad fanática, que el líder necesita proclamar y difundir para capturar a miembros enfermos, formando un verdadero conglomerado externo. Es decir, a través de exorcismos. El líder utiliza narcisisticamente sus habilidades verbales y no verbales, para seducir de un modo hipnótico a sus adherentes, con el fin de capturarlos vía temor, exaltación o ilusión, de modo que, la descarga emocional reemplace la capacidad de pensar.

Respecto de los miembros del grupo de la secta, predomina el supuesto básico de dependencia: este grupo representa la necesidad de crear un líder dentro del grupo del cual dependen, las características es la dependencia y simbiosis, en donde se le atribuye al líder la capacidad de resolver, dirigir y amparar.

Otra característica de este supuesto básico es la de elegir como jefe, al miembro más enfermo de ellos, este aspecto se observa también en las elecciones de los líderes de las naciones o sectas a quienes se les idealiza.

La secta de fanáticos a la que permanecían los padres ilustra de manera terrorífica la presencia de configuraciones psicóticas provenientes de lo que Bion, W. (1965) denomina transformaciones en alucinosis, en donde las alucinaciones ocurren de manera negativa e invisible. El líder que se comporta de manera omnipotente y omnisciente se une a la estupidez de sus seguidores, ello les impide pensar, percibir la realidad y falsedad de las creencias, reemplazando la ciencia por la magia.

La personalidad fanática en su totalidad no existe, Sor, D. y Senet, M. (1993), se refiere a que existen áreas fanáticas de la personalidad que pueden o no convivir con áreas psicóticas y creativas, aunque cueste creerlo. Hablamos siempre como una parte de la mente y no la totalidad.

Hablamos de una habilidad especial para inyectar devoción en el fanático. El rêverie usado como conducto para inyectar devoción llena de espanto y extrañeza. Es la presencia de elementos beta (psicosis) y contaminación con elementos gama (fanatismo) Diferenciamos la psicosis del fanatismo ya que el fanatismo se encuentra más allá de la psicosis.

En las zonas fanáticas la pregunta es una afirmación de superioridad, sin rivalidad sino con asimetría y ha perdido la condición de disparador transformacional para convertirse en argumento y refuerzo plástico de una idea máxima.

El establecimiento de asimetría se da en personas que tienen la facilidad de la base autista, es decir que tienen núcleos vacíos de experiencias vitales humanas.

La idea máxima, de acuerdo a Sor, D. y Senet, M. (1993), es la idea fanática, entendiendo por tal una idea dogmática o mono idea, cuya característica principal es la de carecer de articulación con otras ideas. No acepta la pluralidad, ni la convivencia, obviamente rechaza el intercambio, no cambia, no se transforma, jamás entra en crisis. Es absoluta y rechaza cualquier sombra de duda. No acepta la frustración. La idea máxima tiene el efecto inicial de calmar la ansiedad y la incertidumbre. Anula el cambio y disminuye el dolor de la incerteza. Cuando otras ideas independientes se aproximan a la idea máxima, se pegotean y se sobresaturan.

Existen así tres tipos de pensamiento: Pensamientos aptos para ser pensados, Pensamientos que entran en la transformación de la alucinosis y Pensamientos fanáticos. En estos hay ausencia de conflictos, prescinden de la razón. El fanatismo es estúpido, por su omnipotencia y falsa creatividad, sus enunciados son hiperconcretos.

En este grupo se da la pérdida de la movilidad como la aparición de lo denominado elementos gama lo que perturba la mente. Decimos que la estructura fanática está más allá de la psicosis y que tienen desde luego consecuencias más graves sobre el individuo y eventualmente sobre la sociedad.

Las transformaciones fanáticas se caracterizan por mantener una coherencia reforzada con total desprecio de los hechos, los vértices o las articulaciones. El dogma pasa de una situación a otra, por eso es imposible hablar de transformación, proceso, evolución o cambio

Hay un conjunto de ideas que se mantiene soldadas resistiendo cualquier embate de la lógica, la realidad o las emociones.

El origen de este fenómeno son los mecanismos de escisión y aislamiento. Un fanático necesariamente emergió de una estructura autista.

El aislamiento y la escisión forman la matriz temprana donde el dogma podrá prosperar aislado de la hermandad con otras ideas y separado para siempre de la de toda forma de transformación. El uso fanático se caracteriza por no permitir la transformación.

De acuerdo a Sor, D. y Senet, M. (1993). La idea máxima asentada en el cuerpo puede originar cuadros difíciles: cuadro psicopatológico como la anorexia nerviosa, bulimia e hipocondría, en donde se asienta el uso fanático, se caracterizan por una remisión lenta. Cuando estos procesos patológicos se retiran del aparato para pensar pensamiento dejan en forma característica y notoria agujeros que son los vacíos autistas que pretenden llenar con la ingesta.

Después de muchos años de tratamiento a la salida de estos cuadros los pacientes quedan como pobres y vacíos, dando la sensación de que han perdido algo que, mal que mal, les daba cierta riqueza.

Psicosomática y desorganización psicosomática

De acuerdo a Alarcón, J. (2010) la sintomatología orgánica tiene que ver con la vida emocional del paciente, se refiere a toda una serie de problemas funcionales, sin lesión orgánica, pero que pueden llegar a producirla, y que están relacionados con el mal manejo emocional.

El punto nodal de la patología psicosomática no la encuentra tanto en la problemática del conflicto, sino en la del exceso de excitación y, por ende, en lo traumático. Se las puede entender desde el modelo de las neurosis actuales.

Marty, P. en *Los procesos de somatización,* (2016) señala el principio general de las somatizaciones: "La perspectiva de adaptación del adulto a sus condiciones de vida incita a distinguir arbitrariamente en él tres dominios esenciales, diferentemente movilizables según cada sujeto: -el del aparato somático, de esencia arcaica, que, sin perder toda su flexibilidad adaptativa biológica y funcional, se encuentra poco dispuesto a importantes desviaciones de su sistemática; - el del aparato mental, teóricamente el más sujeto a estar determinado individualmente, el establecido más recientemente, el más sujeto teóricamente a regresiones y reorganizaciones; - el de los comportamientos siempre presente durante el desarrollo, finalmente el más o menos ligado, ver sometido, al orden mental.

Cuando la disponibilidad conjugada del aparato mental y de los sistemas de comportamiento se encuentra sobrepasada, llevada al fracaso por una situación nueva, el que responde es el aparato somático".

Marty describe aquí esquemáticamente los tres dominios económicos que fluyen de las excitaciones pulsionales: las funciones somáticas, el funcionamiento mental y los comportamientos. La somatización resulta de un proceso en relación con el fracaso momentáneo o duradero del trabajo mental y/o de la expresión en los comportamientos.

Según la escuela psicosomática de París, la desorganización psicosomática es una fuerza demoledora que ante situaciones vividas por el sujeto como traumáticas suprime los cimientos sobre los que se establece la organización psíquica progresiva, representa el movimiento contra evolutivo duradero. Su desarrollo se efectúa en sentido contrario al de la evolución individual. Teóricamente, de manera progresiva, la desorganización podría llevar hasta la muerte.

Las sobrecargas traumáticas, las diferencias relativas a nivel funcional y la capacidad revitalizante de algunas regresiones explican la duración extremadamente variable de las desorganizaciones progresivas, según cada sujeto.

En términos económicos, el traumatismo se caracteriza por un aflujo de excitaciones excesivas, en relación con la tolerancia del sujeto y su capacidad de controlar y elaborar psíquicamente dichas excitaciones. (Laplanche J. y Pontalis J. 1993)

De acuerdo a Pierre Marty (1980), define el traumatismo como pieza central en el proceso de somatización: "El desbordamiento de las posibilidades de adaptación corresponde en psicosomática a la noción de traumatismo. El efecto desorganizante final del traumatismo sobre los aparatos mental y somático define el traumatismo.

Las situaciones traumatizantes tienen en común que rompen la continuidad de cierto estado psico-afectivo del individuo a causa de la pérdida "real o imaginada" de un objeto, de una función o de una relación efectivamente investida". Corresponde a una cantidad de excitación que sobrepasa las posibilidades elaborativas del Yo. En efecto, Marty subraya la ruptura en la continuidad del trabajo mental inducida por el traumatismo. Es interesante destacar que para Marty el traumatismo se refiere casi siempre a una coyuntura de pérdida de objeto, ya sea real o fantaseada. Comprendemos así que la solución somática puede ser una de las soluciones que se desprenden de la coyuntura de la pérdida del objeto, junto a las del duelo o la depresión.

En las neurosis de comportamiento se da la desorganización progresiva, cuyo aparato mental, mal constituido, casi no opone barreras defensivas de orden regresivo a los movimientos de desorganización. Se ha señalado la proximidad de la depresión esencial y vida operatoria a las inorganizaciones. (Marty, P. 1968)

El síntoma denuncia un sistema de vida basado en una ideología, en donde un aparente ajuste a la realidad externa y al proceso secundario, oculta una carencia de sentido común: detrás de este vivir al máximo se oculta una fuerte pulsión tanática, que los lleva a pagar, por vivir aceleradamente, el precio de un muerte súbita y temprana.

Comentario y debate final

El cuadro clínico que nos presenta la analista no solo es conmovedor, sino que al modo de una pieza cinematográfica nos mantiene con la atención expectante hasta el final del relato.

Nos preguntamos inicialmente, ¿Cuáles fueron las causas de la desorganización somática en este caso? ¿Cuál es la enfermedad antes de la enfermedad? Tenemos muchas reflexiones sobre esto y la implicación que tiene el ingreso de los padres a un grupo fanático, como el suceso que da cuenta de la fragilidad previa psíquica de los progenitores de Samy y que termina en la manifestación sintomática de la chica, como reflejo de historias trasgeneracionales de desamparo y abandono afectivo. No se llega a un grupo fanático por casualidad, lo sabemos, y es en este, que los padres de Samy buscan consuelo, cuidado y soporte el cual ha sido experimentado escasamente en sus propias vidas y ante sus propios padres.

Con la migración frecuente (sus padres cambian de lugar de vivienda por motivos laborales y familiares) la fragilidad psíquica es aún mayor, y es cuando el grupo religioso aparece como la esperanza y amparo de una" gran familia" que recibe, protege, resuelve dificultades y funcionan como unos padres poderosos y constantes. Dan el soporte narcisista del que se carece y se ofrecen como lugar seguro. Son padres que encuentran un lugar que llena sus importantes vacíos afectivos.

Al comienzo la analista nos pinta una joven que llega al consultorio inundada de ansiedades persecutorias, miedo desconfianza y rigidez, tal como dice ella con la impresión de alguien que ha sufrido una situación intensa de miedo. Samy se presenta en su análisis como una niña "asustada", "aterrada", "abusada", presenta insomnio e importante dificultad para permitir la cercanía, la palabra y el juego, donde la acción de características auto calmantes aparece en primer plano.

A los 12 años, los padres buscan ayuda por síntomas de anorexia (Samy presenta los primeros síntomas 2 años antes y se busca apoyo en el grupo religioso, pero ven que la niña empeora y es cuando los padres deciden en secreto pedir ayuda externa). La terapia es una transgresión a "esos padres secta" que imponen y deciden lo que es correcto o no. El secreto se impone en la relación terapéutica, ya que desde el inicio a Samy se le prohíbe hablar del grupo, con lo que la analista empieza a cumplir un papel paradójico de "salvadora" y "amenaza".

Ahora bien, nos llama la atención la sintomatología por la que consultan los padres: trastorno alimenticio, una anorexia purgativa (no ingerir y lo que se ingiere casi siempre en forma de atracón se vomita).

Las sesiones, nos señala la analista, transcurrían en el relato de la preocupación por su cuerpo, su peso, sus ingestas y los rituales entorno a estos temas lo que nos permiten percibir los importantes montos de angustia existentes.

A Samy no le era posible aproximarse a la analista y lo entendemos en la dualidad antes explicada (no deja de ser un objeto externo al grupo con lo que es persecutorio).Su funcionamiento es de características operatorias donde se observa dificultad para simbolizar, sesiones repetitivas, factuales y a manera de un chequeo del día donde la preocupación es el relato de las acciones ejecutadas, incluso su pensamiento es de tipo acción, no hay una importante reflexividad y se intentan suprimir todas las ideas de tipo agresivo por considerarse que pueden tomar un lugar en la realidad, con lo que la agresividad queda volcada al interior de Samy. Ataques a su cuerpo en forma de hambre, cortes, agotamiento físico y ataques a su pensamiento evitando pensar y sentir.

El síntoma es difícil de ser interrogado, sólo es posible de ser observado y hay una importante tarea del analista de facilitar pensamientos que logren conectar e integrar el sistema de acciones infinitas de Samy.

Podemos decir a través de nuestra experiencia con los pacientes que padecen estos trastornos alimentarios, que la anorexia se podría definir como una preocupación "insistente" y difícil de modificar sobre el cuerpo. Esto nos lleva inevitablemente a evocar y pensar este cuadro y la idea de fanatismo, con lo dicho por Sor, D. y Senet, M. R. (1993), en su libro sobre el fanatismo, en relación al fanatismo y los cuadros corporales: "la idea máxima asentada sobre el cuerpo origina cuadros particularmente difíciles como la anorexia nerviosa, bulimia e hipocondría. Como todas aquellas manifestaciones clínicas donde interviene el uso fanático, se caracteriza por una remisión lentísima y a juzgar por algunos observadores, difícilmente practicable".

Sin embargo, este aspecto suscitó distintos puntos de vista en el grupo que no quisiera dejar de mencionar: una de las analistas de nuestro grupo recalcó el significado de la anorexia como la imposibilidad de la paciente de incorporar elementos del mundo externo, diferentes pensamientos sectarios (desconocidos inicialmente por la analista), tragarlos, por considerarlos peligrosos. Hipótesis que además coincide con la actitud de la paciente en sus comienzos de rigidez, también entendida como usar el cuerpo como una muralla que evite los contactos. Se hacía evidente el rechazo de la paciente al mundo circundante. La pregunta que nos hacemos es: ¿se cierra al mundo exterior y también al mundo interno por haber situaciones de peligro también internas? ¿Es la inquietud sobre el cuerpo, peso, ingesta, la pérdida del pelo, algo peligroso que se impone en el interior de la paciente al modo de ideas fanáticas provocando una cantidad de excitación silenciada? para lo cual necesita una cantidad de acciones que la paciente ejecutaba que podrían ser movimientos auto calmantes ante su ansiedad. Aquí pensamos también algo y es como el funcionamiento de Samy podría decirse es también fanático con relación a sí misma, cuerpo y alimentación.

En la pubertad ya presentaba dificultades que hacían ver lo complicada que había sido su vida. El permanente miedo a no cumplir las expectativas de otros, a fallar o a equivocarse, lleva a pensar en la dependencia extrema a los padres y su escasa posibilidad de acercarse a sus deseos y a otros. Al llegar a la pubertad, los niños en general han resuelto lo suficiente sus conflictos edípicos, ya hicieron importantes avances en su autonomía, en la socialización, para dar paso a sus deseos. Permanecen en la búsqueda de objetos no incestuosos, exogámicos que les favorezca tener una posibilidad de acercarse a otros con menores cargas de angustia.

¿Qué ha sucedido en la historia libidinal de Samy para llegar al análisis con estas dificultades? Los continuos viajes de los padres (que impiden que Samy cree lazos fuera de la familia) favorecieron que Samy desde temprano se quedará atrapada en ellos y que se complique su salud mental.

Se percibe en Samy la aparición de ideas fanáticas desde temprano en relación a los padres. El aparato psíquico se constituyó bajo exigencias rígidas de un superyó severo y punitivo, así como mociones pulsionales reprimidas, lo que ocasionó una continua ansiedad y una personalidad autoritaria.

A lo largo de cinco años de análisis, nos comenta su analista que la situación alimentaria y vital de Samy fue mejorando, disminuyeron las autolesiones y rituales, se permite pensar de forma autónoma a los mandatos de sus padres y aparece cierta necesidad de tomar distancia de ellos (Fantasías de huir del grupo, tomar su pasaporte y viajar a un lugar donde no la encuentren, buscar una universidad fuera de su país) y esta situación es la que hace a los padres interrumpir el análisis. De nuevo este se vive como el causante de la separación de Samy del grupo religioso quien empieza a cuestionar lo que allí ocurre y es cuando sus padres toman medidas como intentar pasar mucho más tiempo con la chica y controlar sus acciones (aumentan las prohibiciones).

Pero a los pocos meses aparecen desmayos ocasionales y se atribuye a la ansiedad y al estrés ante la carga académica (Samy va a aplicar a una universidad de alto prestigio y necesita notas muy altas). Sin embargo, el grupo percibe como interrumpir el análisis, separes de la familia y romper con el grupo religioso se imponen como una importante sobrecarga imposible de ser tramitada psíquicamente por la paciente con lo que empieza una importante desorganización: reaparecen síntomas alimentarios en este caso atracones y purgas con un aumento en el peso y se suma una hipertensión ocular, que hace que pierda parte de la visión lateral en el ojo izquierdo.

Continúa la desorganización y aparecen dolores articulares, erupciones en las mejillas (que se interpretan como acné), pérdida de pelo. Todo esto es diagnosticado un lupus eritematoso sistémico.

La aparición temprana de los problemas alimentarios ya daba cuenta de fallas en su psiquismo, pero ahora aparecían de manera intensa, rápida y progresiva en lo somático hasta llegar a una enfermedad autoinmune.

Samy pide consultar de nuevo a la analista y ante el temor de sus padres de los síntomas nuevos se accede, pero en la sesión, que se da conjunta, un ataque de pánico irrumpe y devela que han sido los padres, y no Samy, quienes habían interrumpido el análisis. Esta situación va a evidenciar serios conflictos y una resignificación de los primeros síntomas (los alimentarios) que se enlazan a las vivencias que en paralelo tenía la chica con la comunidad fanática religiosa.

Los padres de Samy se incorporaron a la secta cuando ella tenía 8 años y a los 10, apareció la anorexia, los pastores la consideraron, "atrapada por el demonio" y con poderes e intentaron con sus prácticas hacer una "cura".

Samy por fin puede traer a las sesiones ideas, fantasías y pensamientos, abre a su analista secretos que había guardado desde el inicio, el mayor el que sus padres pertenecían a una secta religiosa y que buscaron ayuda ante las complicaciones de Samy sin ser autorizados por la secta.

Cuando Samy empieza a revelarse a los "pastores" (líderes del grupo) y a sus propios padres se rompe el vínculo terapéutico que se vive como un enemigo al que se debe evitar. La analista representa un obstáculo, ella es portadora de alfabetizar estas emociones y brindarle pensamientos que le proporcione herramientas para pensar, aspecto temido por la secta, ellos necesitan miembros que obedezcan sin pensar.

Luego hace otras enfermedades psicosomáticas en donde se observa claramente el pedido de auxilio a través del cuerpo, si la terapeuta no le hubiera proporcionado ayuda, la desorganización psicosomática podría haber culminado con su muerte, en ese sentido triunfa el pensar, la vida, por sobre el pensamiento mágico y la muerte.

Samy es portadora de muchas enfermedades que dan cuenta de la dificultad de simbolizar y de la locura de un grupo. Samy lleva a pensar que ciertas ideologías pueden ser factibles de tener un uso fanático, y que la carga de excitación que producen es traumática más aún cuando son silenciadas. En el paciente psicosomático estas ideas que rigen su personalidad, su conducta y su cuerpo, se podrían resumir en la frase de Liberman: "padecen de cordura" (1986). Esto nos lleva inevitablemente a pensar que, en estas personas, las ideologías que han construido desde épocas muy tempranas de su vida son sumamente resistentes y requiere de mucho tiempo de tratamiento.

En este caso es posible articular el conflicto preedípico de la analizante desde las vivencias infantiles y adolescentes, pero también desde las experiencias dadas en la secta religiosa, donde los sujetos que son regidos por sus dioses se quedan atrapados, aterrados, llenos de angustia, sin posibilidad de salir de esta trama incestuosa.

Aquí pensamos que no solo los pensamientos y la comunidad religiosa pueden tener el alcance de traumáticos sino también podemos considerar traumática la actitud de los padres frente a los trastornos alimentarios de Samy: abrir su boca y llenársela de comida mientras ella se defendía pataleando como forma de combatir la anorexia es traumático también.

Otra vía de evacuación de experiencias no digeridas (elementos Beta) está representada por el aparato protomental que puede dar lugar a fenómenos evacuativos: en este caso aparece esto, en el interior del grupo bajo el dominio de los supuestos básicos.

La segunda descarga es a través de los fenómenos psicosomáticos, creo que la cantidad de emociones de Samy desde su nacimiento, que no tuvieron la oportunidad de ser contenidas, desafortunadamente y de manera desesperada, encuentra esta forma para liberarse de la secta, sin pensar que este aspecto la atraparía más, ya que es interpretado como que su cuerpo contiene el mal, la fuerzan sádicamente abriéndole la boca. Los desmayos asustan a los padres y la llevan a otro lugar.

Retomamos en este punto las ideas de Freud, expuestas en *Tótem y tabú* (1913-1914) y nos adentramos en la idea de la "comida totémica" a la que Samy también se opone.

La aparición de los síntomas alimentarios se puede pensar desde esta nueva idea asociada a los conflictos infantiles no resueltos, como una forma de rechazar las prácticas fanáticas de los padres y de la secta. Samy estaba atrapada en medio de ideas de persecución, intransigencia, intolerancia y obstinación. Al parecer este trastorno daba cuenta de una somatización de un conflicto que su aparato psíquico no lograba procesar y por esto se desplazaba a lo somático. No hay padres que tramiten las angustias que se están dando ya que ellos son presos de la misma angustia.

Pensamos en que Samy vuelve al tratamiento intentando romper con el funcionamiento psicótico de su familia y de la secta. Debe para esto, vencer intensas ansiedades frente al contacto con la realidad y su cuerpo. Es importante tener en cuenta en los pacientes psicosomáticos la salida de la sobre adaptación, por el riesgo de un nuevo episodio psicosomático

Se hace evidente que Samy en relación con sus padres y su desarrollo infantil tuvo que realizar una sobre adaptación al espacio externo, pero esta adaptación y crecimiento lejos de ser producto de un genuino interés por explorar, conocer y preguntar sobre el mundo circundante fue el resultado de un crecimiento cercenado. En muchos momentos de su crecimiento el mandato fue "no hablar" lo que contiene otro mandato implícito, así como "no se debe decir lo que se piensa" tampoco "se debe pensar todo lo que se siente", poniendo barreras al verdadero proceso de mentalización de sensaciones, vivencias y estados de ánimo.

Pensamos entonces, en el efecto traumático de las ideas y comportamientos fanáticos del entorno que provocan una desorganización progresiva y el lupus se apodera del cuerpo de manera enloquecedora y autodestructiva. El mismo sufre el daño por las fantasías de ataque oral y anal sádico dirigidos inicialmente al objeto materno abandonante que se vuelven contra sí misma. Al interior de nuestro grupo surgieron distintos puntos de vista. Una de las integrantes, propuso la interesante hipótesis de que el sistema defensivo era para defenderse como no lo puede hacer, se vuelca hacia interior a través de la enfermedad inmunológica

Michel de M'Uzan (1994), nos aporta en su trabajo sobre "Los esclavos de la cantidad", define al trauma como: "un acontecimiento o experiencia intensa, portadora de una carga que desborda la tolerancia del sujeto tanto como capacidades de dominio y elaboración psíquica". Yo quisiera resaltar la posibilidad de que una experiencia intensa y sostenida pueda tener un efecto traumático. Acá nos preguntamos, ¿puede el fanatismo sostener en el tiempo una experiencia intensamente traumática? El fanatismo insiste y el cuerpo insiste en manifestarse.

Las excitaciones siguen sin ligarse, la desorganización progresiva continua, sin posibles movimientos regresivos que reorganicen. Llegando Samy al Lupus, enfermedad inmunológica grave. Podríamos pensar que lo que continua es la excitación no ligada del trauma silenciado provocado por las ideas fanáticas (en la paciente y en su entorno familiar y social en cuanto a lo religioso.

Samy lleva al análisis las vivencias fanáticas con esta secta religiosa, vivía en permanente angustia en la cercanía a esta comunidad religiosa. Estaba coartada en su libertad en todos los sentidos, no le era posible leer libros y ver la televisión, ni tener amigos que ella eligiera, ya que solo podía elegir los de la comunidad. En la secta donde estaba atrapada ella y sus padres, hay pastores que son los que mandan, tienen reglas muy estrictas, rígidas de con quien hablar y qué decir, así mismo controlan sus vidas y propiedades. Nos parecen estas prácticas atentadas sobre toda posibilidad de libertad y de construcción de un mundo subjetivo.

Los padres de Samy nos relatan su propio desamparo y fallas a nivel de la relación con sus padres (madres con rasgos límites y padres ausentes) que son suplidas por el grupo y el líder de la secta religiosa que funciona como un gran padre protector.

Queremos mencionar en este punto una característica importante del líder fanático es la capacidad de imponer, que hace que el observador se vea seducido con sus ideas, que son absolutas, no permiten pasar por el dolor mental de "¿qué está pasando con Samy?" los padres, a pesar de ser dos profesionales formados con pensamiento científico y crítico, no pueden pensar de modo independiente, prefieren una exorcización rápida, y con esto no dan cabida al dolor mental, que es lento, pero busca la verdad.

Los padres de Samy son portadores de traumas y duelos no resueltos, psicológicamente son frágiles, indefensos, desamparados, características ideales para el fanático. Se puede pensar que los padres por la fragilidad de su sistema yoico se adhieren rápidamente con el fin de encontrar un continente que les proporciones paz, seguridad y con ello llenar vacíos.

Los relatos de estas vivencias provocan terror desde la contratransferencia en la analista. Ella se percata de las ideas delirantes que se desencadenaron en Samy, las vivía como atentados, donde los objetos se volvían persecutorios y uno de ellos era Adriana. Al acercarse la analista a estas vivencias las relaciona a sus síntomas y reconstruye su historia.

Las ideas persecutorias de Samy fueron invadiendo su pensamiento y quedó encerrada en ellas, decía que los pastores estaban por todos lados, habían tomado posesión de sus propiedades y sus personas, se aisló en la habitación y cambió su teléfono. Aparecieron fobias a la cercanía y mirada de extraños, escondiéndose, parecía que los cuadros delirantes iban en aumento.

El vínculo con la analista construida a lo largo de un arduo, sincero, y cercano trabajo permite que Samy vuelva a buscar y confiar en su analista y es esto lo que salva a la paciente de la locura, de la psicosis total y de un incremento de la sintomatología psicosomática que la lleve a la muerte.

Conclusión

La dolorosa historia de Samy y sus enfermedades tiene varias miradas: el líder de la secta los utiliza para sus fines y los denomina demoníacos y con esto hace que los miembros actúen sin pensar. El líder de la secta obnubila el pensar de los padres de Samy y de otros miembros de la secta, la idea fanática, se impone y rellena, este no desea ver la raíz del problema, no permite soluciones, ataca el conocimiento, llena el vacío de la duda con nada.

Desde Samy la enfermedad es un grito desesperado que hace su cuerpo para salir de allí, dada la gravedad de los síntomas, logran escapar, surge una pequeña luz, pero los aspectos paranoides dentro y fuera de ellos les hace regresar

Los padres de Samy dan cuenta de carencia de padres y de figuras benéficas en la infancia, ese aspecto es intuido por la secta y son capturados por ella, ya que reemplazarían a los padres. Samy lleva a pensar que ciertas ideologías pueden ser factibles de tener un uso fanático, y que la carga de excitación que producen es traumática más aún cuando son silenciadas.

En el paciente psicosomático estas ideas que rigen su personalidad, su conducta y su cuerpo, se podrían resumir en la frase de Liberman: "padecen de cordura" (1986). Esto nos lleva inevitablemente a pensar que, en estas personas, las ideologías que han construido desde épocas muy tempranas de su vida son sumamente resistentes y requiere de mucho tiempo de tratamiento.

Los padres de Samy nos relatan su propio desamparo y fallas a nivel de la relación con sus padres (madres con rasgos límites y padres ausentes) que son suplidas por el grupo y el líder de la secta religiosa que funciona como un gran padre protector.

El psicoanálisis se interesa e intenta entender y explorar el fenómeno del fanatismo. En el caso de Samy y su familia, el fanatismo de características mesiánicas, religiosas y sectarias, su historia y las soluciones a sus problemas parecen que provienen de otros tiempos, pero quizás las vivencias de angustia, caos, que trae este mundo rápido, cambiante, caótico nos inseguriza, aspecto que utiliza el fanatismo, proporcionando a través del líder soluciones rápidas, mágicas y una falsa seguridad y amparo.

Al pensar en las causas de la desorganización somática que aparecieron de manera precipitante y progresiva (se inicia con una anorexia y se sigue con una enfermedad auto inmune) son la expresión de Samy ante la sobrecarga de excitaciones imposibles de ser tramitadas a nivel del pensamiento individual que está fagocitado por el pensamiento del grupo. Samy con su cuerpo se defiende de la inoculación del pensamiento sectario y fanático. Ella no desea pertenecer a la secta, pero salir de ella es su propia muerte, es perder su familia y su grupo de apoyo.

Con la introducción de la analista como objeto externo que favorece la exogamia Samy va recuperando el pensamiento propio pero el proceso se convierte en una amenaza y un objeto persecutorio para los padres, con lo que la interrupción de este es una forma de favorecer la simbiosis existente. Samy enferma más gravemente e impone su terapia como medio para sobrevivir y es lo que al final le permite salir del grupo, ir a la universidad y recuperarse como ser independiente.

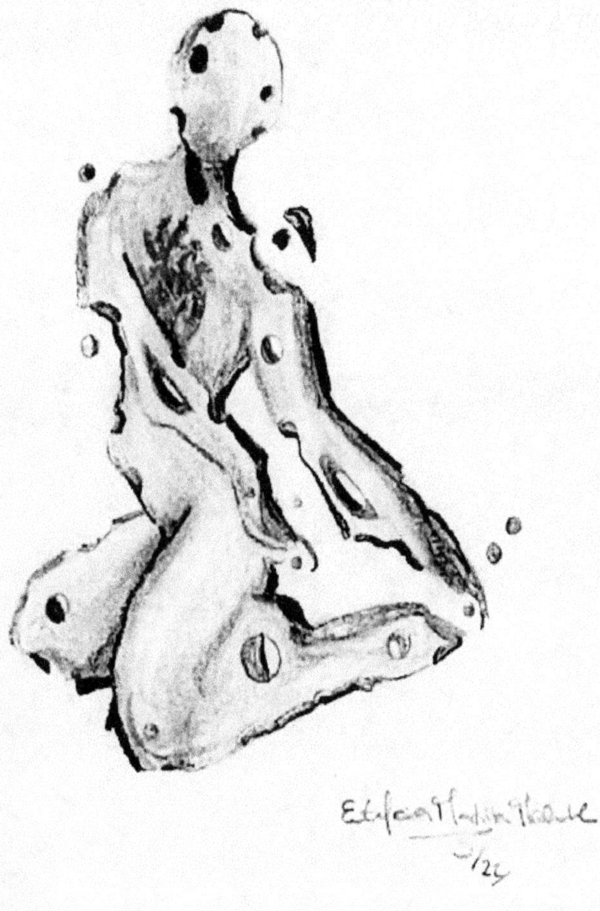

Obra: Arte del Corazón

Una mirada psicoanalítica al cuerpo. Desde las histéricas de Freud a las patologías actuales y los trastornos psicosomáticos

Miriam Jacobson Ihlenfeld

El texto aborda la relación entre cuerpo y mente desde una perspectiva psicoanalítica, explorando la evolución de esta problemática desde Freud hasta las teorías contemporáneas. Se enfatiza cómo el psicoanálisis ha revolucionado la comprensión del funcionamiento psíquico y su conexión con las manifestaciones somáticas, superando enfoques mecanicistas en la medicina. Se retoman conceptos clave como la simbolización, la desnaturalización de la enfermedad y la importancia de la subjetividad en la construcción de la realidad psíquica. Además, se destaca la relevancia del pensamiento inconsciente en la configuración del sufrimiento mental y corporal.

Asimismo, el texto analiza las diferentes interpretaciones de la somatización dentro del psicoanálisis, señalando el papel central del narcisismo en la estructuración de la personalidad y en el origen de diversas patologías psicosomáticas. Se exploran las diferencias entre neurosis, psicosis y patologías actuales, destacando cómo los déficits en la simbolización y la falta de procesamiento psíquico conducen a la manifestación de síntomas físico

Se hace referencia a diversas escuelas psicoanalíticas, como la francesa, la argentina y la de Chicago, que han aportado modelos explicativos y estrategias de abordaje terapéutico.

Finalmente, el documento enfatiza la importancia del encuadre terapéutico en el tratamiento de pacientes psicosomáticos, subrayando la necesidad de adaptar la técnica psicoanalítica a la fragilidad psíquica de estos individuos. Se reflexiona sobre el papel del analista como facilitador de la mentalización y se analizan estrategias como la flexibilidad en el encuadre y el uso de la contratransferencia. Se concluye que el trabajo psicoanalítico debe continuar adaptándose a las nuevas problemáticas clínicas derivadas de los cambios culturales y sociales contemporáneos.

Edipo y Narciso

El tema que nos convoca hoy es un interrogante que se desarrolla dentro del psicoanálisis y que derivó en interesantes y vastas teorías que tienden a dar respuesta a la relación problemática entre el cuerpo y la mente, relación de la cual nos hacemos cargo los psicoanalistas e intentamos hacer surgir un pensamiento y unas representaciones que den cuenta de la conflictiva.

También la medicina, desde sus orígenes trató el dualismo cuerpo- psique, y osciló en sus concepciones, ya que propuso teorías mecanicistas donde se busca minuciosamente la lesión anatómica, y la concepción opuesta, aquella en la que el sufrimiento, el enfermar, es una reacción global del individuo que incluye su vida psíquica.

Sin embargo el psiquismo humano, el cuerpo, el inconsciente , el pensamiento, la simbolización nos remiten a un ámbito, que no mantiene un orden de contigüidad con la naturaleza, tampoco se rige por las mismas leyes, ni es un "derivado natural de la biología" al decir de Silvia Bleichmar (2005): "se trata de un producto absolutamente diferente que no puede ser concebido en el orden natural, fundado incluso a contrapelo de toda la adaptación genéticamente propuesta, que debe reencontrar los modos de defender la vida luego de haberse producido la desconstrucción de la información genética que posibilitará la supervivencia natural". Esto nos podría llevar a un debate epistemológico hoy día, contando con las ciencias sociales para concluir cómo se definen los problemas que nos aquejan. Sin embargo, la mirada de este recorrido está puesta en un tiempo bastante reciente donde se producía una batalla gigantesca, por desnaturalizar la historia, la vida cotidiana, la enfermedad tanto física como psíquica. Me refiero al siglo XX."

Esta desnaturalización incidió en la concepción del amor, de la política, de la crianza de los niños, y sus beneficios fueron decisivos; limitó la crueldad de los tratamientos médicos, generó un campo nuevo de definición de los problemas de aprendizaje y llevó hasta el límite la comprensión de los problemas de la subjetividad "entre ellos, una concepción del niño como sujeto de derecho, concebido como poseedor de un cuerpo que debe ser respetado y por una mente que debe ser comprendida".

Fue precisamente con Freud a fines del siglo diecinueve y sus investigaciones clínicas, sumado al método terapéutico creado por él – el psicoanálisis -, cuando se genera esta revolución en el conocimiento que hasta ese momento se tenía del PENSAR HUMANO y es cuando se ubica en el inconsciente (y luego en el "ello") la fuente que da origen a dicha actividad.

Para Freud los pensamientos emergen de las pulsiones las cuales se convierten en el motor que genera todo el proceso cogitativo ya sea este consciente o inconsciente, (Freud 1895-1915 a, b, c)" Existe un mundo exterior independiente y a priori de todo proceso representacional". Y en su texto inaugural…dirá: yo no sé si a los deseos inconscientes hay que reconocerles realidad…la realidad psíquica es una forma particular de existencia que no debe confundirse con la realidad material"

Estamos ante una realidad que reubica la realidad separándose de las fantasías pertenecientes a la singularidad del sujeto y sus vivencias desde sus tempranas vivencias. De hecho, que siempre se requiere de los aportes libidinales de otro, madre, cuidador, para que se constituya esa realidad psíquica singular, desde donde se revelarán las vivencias del paciente desde el punto de vista histórico-biográfico, y desde donde emergen los factores de una vida psíquica que darán cuenta de la etiología del fenómeno patógeno que lo caracteriza.

Nuestra cotidiana práctica nos revela con asombro los múltiples fenómenos mentales que dan lugar a las fantasías conscientes e inconscientes, los vaivenes de las resistencias, la riqueza u opacidad de la capacidad de pensar y simbolizar, y por sobre todas las cosas nos coloca ante ese hallazgo de Freud, el que en una ocasión llamó "el eslabón perdido", un concepto clave para pensar "la mediación correcta entre lo corporal y lo espiritual" refiriéndose al "ello".

Esta idea la menciona en una carta dirigida a Georg GroddecK quien era médico y escritor, con quien Freud mantuvo una relación estrecha e intercambios por correspondencia, al igual que con Sándor Ferenczi".

Por eso, se requiere una sólida confianza en el método para sortear las incertidumbres que se renuevan en cada encuentro que el analista tiene con cada uno de sus analizados. Y con más razón se requiere de esa confianza revisada y afianzada con aquellos pacientes que tienen en déficit en su capacidad de simbolización.

Retomando a Freud y la intrincada influencia entre lo

psíquico y lo somático- en uno de su importantes y tempranos trabajos, "Estudios sobre la histeria" (1895), cuando aún no había descubierto el significado simbólico de los síntomas en las pacientes histéricas, señala que los síntomas son el resultado de una transformación, de la conversión de una excitación endógena en una inervación somática.

Y lo expresa así: "la suma de la excitación no destinada a entrar en asociación psíquica halla tanto más, la vía falsa hacia una inervación corporal" (AE, 2, pág 133) consiguiendo así que la representación insoportable quede expulsada de la conciencia del yo, la cual acoge en su lugar la reminiscencia somática nacida por la conversión y padece bajo el dominio del afecto, (insoportable), enlazado con mayor o menor claridad a tales reminiscencias.

En esa misma época, cuando Freud describe las neurosis actuales, descubre genialmente como la angustia no puede ser tramitada a través del aparato psíquico, ya que sobrepasa la capacidad de elaboración mental. Esta sobreexcitación y falla de los mecanismos psíquicos producen la descarga en el cuerpo a través de síntomas somáticos. Y dice lo siguiente:

"Si se considera el mecanismo de las dos neurosis, (de la conversión histérica y de las neurosis de angustia), se dilucidan unos puntos de vista que hacen aparecer a las neurosis de angustia directamente como el correspondiente somático de la histérica. En ambas existe acumulación de excitación, en una y otra, una imposibilidad de elaboración psíquica a consecuencia de la cual se producen procesos somáticos anormales y en las dos, en vez de una elaboración psíquica, interviene una desviación de la excitación hacia lo somático; la diferencia reside meramente en que la excitación en cuyo desplazamiento se exterioriza la neurosis, es puramente somática en las neurosis de angustia (la excitación sexual somática, mientras que en la histeria es psíquica, provocada por un conflicto)." (1895, AE, 3, pág. 114).

Hoy las interpretaciones del fenómeno somático son prolongaciones de las posiciones anteriores, determinadas por las investigaciones freudianas, (conversión histérica y neurosis de angustia). A partir de ahí surgen grandes corrientes dentro del psicoanálisis para comprender la somatización.

Y una mayor comprensión de las patologías "no neuróticas", tanto la psicosis como los trastornos límites de la personalidad o patologías actuales, se dará a partir del 1914 con la aparición de "Introducción al Narcisismo". Es donde Freud se da cuenta de cambios teóricos significativos. Por ejemplo, pasa de la dualidad, pulsiones de autoconservación, pulsiones sexuales; a la dualidad libido del yo- libido narcisista, contrapuesta a la libido objetal. Aquí Freud dirá que tanto el yo como el objeto no vienen dados desde el principio, tienen que constituirse en una relación dialéctica.

Hay un narcisismo primario anobjetal en el que se impone el Yo Ideal, fantasía omnipotente que cuando va perdiendo fuerza por la instalación del principio de realidad se desliza al Ideal del Yo, convirtiéndose en deseo de omnipotencia. El objeto surge primero como objeto del deseo para convertirse después en objeto de amor. Esta última dimensión del objeto es la que Freud denominó: "la elección de objeto". La cual guarda una estrecha relación con el narcisismo. El desarrollo libidinal implica un paso del autoerotismo al amor objetal. Por eso; ejemplificando, la diferencia entre duelo y melancolía la cual está marcada por el objeto y su relación. El objeto del duelo del melancólico es un objeto narcisista. No existe como otro diferente, sino que es una parte de sí mismo. (Freud 1917) Esto es, como una reflexión que nos aproxima al pasaje de Narciso a Edipo.

Continuando el recorrido histórico de la obra de Freud, mencionaré el artículo "Más allá del principio del placer" (Freud,1920), y sus consideraciones sobre la coexistencia de las pulsiones de vida y de muerte, el principio de nirvana y la compulsión a la repetición, elucidaciones a las que recurrimos a menudo para dar cuenta de las dificultades que presenta la vida del paciente psicosomático y el que padece trastornos limítrofes de personalidad.

Este recortado tramo teórico, busca en principio, una aproximación y comprensión a las patologías mencionadas, de cómo atacan al cuerpo y de cómo proponen una mentalización diversa a las de la clásica neurosis, y a la vez buscar en el método psicoanalítico aquellas precisiones que faciliten su abordaje, siempre supeditados por cierto a la problemática de cada paciente, que dispara motivaciones muy diversas.

A la vez un trabajo con una sólida necesidad de anclaje en Freud y sus seguidores tanto de la escuela de Chicago, como la escuela de la Argentina y la de París, donde se han concentrado mayormente los principales exponentes del tema.

Pierre Marty (1976), uno de los mayores exponentes de la escuela francesa, en su obra "Psicosomática del adulto", expone claramente el lugar preponderante del psicoanálisis en la investigación somática: "el psicoanálisis constituye una referencia permanente en la investigación psicosomática. La formación psicoanalítica personal y la práctica del análisis deben preceder a la formación de los psicosomatólogos.

La práctica del análisis de neuróticos debe continuar paralelamente al tratamiento de los enfermos somáticos. En efecto solo se pueden estimar las particularidades del funcionamiento normal de los somáticos comparándolos en cada momento con los mecanismos psíquicos de los neuróticos que Freud nos ha enseñado".

Y para ampliar el criterio anterior encuentro en el planteamiento de Aisemberg E (2001), una mayor aproximación al enfermo psicosomático. La autora propone una extensión teórica sobre la psicosomatosis: "Enfatiza su hipótesis de la coexistencia en los pacientes con manifestaciones somáticas, los dos tipos de funcionamiento psíquico: el psiconeurótico y el narcisista. El psiconeurótico estructurado a partir de la inscripción de la vivencia de satisfacción como huella mnémica, que dará lugar al desarrollo de la sexualidad, el inconsciente reprimido, el narcisismo trófico, el encuentro con el otro en la esfera del deseo y de la conflictiva edípica.

El narcisista que, a partir de su vivencia de dolor, dará lugar a fenómenos de investidura, escisiones, descarga por el acto o el soma. Este es el narcisismo tanático y el desarrollo del inconsciente escindido" y en la técnica del abordaje, completando el pasaje "prioriza el uso de la contratransferencia del analista como herramienta para la inscripción de los afectos escindidos".

Particularmente he encontrado en el tema del abordaje y el uso de la transferencia y de la contratransferencia como herramienta, salidas adecuadas muchas veces y otras cuando se ha tratado de pacientes graves me han suscitado muchos interrogantes.

En mi experiencia, tratándose de pacientes crónicos, con graves afecciones orgánicas; la disyuntiva se impone muchas veces en el método: es decir el riesgo de trabajar en transferencia, puntualmente la neurosis de transferencia y me refiero a trabajar interpretando, cuando esto implica regresiones que pueden facilitar una crisis, y del otro lado la exposición a la que se somete el terapeuta contratransferencialmente hablando, cuando lo que presta el analista es su propio cuerpo, sujeto a percibir sensaciones del pacientes , casi siempre arraigadas a un padecimiento que lo remite a la pulsión de muerte.

De hecho, Pierre Marty y la mayoría de los componentes de la escuela psicosomática de París, entienden que estos pacientes son difícilmente analizables. Hablo de afecciones orgánicas graves. El análisis cura tipo puede tener un efecto iatrogénico en ellos dice Marty.

En esos casos las intervenciones se fundan en el sostén

a través de un maternizaje que se facilite con una situación cara a cara, situación que describe una apariencia igualitaria y que asegura las bases de una identificación con el paciente y de este con su analista. Esto es, al mismo tiempo que se percibe y respeta las proyecciones primarias del paciente, puede el terapeuta proponerse como ejemplo de conducta, que siendo paralela es a la vez diferente, pero de ninguna manera se propone de modelo.

Se trata de una flexibilidad en el encuadre que garantiza la organización psíquica del paciente. De esta forma el analista ofrece sus propios sistemas elementales de sensibilidad y de representaciones, desempeñando progresivamente el papel de las funciones insuficientes del paciente y abandona esa función inmediatamente que percibe los primeros signos de independencia en el paciente. Es decir, tolerar la regresión que todo enfermo psicosomático hace, a través de un maternaje, que contiene y a la vez ofrece un punto de fijación que detiene el movimiento regresivo, para que no se prolongue en una desorganización progresiva.

Es decir, la importancia de establecer un trabajo "de instalación en el análisis" de estos pacientes. Por trabajo de instalación se entiende como la posibilidad de que el analista pueda brindar un adecuado sostén narcisista y a la vez flexibilidad necesaria en el encuadre para que el proceso psicoanalítico se vaya desarrollando.

Dice Catherine Parat (2000), al respecto: "se puede intervenir desde la transferencia que el paciente ha hecho, pero no se debe interpretar la transferencia, precisamente por su efecto disruptivo en pacientes con una fragilidad psicosomática extrema". Habla de una relación transferencial que la funda en una transferencia base, positiva; que corresponde a la investidura por parte del paciente de la figura del analista, teñida de confianza. En tales casos las intervenciones pueden ser aceptadas y sentidas como no hirientes narcisísticamente.

Este peculiar encuadre nos lleva muchas veces a preguntarnos si no estamos concibiendo al paciente como sujetos pasivos, no deseantes. Es que estos pacientes están más en el plano de lo traumático, que produce la enfermedad de hecho, que en el plano de lo erótico y de sujeto de deseo. Es decir, estamos más ante un cuerpo deslibidinizado que ante un cuerpo erótico. Por eso son tan convenientes los cuidados psíquicos y físicos, porque los libidiniza.

"Estamos, como decía, en el terreno de lo traumático, en el terreno de la no satisfacción, en situaciones de déficit en la tramitación psíquica de la excitación somática. Por eso es necesario incentivar que el paciente recupere su funcionamiento mental, restaurar el movimiento pulsional y que sea más eficaz en la descarga de las tensiones. Es mejor que el paciente se neurotice o se vuelva hipocondríaco, porque esto presupone un funcionamiento mental que puede ser revitalizante". Alarcón J, (2004), en su trabajo "Fallo estructural y conflicto psíquico".

Sabemos que la situación traumática nos sitúa en el plano de la repetición, de la difícil tarea de anudar lo no ligado, lo que se ha convertido en violencia en acto, ya sea en el cuerpo o hacia el exterior, de igual manera destructiva y producto de experiencias de dolor, de lo no registrado, de lo mudo.

Ahora bien, nuestra regla fundamental es que el paciente recuerde para no repetir. Pero: ¿Cómo recordar aquello que no fue registrado a nivel representacional, a pesar de haber sido vivenciado intensamente?

Dice Bichi E, (2006): "En estos casos debemos "construir un recuerdo", partiendo a menudo de una materia prima en estado arcaico; el material que surge de las transferencias narcisistas del paciente. Para ello contamos con el valor creativo, generativo e inductivo de nuestros procesos contratransferenciales". Será el primer paso de un proceso de traducción que eventualmente llevará a un progreso en la capacidad de simbolización del paciente, siendo únicamente la repetición del vínculo la única posibilidad de recordar lo que ha quedado registrado, como marcas, como huellas de impresiones y sensaciones sin organización alguna. Y refiriéndose al encuadre decía Winnicott, (1967): "A nuestro criterio, la posición frente a frente tiende a promover un movimiento regresivo hacia una antigua relación de objeto, a identificaciones y vivencias primarias, en las que el vínculo con el objeto se establecía a través de la presencia y su mirada".

Recordemos que son pacientes que en sus irrupciones del acto hacia su propio cuerpo o hacia el exterior, no hacen más que buscar irrefrenable e imperativamente el objeto perdido en el pasado, en ese vínculo temprano, donde no hubo suficiente sostén, donde el amor que no fue con ese objeto primario se convirtió en la actualidad en un sojuzgamiento compulsivo del cuerpo y de sus actos expuestos a la repetición.

Entonces, flexibilizar el encuadre en vías de un fortalecimiento de la relación analizando-analista, ampliar los límites de la teoría para poder ser comprendidos y abordados por ella, y entender que las demandas de extensiones teóricas del método psicoanalítico son un enriquecimiento en el bagaje, y que lo que realmente consolida la experiencia es el encuadre interno del propio analista. Green, A (1995).

Es Green A, (2002), también quien se expresa metafóricamente acerca del encuadre flexibilizado y habla de una" matriz activa" y del "estuche". La matriz activa es lo que el autor refiere al aspecto dinámico y constante del encuadre, a partir de la peculiar relación de la pareja psicoanalítica a partir de la asociación libre del paciente y de la escucha con atención flotante del analista. El estuche o el cofre, es la parte que puede variar, y que la constituye el uso del diván o el cara a cara, la frecuencia de las sesiones, la duración de ellas. La diferencia la hace el estuche sin que se vea afectada la matriz activa. -

Para finalizar poner en juego y llevar adelante un proceso en situaciones con pacientes "difíciles o limítrofes" o "psicosomáticos" o "no neuróticos", implica poner a prueba la capacidad del analista para procesar su registro contratransferencial, como también su capacidad creativa en el juego infinito de la condición de pensar y simbolizar.

Concluyendo, y desde una perspectiva más general prefiero pensar que el curso de nuestra práctica continuará afianzándose ante la experiencia con pacientes como los que hoy nos interrogan, nos cuestionan, nos sacan de la zona de confort, en la que comúnmente queremos instalarnos, consolidados en un supuesto saber, que tampoco nos pertenece. Y digo esto; lo de quitarnos la modorra, ante la mirada que hoy día se tiene del sujeto desde afuera y cuando hablo de afuera me refiero a la cultura actual y sus malestares, caracterizada por la propuesta permanente de un sujeto no singularizado, propuesto como un sujeto del goce, más allá del principio del placer, donde se impone la ley de" hacer ya y en demasía".

Es la lógica adictiva que ha impregnado todos los ámbitos de nuestras vidas. Un atentado contra la singularidad del sujeto, contra la integridad mente cuerpo, una intrusión en nuestro pensamiento y por ende en nuestra capacidad de simbolizar, donde se uniformizan los goces válidos, "todos lo tienen todos lo hacen", etc. Se han borrado los límites, entre lo público y lo privado. La ley misma ha dejado de ser un límite.

Como psicoanalistas no podemos quedarnos en la queja neurótica y a la espera de los neuróticos. Evidentemente que la posmodernidad nos impulsa a pensar la clínica a la luz de nuevos acontecimientos y estos espacios constituyen uno de los canales que hacen posible el intercambio de ideas, la posibilidad de pensar distinto promoviendo la creatividad a través de la investigación.

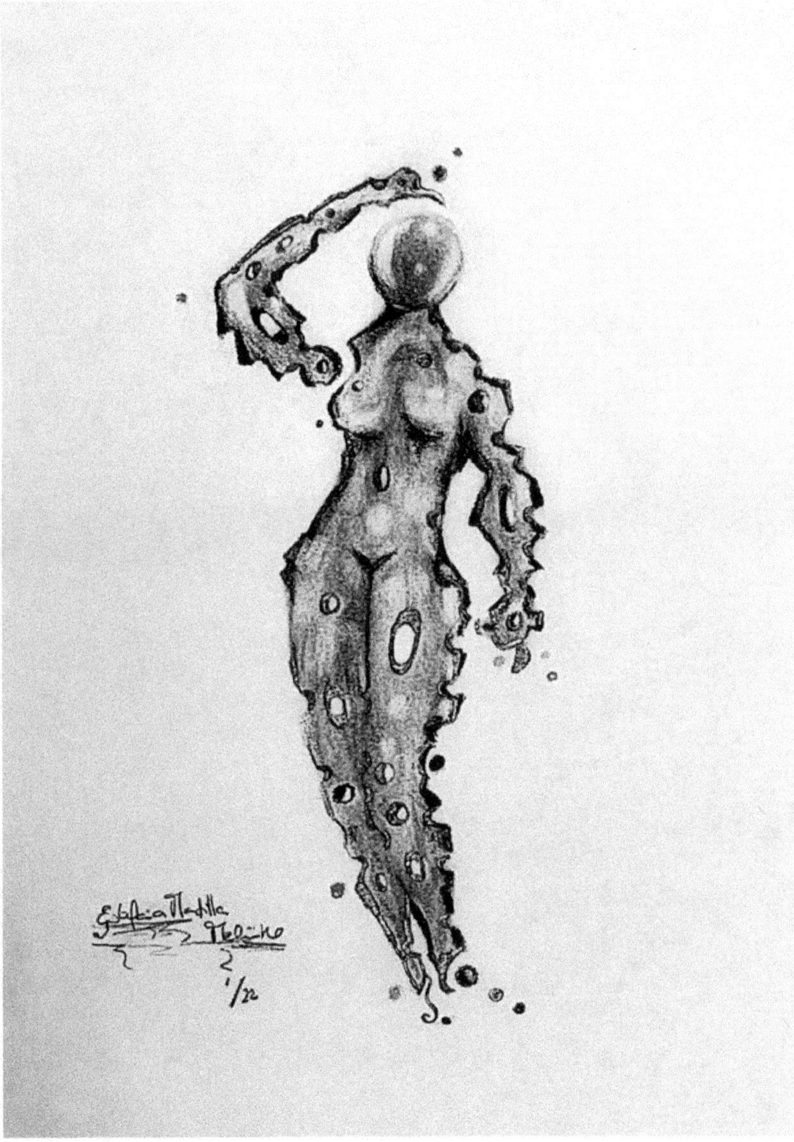

OBRA: POESÍA REFLEXIVA

Acerca de lo psicosomático. Un recorrido histórico

Eugenia Valdés Salas

El sufrimiento que no
se ventila en lágrimas,
hace a otros órganos llorar
. (Henry Maudsley, 1872)

El presente trabajo tiene el propósito de tratar de entender los fenómenos psicosomáticos desde su génesis, con el objetivo de poder entender la disposición a enfermar de ciertas personas, luego de haber sufrido un conflicto, una pérdida o un trauma, y la posterior capacidad de sanar o morir.

Mi interés por conocer lo psicosomático se relaciona más bien con manifestaciones físicas de origen psicológico, asociadas a un lenguaje primitivo, no verbal vinculadas a un período en donde las emociones no podían ser registradas con palabras. Emociones que aparecen muy tempranamente en el primer vínculo, en los primeros contactos con la madre, vivencias displacenteras, incómodas que tienden a quedar en un estado de espera.

Con este propósito se realizará un recorrido bibliográfico, cuya una perspectiva psicoanalítica en el tema, se inicia con autores tales como Freud, Klein, Bick, Bion, Meltzer, Liberman y Marty, existen otros psicoanalistas que han entregado importantes aportes al estudio de lo psicosomático, pero este trabajo se limitará a los que se acaban de mencionar.

Como una forma de ordenar el entendimiento se va a dividir el trabajo en tres partes: 1- Lenguaje de los órganos 2- En búsqueda de las emociones escindidas 3-Características de los padres y el devenir psicosomático y 4- Conclusiones.

Introducción

El origen de la palabra proviene del griego psique=alma y soma=cuerpo. El hombre primitivo de unos 10.000 antes de J.C. consideraba que las enfermedades eran causadas por espíritus malignos que se incorporaban al cuerpo y debían ser extraídos por medio de exorcismos y trepanaciones.

Hacia el año 2880 antes de J.C. los egipcios pensaban que las enfermedades igualmente se vinculaban al efecto de los espíritus, al conocimiento médico se agrega el de los embalsamadores quienes familiarizados con la anatomía cuidaban de mantener el corazón intacto, porque allí yacía el alma, la inteligencia y era el centro de las emociones, ellos colocaron los primeros nombres a las distintas partes del cuerpo. Este pueblo además descubre el don de algunas hierbas medicinales, el beneficio de las cataplasmas y el poder de la sugestión como tratamiento, ellos consideraban importante hablarle al órgano afectado.

Los tratamientos se clasificaban en racional y eficaz, irracional y eficaz o mágico e ineficaz. 2500- 500 AC. la medicina de la civilización babilónica –asiría, estaba dominada por la religión y la sugestión. La medicina mesopotámica era psicosomática en todos sus aspectos.

Del año 400 antes de J.C, la civilización griega impresionada por la medicina egipcia incorpora las escuelas de medicina. Esta cultura adiciona la observación y la clasificación, se plantea hipótesis de las enfermedades y utiliza la interpretación de los sueños. Sócrates pensaba que "Así como no se pueden curar los ojos sin la cabeza, ni la cabeza sin el cuerpo, no se puede curar el cuerpo sin actuar sobre el alma".

Hipócrates incorpora la clasificación de los temperamentos de acuerdo a los distintos fluidos del cuerpo y los ocasionados por el entorno del paciente.

Del año 100-400 después de J.C, en la civilización griega tardía y romana inicial, aparece la teoría humoral de galeno, menciona que la enfermedad es causada por trastornos en los líquidos corporales.

Año 500-1500 en la edad Media el misticismo y la religión dominan la medicina: Los pecados son la causa de las enfermedades psíquicas y somáticas.

En el renacimiento año 1600-1700 se renueva el interés por el conocimiento, existen avances en la anatomía con la aceptación del uso de autopsias. Comienza a incorporarse la microscópica; las influencias psíquicas sobre el soma son rechazadas por anticientíficas, y es así como la mente fue encargada a la religión y la filosofía.

Entre 1800-1900 la medicina está basada en el auge de los laboratorios, ellos centran su atención en las células descartando la orientación psicosomática de las enfermedades.

A partir de las formulaciones de Freud se incorporan el determinismo psíquico en las reacciones somáticas. Posteriormente se agregan las emociones y la fuerza del *stress*, el entorno familiar y la influencia de la madre. A partir de Freud se intentará entender el recorrido que realizó la medicina psicosomática, desde la perspectiva psicoanalítica, considerando los autores anteriormente mencionados.

Lenguaje de los órganos

Los primeros pasos en la comprensión del tema desde la teoría psicoanalítica provienen de los aportes de Sigmund Freud, quien realizó una alusión permanente al vínculo mente-cuerpo.

En 1890 ya pensaba que las enfermedades del cuerpo tenían un correlato con el alma, observó que existían enfermedades del cuerpo que no tenían explicación médica, y que requerían de un tratamiento del sistema nervioso, a ellas las denominó enfermedades nerviosas o neuróticas. Pensaba que "*al menos en alguno de estos enfermos, los signos patológicos no provienen sino de un influjo alterado de su vida anímica sobre su cuerpo. Por lo tanto, la causa inmediata de la perturbación ha de buscarse en lo anímico*" (pág.118).

Observó que con frecuencia a las personas depresivas les

cambiaba el cuerpo, la coloración de la piel y la calidad de los vasos sanguíneos. Además, se dio cuenta que existía una mayor propensión a contraer infecciones en los ejércitos derrotados, que en los vencedores. Y que en los momentos de regocijo y júbilo cambia positivamente la expresión corporal y la lozanía de la piel.

En este mismo período reitera: "*los afectos en sentido estricto se singularizan por una relación con los procesos corporales; pero en rigor, todos los estados anímicos, aun los que solemos considerar "procesos de pensamiento" son en cierta medida "afectivos", y de ninguno están ausente las exteriorizaciones corporales y la capacidad de alterar procesos físicos*" (1890 pág. 119).

El lenguaje de órgano fue formulado sólo una vez en su artículo "Lo inconsciente" (1915), cuando se refiere al lenguaje hipocondríaco de una paciente de Víctor Tausk. La traducción de Organsprach es: "lenguaje de órgano o lenguaje de los órganos". Con respecto a la paciente que tuerce los ojos al pelear con su amado, Freud dice que: "*La relación con el órgano (con el ojo) se ha constituido en la subrogación de todo el contenido (de sus pensamientos). El dicho esquizofrénico tiene aquí un sesgo hipocondríaco, ha devenido lenguaje de* órgano" *(pág.195).*

Para Freud lo afectivo está directamente relacionado (a través de las vías fisiológicas) al cuerpo, debiendo entenderse esto, como un camino alternativo que dispone el afecto para manifestarse, especialmente, cuando el impedimento represivo-censor suprime otras opciones.

En 1940 menciona que existen unos procesos físicos o somáticos (pulsiones), concomitantes con lo psíquico: "*Esto sugiere de una manera natural poner el acento, en psicología, sobre estos procesos somáticos, reconocer en ellos lo psíquico genuino y buscar una apreciación diversa para los procesos conscientes*", más adelante dice "*Sin embargo, tal es la argumentación que el psicoanálisis se ve obligado a adoptar y este es su segundo supuesto fundamental. Declara que esos procesos concomitantes presuntamente somáticos son lo psíquico genuino y para hacerlo prescinde al comienzo de la cualidad de la conciencia*" (Pág. 155-156).

En la obra de Freud, lo psíquico y somático están directamente relacionados, siendo el cuerpo una vía de expresión de los afectos. Lo somático expresado por nuestro cuerpo tiene el valor de ser lo "*psíquico genuino*".

La teoría de Melanie Klein (1987), ayuda a entender más el funcionamiento mental precoz y la génesis de la patología. Ella consideraba que el bebé, experimenta ansiedades persecutorias con el nacimiento y la posterior adaptación al mundo externo, cada cambio es vivido por éste, de un modo hostil. Los cuidados maternos de sostén, el alimento proporcionado por la madre le brinda emociones de felicidad que le hace modificar sus sentimientos de insatisfacción.

Klein pensaba que el bebé tiene una percepción innata de la existencia de la madre y va reconociendo su olor, calor y el tacto del pecho. El niño espera el alimento de la madre al mismo tiempo que su amor y compresión; el sentirse comprendido y amado, es la base de la primera relación de objeto, al mismo tiempo que la frustración, dolor y molestia es experimentado de un modo persecutorio. Los primeros procesos mentales del niño están relacionados con su capacidad de amar y sus sentimientos persecutorios, dirigidos en primera instancia a la madre y posteriormente a sus otras relaciones.

Para Klein, existe Yo desde el nacimiento y la tarea es defenderse de ansiedades internas como externas, además de iniciar los procesos de introyección y proyección. Estos procesos corresponden a la fantasía inconsciente, siendo esta el representante psíquico del instinto.

La proyección tiene muchas repercusiones ya que se puede proyectar lo malo, es decir la propia hostilidad puesta afuera, también puede ser fuente de empatía y tener la capacidad de ponerse en el lugar del otro.

El yo infantil inmaduro requiere dividir los impulsos y el objeto en bueno y malo, la ansiedad persecutoria mantiene separados el objeto en bueno y en malo, como una forma de proteger el objeto bueno, siendo este mecanismo destinado a la conservación debido a que si el bebé queda expuesto al objeto malo se arriesga su sobrevivencia.

Otro aspecto importante de la teoría kleiniana, es el elaborar y acceder a la posición depresiva como una forma realizar un equilibrio de fuerzas opuestas como el amor y el odio: siendo muchas las manifestaciones externas son producto de una inadecuada elaboración de la posición depresiva.

Klein enfatiza el rol de la madre y del padre real para un buen crecimiento del niño destaca el ambiente familiar, ya que actitudes desfavorables perjudican el desarrollo del niño, despertando el odio, rebelión o un extremo sometimiento, emociones que, de quedar reprimidas inconscientemente, que, de acuerdo a autores posteriores, podrían generar alguna enfermedad psicosomática u otras patologías. A Klein le preocupaban los niños muy adaptados a la realidad, los que postergan en demasía de sus impulsos y fantasías, los con dificultad para expresar afectos, ansiedad y los niños con sentimientos de culpas inhibidos, por un excesivo buen comportamiento, a todos ellos lo percibe como anormales.

Si bien es cierto Klein no menciona directamente la patología psicosomática, está implícita en los conceptos de fantasía inconsciente y en los mecanismos de sobre adaptación, los impulsos agresivos inhibidos son los que finalmente se podrían instalar en algún órgano (la sobre adaptación es considerada como condición necesaria de la enfermedad psicosomática por D, Liberman en su libro "Del cuerpo al símbolo" (1993) esta característica será mencionada en más adelante en este artículo).

Ester Bick (1968), pionera en el campo observación de bebés, otorga un especial énfasis en la función primaria de la piel del bebé y la función de los primeros objetos que ayudan a integrar partes de la personalidad no diferenciadas del cuerpo. Se podría pensar de acuerdo a su teoría, que una parte de la personalidad al principio sería la sensación de hambre o ansiedades primitivas, que al ser contenidas pueden ir paulatinamente siendo diferenciadas de la sensación corporal.

El feto durante el embarazo se encuentra en una cavidad que se va haciendo cada vez más estrecha y limitada hacia el final del embarazo, lo acompaña un sistema de amortiguación permanente proporcionada por el líquido amniótico, y las propias vísceras de la madre que otorgan un ambiente con sonidos y superficies peculiares.

El nacimiento constituiría la primera experiencia de vaciamiento y desintegración (ruptura de bolsa), así como también la primera sensación limitación corporal externa, iniciada con la salida a través del canal vaginal. El bebé al desplazarse por las paredes de la vagina va sintiendo cómo esta superficie roza su cuerpo, siendo estas las primeras vivencias de poseer una piel y un límite. Paralelamente coexisten ansiedades catastróficas, de muerte, de licuarse, al salir de un medio conocido a otro desconocido abierto y sin límite.

Estas sensaciones requieren de la cálida presencia de la madre con el fin de poder calmar estas angustias y facilitar experiencias de cohesión de las distintas partes del cuerpo y de la mente que se sienten desintegradas. Bick piensa que, en un primer momento, la mente es la serie de estas vivencias corporales.

Los continuos sentimientos de cohesión proporcionados por la amorosa presencia del objeto permiten la introyección del objeto externo, ya que la identificación de un objeto contenedor, sostenedor y empático favorece procesos de integración. Todo esto da origen a la fantasía de espacio interno y externo, solo entonces "se da un marco necesario para que pueda comenzar a activar la disociación (splitting) primera y la idealización del Self y del objeto, que describe M. Klein".

Cuando el niño permanece en un estado de no integración, la necesidad de encontrar un objeto contenedor lo lleva a una búsqueda frenética de un objeto, aunque en ocasiones este puede ser un estímulo luminoso, el alimento concretamente, un olor, etc. que logre mantener la atención y unir las distintas partes del Self, como sería la necesidad de rascarse, comer para lograr un estado de cohesión interna. Bick menciona que producto de estos estados de no- integración, el niño queda expuesto a sufrir una serie de trastornos somáticos, al mismo tiempo estos estados de no-integración favorecen el uso mecanismo defensivos como la identificación adhesiva, la bidimesionalidad del objeto, falla yoica y el desarrollo de la segunda piel. Todos estos mecanismos son profundamente inconscientes y su origen es pre-verbal.

Bick observa que el recién nacido siente a las distintas

partes de su cuerpo sin tener ligazón entre ellas, de ahí la importancia de ser bien sostenido, concepto que es considerado ampliamente en la teoría winnicottiana. Si existe un desarrollo defectuoso de esta función sostenedora surge una "piel secundaria o falso Self en términos de D. Winnicott.

Bick observa cambios somáticos en relación a los distintos modos de ser sostenidos. Algunos bebés utilizan una segunda piel que puede ser la musculatura, la voz como una coraza que suple estas fallas de la madre. Estas actividades precoces están al servicio de la sobrevivencia: *una paciente de análisis desarrollo una exagerada motricidad y capacidad de defenderse a través del cuerpo debido a una larga hospitalización cuando tenía un año (por un problema a la piel), ella mencionaba con omnipotencia que no necesitaba a nadie, pero hemos podido observar que, frente a situaciones de soledad, su colon se irritaba y comienza a hablar los sentimientos de abandono que ella no podía pensar.*

De acuerdo a la concepción de D. Winnicott (1988) la naturaleza humana de una persona puede ser observada físicamente, o a través de aspectos psicológicos, es decir de la psique y del soma, pero entre ambos existe una interrelación y una organización que surge de esta unión llamada mente, esta tiene un funcionamiento peculiar, y que nace del funcionamiento del psique-soma. De acuerdo a Winnicott (1988) lo concerniente a la salud psicosomática se relaciona a la salud física y su efecto en el desarrollo de la psique; y la salud de psíquica y su efecto sobre el desarrollo y la función física.

En donde la enfermedad surgiría de lo opuesto: una mala salud física y el efecto en el desarrollo de la psique y una problemática psíquica y el efecto en la salud física. "*El desarrollo psicosomático es un logro gradual que tiene su propio ritmo, y si al término madurez se lo despoja de toda referencia una edad, entonces la madurez es salud y la salud madurez. Es menester llevar a cabo el proceso integro de desarrollo, cada retardo o salto hacia adelante es una distorsión, y un apuro aquí o una demora allá dejan siempre una cicatriz (p,53)*"

Joyce McDougall (1982), centra su interés "Un cuerpo para dos" menciona que el deseo primordial del ser humano lo constituye el deseo de fusión con la madre, volver a ser uno con la madre-universo de la primera infancia. De su inicial vida en la matriz uterina quedan esbozos en la prolongación imaginaria del recién nacido, que desea mantener esa fusión. Al principio la madre con el acercamiento a su propio cuerpo, le mantiene esa ilusión. A partir de esa matriz somatopsíquica comienza a operar la lenta y necesaria "des-somatización psíquica que hace que el nuevo ser se diferencie de una madre que le permite aquello. El fracaso materno en esta función compromete la capacidad del niño de integrar y de reconocer su cuerpo, pensamientos y afectos.

McDougall (1982), se plantea como hipótesis que: A partir de la premisa "Un cuerpo para dos" se deviene psicosomático, cuando la fantasía universal dicta que: Si el amor lleva a la muerte y solo se sobrevive cuando se logra desafectizar toda libidinización psíquica., aunque conlleva el riesgo de aumentar la vulnerabilidad psicosomática, de fracturar por ejemplo barreras inmunológicas.

Es muy conocido por todos nosotros que cuando ha existido un dolor psicológico, difícil de pensar, nos volvemos propensos a enfermar. La somatización es un efecto desesperado para salvar la sobrevivencia psíquica, se establece por así decir un corte entre psique-soma con el fin de resguardarse de una conmoción afectiva insoportable.

En búsqueda de las emociones escindidas

Existe acuerdo entre los distintos autores que abordan el tema, que las emociones y afectos y el destino de ellas, juega un rol fundamental en la enfermedad y en su génesis. Estas emociones están asociadas a relaciones de objeto tempranas, pregenitales, acompañados de impulsos orales, destructivos en ocasiones la falta, al déficit o la distorsión en la satisfacción.

La supresión externa prosigue en el plano psicológico produciéndose bloqueos o amontonamientos de estas emociones masivas arcaicas de esta manera el Yo se mantiene ajeno a lo que ocurre, apareciendo un sistema defensivo exagerado. En donde el Yo aparece reprimido, frenado por la ajenización de las emociones, apareciendo defectuoso no siéndolo: Existen consenso entre los distintos autores al observar que los pacientes con patologías psicosomáticas tienen una incapacidad para experimentar sentimientos y expresarlos, canalizarlos adecuadamente, vía acciones y expresiones afectivas, evidenciando una especie de caracteropatía para expresar conflictos.

Según Peter Kutter (2001), en relación a la representación del cuerpo, el autor menciona que se excluyen, excomulgan o sacrifican partes de la representación corporal quedando estas partes inaccesibles al Yo en el proceso sintomático. El objetivo de la exclusión de estás partes del cuerpo, es rescatar de las restantes de la representación del cuerpo.

Si en la relación temprana la madre aparece con un comportamiento poco conectado, afectivamente, invasor, la existencia se ve amenazada, siguiendo un fuerte temor a morir física y psíquicamente, desde esta perspectiva, se puede pensar que es la pulsión de conservación la que favorece un devenir psicosomático.

Bion (1987), piensa que cuando el bebé es alimentado, no solo recibe la leche sino también el modo en que es alimentado como son todas las manifestaciones de comprensión, tranquilidad y amor, se puede decir que se genera un espacio, en el tubo digestivo y en el aparato mental.

Para este autor la expresión psicosomática obedece a que el bebé con un equipamiento pulsional determinado, en contacto con una madre que presenta funciones mentales de contacto y contención no suficientemente adecuadas y la escasa tolerancia a frustraciones del nuevo ser, favorece el que elementos beta, que no han sido sometidos a las funciones alfa, pueden entre otras utilizar la vía de la somatización como una forma de expresión, de esta manera, utiliza los órganos o la parte fisiológica de la persona, Bion denomina soma-psicótico al funcionamiento mental ubicado en el interior de la personalidad, este opera de un modo similar a como operan los supuestos básicos del grupo.

Clínicamente ha observado que existen alteraciones de la personalidad que son ajenas a la conflictiva edípica, dice que son manifestaciones de conflictos primitivos y profundos de la personalidad, asociadas a trastornos psicóticos como las esquizofrenias, la psicopatía, trastornos de naturaleza social, insuficientes desarrollos de la personalidad y enfermedades psicosomáticas. Bion piensa que el origen de los conflictos está ubicado en la experiencia emocional, esta experiencia afecta el aparato mental.

Los datos sensoriales, los datos de la experiencia emocional, ya sean externos como internos se manifiestan como elementos Beta, si están en estado bruto, privados de significado. Bion, menciona que la primera operación es la función alfa que es muy parecida a la formación de símbolo, debido a que tiene como función transformar las impresiones sensoriales y las emociones que experimenta.

Mientras opere adecuadamente se producen "elementos aptos para ser almacenados". Pero si esta función fracasa emociones e impresiones quedan inmodificadas constituyéndose los elementos Beta, siendo estos "la cosa en sí misma." (pág. 32 aprendiendo de la experiencia), y no son aptos para ser pensados, sino para ser evacuados o como un modo de expresión directa son la denominada identificación proyectiva y el acting-out: a modo de ejemplo Beatriz pierde a su único hermano en un accidente, a los días siguientes del evento se corta el pelo al ras, sólo dice: "¡necesitaba hacerlo!"

Para Bion, la creación de pensamientos utilizados para pensar da lugar a la creación de significados, en donde la emotividad es el núcleo fundamental.

Una de las funciones del pensamiento es transformar la experiencia emocional de manera simbólica para ser utilizada para pensar, evaluar y decidir con el fin de actuar.

Si la experiencia emocional no es transformada por la función alfa, se aglomeran y adquieren formas de estructura que perturban el aparato y deben ser eliminados, en ocasiones de inmediato, sin mediar el pensamiento.

Otra forma de evacuar las experiencias no digeridas, la representa el aparato proto mental. Bion, lo ubica en el límite entre el funcionamiento neurofisiológico y el mental.

El aparato proto mental puede producir dos tipos de fenómenos evacuativos 1) la acción del grupo al interior del grupo en donde predomina el supuesto básico y 2) los fenómenos psicosomáticos.

Se puede pensar que los elementos Beta que no han sido sometidos a la función alfa, al utilizar la vía de la somatización afecta los órganos, es decir la parte fisiológica de la persona

Meltzer (1993) considerando la teoría de Bion dice "en el área de funcionamiento simbólico hay correlatos fisiológicos de las emociones, Si la vida emotiva es perturbada, las funciones fisiológicas aumentan o disminuyen, siendo este aspecto al que nosotros consideramos sintomático. Por lo tanto, la enfermedad psicosomática" no está dentro del área de la función simbólica, está desprovista de significado y no está considerada para representar la vida emotiva, sino su fracaso".

Supongamos que el bebé no es satisfecho en algunos de estos aspectos, entonces su iniciativa es obstruida por el temor a la agresión de la madre que frustra.

El amor que siente la diada madre hijo, al entregar y recibir amor aumenta, siendo este un alimento para ambos, pero cuando surge obstrucción de la iniciativa de parte del niño, aparece la insatisfacción y con ello pueden surgir otros afectos como el odio, la envidia por el objeto amado, debido a que posee algo que él desea y no tiene. El odio, la envidia y rivalidad pueden ser muy intensos que pueden opacar los sentimientos amorosos.

La intensidad de la insatisfacción obliga a reforzar la obstrucción de la iniciativa debido a que es difícil distinguir la violencia de la destructividad y la subsiguiente culpa y depresión.

Desde el temor a morir por inanición debido a lo agresivo que es percibido el objeto, el niño vuelve a succionar para satisfacer concretamente el hambre produciéndose una escisión entre la "satisfacción material y psíquica.

Los sentimientos agresivos son tan amenazantes que el bebé debe evitarlos a toda costa, aunque esto represente la "destrucción de la vida misma". Si predomina en el niño un sentido de realidad muy grande y el temor a estas emociones, quedarán escindidos los sentimientos vividos como amenazantes como la envidia y odio.

De acuerdo a Meltzer (1993) la teoría de los trastornos psicosomáticos *"es una teoría tóxica, debido a que, si los elementos beta no son evacuados, funcionan como sustancias tóxicas"*. Si la persona es sobrepasada por experiencias emocionales que el pensamiento es incapaz de elaborar, una de las formas en que se manifiesta es la expresión corporal, las alucinaciones y el grupo de funcionamiento grupal de los supuestos básicos. Es importante señalar que se elige solo una forma de expresión, las otras se mantienen en reserva.

Características de los padres y el devenir psicosomático

David Liberman (1993), en sus escritos sobre enfermedad psicosomática, enfatiza la necesidad de en conocer al paciente y su entorno. El autor destaca que estas personas expresan sus conflictos a través del cuerpo, debido a la existencia de un código visceral conectado al sistema neurovegetativo. El órgano enfermo da cuenta del tipo de relación objetal tiranizante, con un Yo deficitario, que le impide simbolizar debido a una escisión muy temprana.

Para este autor sobre adaptación y enfermedad corporal son dos las dos caras del mismo cuadro. La sobre adaptación a las exigencias sin cuestionamiento, unido a que este tipo de personas constantemente están invitando a que los otros descarguen responsabilidades sobre ellos. La enfermedad del cuerpo sería una protesta somática que denuncia la postergación a la que se ve sometido "*el self corporal y emocional*" *(Liberman, D. 1993).*

La sobre adaptación pasa a ser una visión rígida a la realidad, se someten a altas exigencias, son trabajólicos, perfeccionistas, puntuales y eficaces, se olvidan del tiempo y de sí mismos, con tal de cumplir una tarea. Sobre invisten el principio de realidad al punto que el autor los define como personas que "padecen de cordura". Sin embargo, la parte psicótica de la personalidad es apreciada en la fantasía omnipotente de invulnerabilidad e inmortalidad.

El síntoma orgánico en sí pone en riesgo al paciente, pero al mismo tiempo es una muestra de la sobre exigencia a la demanda externa, a esta parte la denomina "·Self realista, sobre adaptado", a la parte que expresa el síntoma la define como "Self corporal sojuzgado". Esta excesiva necesidad de adaptarse conlleva el costo de no percibir su corporalidad, Winnicott (1972), dice que el síntoma expresa una unidad psicosomática rota.

La sobre adaptación es motivo de orgullo, porque da cuenta de la gran eficacia lo que permite una auto idealización; en ese sentido él autor ubica la patogenia en el modo que el Superyó e Ideal del Yo social y grupal, se unen impregnando la percepción y el sentido de realidad cuya sede está en el Yo.

De esta manera el ideal del Yo afecta la interpretación de la realidad. Un ejemplo de esto lo proporciona Isabel, paciente de 45 años comienza con un vértigo que requiere de hospitalización debido a su intensidad, esto ocurre a continuación de una semana que programó el cumpleaños del marido, la primera comunión del hijo y un evento en el colegio, lo que fue realizado con el mayor esmero y eficacia.

Todo el mundo alabó los finos detalles de cada uno de los eventos, un día, agotada se va a recostar, lo hace a escondidas de la empleada ya que piensa que va a decir que es una floja. Como se puede observar esta paciente, recrea un vínculo intrapsíquico de sometimiento pasivo a las exigentes demandas de un objeto interno persecutorio, tiránico, que, por una precoz idealización del objeto malo, pasa a convertirse en un objeto admirado que protege (los invitados y la empleada).

La madre de la paciente es una mujer muy trabajadora, abnegada, y piadosa, quién en la infancia de Isabel, decide albergar a un jardinero, que abusa sexualmente de la paciente. La madre expone además a los hermanos al maltrato del padre alcohólico, porque era mal visto que una mujer se separará, a cambio debe trabajar para mantener el hogar y la apariencia social. Isabel menciona sus actividades diarias con un cierto placer, contratransferencialmente me angustia, siento una total desconexión con su cuerpo, en ocasiones me impresiona que lo desprecia y lo somete tiránicamente sin percibirlo.

Isabel es la séptima hija de un total de 8, se puede pensar que la paciente presenta una grave dificultad para percibir estados corporales provenientes del interior del cuerpo, debido a una dificultad de la madre para desarrollar funciones empáticas, con el fin satisfacer estados emocionales primarios de la paciente. Obviamente acudió a análisis por recomendación de otro profesional y del marido, la paciente sentía que todos eran unos exagerados, que estaba bien.

Se ha podido observar que estos niños suelen presentar un desarrollo psicomotor precoz acelerado y a menudo detenido bruscamente por el síntoma (asma, alergia, cólicos abdominales). Se podría pensar que el instinto de conservación y el instinto de muerte parecen trabajar juntos. El paciente sobrevive a costa de no involucrarse emocionalmente, se carga de responsabilidades y obligaciones que lo hacen vivir menos. Francis Tustin en su trabajo con niños autistas, menciona que algunos de ellos han expresado la existencia de un agujero negro.

Esta expresión correspondería a la vivencia de una fusión con la madre en donde lo dramático lo constituye la separación corporal con ella, cuyo efecto es sentido como un agujero negro, la vivencia desmembramiento. Los niños autistas evitarían a la madre, "*alimentaron la ilusión de estar envueltos y protegidos por una cápsula*". La madre que se evita es una madre depresiva desde el propio embarazo y el mecanismo defensivo del niño para no morir, es auto refugiarse, aunque esto conlleve la creación de una corazacárcel.

El acercamiento a la realidad no se vincula con elaboración de ansiedades paranoides ni depresivas, sino con respuestas imitativas mediante identificaciones adhesivas (Meltzer, 1974), esto se debe a su adaptación a la realidad conlleva pseudo aprendizajes y pseudo madurez, de este modo, se impide la identificación introyectiva que posibilita la simbolización. Liberman dice que el principio de realidad y el proceso secundario aparecen como defensas a ansiedades psicóticas

Es interesante exponer como se presenta la familia del

enfermo psicosomático porque la enfermedad da cuenta de una estructura familiar enferma. El paciente, al parecer acoge el mandato de los padres, de ser el elegido para satisfacer las necesidades narcisistas de ellos. Este planteamiento, se une a lo pensado por Bion, en relación a los supuestos básicos de los grupos, desde esta fantasía, el paciente se levanta como el Mesías familiar, cuya misión es salvar, rescata o redimir a los padres.

Los padres muy tempranamente se muestran exigentes y festejan la precocidad, el rendimiento y adaptabilidad a la realidad externa del hijo. Emocionalmente son desconectados, poco empáticos, desconocen el mundo de las emociones y necesidades del hijo, se desentienden de las ansiedades, temen al dolor psíquico y a las regresiones producto del desarrollo.

En esta constelación familiar, el que somatiza es el hijo que comparte el ideal de los padres. La somatización y sobre adaptación, está relacionada con una sensibilidad precoz de la observación del objeto, al que satisfacen desmedidamente por temor a ser rechazado por él.

La pareja de padres mantiene ideas fijas, rígidas y diferenciadas, en donde la madre ocupa un rol central controlando la vida familiar, el padre aparece como un proveedor lejano y su pasividad impide una relación cercana padre-hijo. Los padres se ven infantiles, inmaduros sin haber accedido a la genitalidad, esto les impide conducirse como adultos que perciban al otro como un tercero independiente de ellos.

La madre aparece como preocupada, pero es fría y no percibe necesidades básicas del hijo, es desconectada emocionalmente. Liberman observó que hacían una inversión en la relación con el hijo, en el sentido que es el hijo, quien está destinado a satisfacerla narcisísticamente, calmarla y entregarle sus logros. A las madres con hijos psicosomáticos las divide en: "madres que rebotan o madres mete bombas".

La madre que rebota: es muy desconectada, no capta las necesidades de los hijos y la madre mete bombas: es una intrusa, que carga al niño con sus propias necesidades.

Caso Clínico

Anita, me parece que ilustra bien a este tipo de relación con su madre. La paciente (40 años) es la tercera hija la anteceden dos hermanos varones, al nacer la madre dice: "al fin nació alguien que me va a cuidar" Desde chica le hizo cree que era una reina, a la que alhajaba y vestía, pero en realidad lo hacía pensando en sus propias necesidades infantiles insatisfechas, Anita sin embargo se queja porque sus juguetes debían permanecer en un closet con llave para que duraran más. Con mucha pena, ahora adulta, ha podido observar muñecas intactas por esta disposición materna.

Ella era la mejor alumna del curso, muy disciplinada y con modales de adulta, sin embargo, llega a la adolescencia con un gran sobrepeso, que la madre controla con fármacos. La paciente frente a situaciones estresantes aparece con dolores de espalda intensos e invalidantes, que desestima.

Finalmente deseo incluir a Pierre Marty (2013) quién basado en principios freudianos, plantea que ciertas neurosis de carácter con funcionamiento irregular frente a episodios traumáticos se desorganizan y ello estaría unidas a fallas de en la constitución, procedententes del Yo-ideal.

Este autor introduce un concepto interesante denominado "Desorganizaciones progresivas", que constituyen un movimiento contra evolutivo duradero ligado a los instintos de muerte, esta desorganización implicaría "una desaparición una tras otra de organizaciones funcionales comenzando por las más evolucionadas hasta la más arcaicas"(sistema genital edípico, anal oral, luego afectaría funciones somáticas desarrolladas en la infancia , luego en la temprana infancia, nacimiento, vida intrauterina, hasta alcanzar la muerte).

De manera de traspasar barreras por fracasos de mecanismos mentales regresivos clásicos. Los neuróticos presentarían rasgos de carácter específicos, los que le otorgarían una sensibilidad especial, una vulnerabilidad y una falla estructural de sus defensas que permitan que ocurran estas desorganizaciones.

La incapacidad para elaborar un conflicto y no poder

instalarse una regresión se produciría una desorganización de los fundamentos del aparato mental, al tiempo que se interrumpe la actividad mental evolutiva, también se interrumpen las manifestaciones típicas del carácter y del comportamiento (por ejemplo, lo depresivo).

Debido a que ningún sistema ocupa su lugar aparecen las desorganizaciones que se encuentran unidas a los instintos de muerte. El vínculo entre lo Pre-consiente e inconsciente se encuentra alterado. El autor considera los puntos de fijación y regresión, se asociado a niveles de evolución psicosomático individual ligada a la psique y al soma.

Las fijaciones psicosomáticas implican un determinismo relativo de lo psicosomático, del comportamiento, del carácter y de la organización mental, por ejemplo, un ulceroso estará siempre evolucionando entre situaciones regresivas neuróticas de carácter y situaciones regresivas somáticas. Las somatizaciones no aportan soluciones, carecen de simbolización, no son represiones, son escisiones profundas y tempranas.

Conclusión

Quisiera volver a recordar a Freud nuevamente, cuando al finalizar su vida y su obra a los 82 años dice que desea reunir los principios del psicoanálisis más inequívocos y que "que esos procesos concomitantes presuntamente somáticos, son lo psíquico genuino y que para hacerlo prescinde de la conciencia" (1940, Pág. 156), es fundamental su tesis que menciona que: "cuando lo inconsciente se presenta a la conciencia privado de sentido, impidiendo la integración desde la perspectiva de la conciencia, se categoriza como proceso somático.

De esta manera denomina somático a lo psíquico genuino, a lo que es imposible de integrar en la conciencia, agrega que la cosa en sí misma, no puede categorizarse como psíquica o somática.

Psicodinámicamente estas enfermedades corresponderían a un trastorno pre-edípico a diferencia de la neurosis. El conflicto es básico y primario e incluye lo que él denomina la triangulación somática compuesta por el cuerpo, el self y el objeto, mecanismos de defensa inmaduros y de dinámica interpersonal.

En estas enfermedades aparecen pulsiones pregenitales, arcaicas y primitivas donde predomina la fase oral, y la angustia básica, es la angustia de separación, destrucción y muerte. El conflicto básico apunta al ser o no ser y a una falla temprana con el objeto, en donde necesidades elementales no han sido satisfechas.

Peter Kutter (2001) destaca cuatro modelos de relaciones básicas patógenas: (este autor no va en las conclusiones, no apunta a lo psicosomático, ni al cuerpo).

1.- Una falla en la satisfacción de las necesidades simbióticas elementales del niño quien se repliega reactivamente de una manera narcisística en un Self autístico librado a sí mismo.

2.- Un devoramiento y una incorporación del niño al propio mundo psíquico, por lo cual él adquiere la función de un "camuflado" que disimula los defectos. El niño frente a la amenaza existencial se sacrifica frente al objeto con el fin de sobrevivir, pero a costa de sacrificar su propio Self.

3.- Un comportamiento que ignora y menosprecia al niño, Esto hace que el niño solo pueda existir como falso Self.

4.- Un comportamiento invasor que menosprecia los límites del niño y que no respeta la privacidad del Self, origina el desarrollo de un Self oprimido y sofocado desde su origen.

Para concluir, deseo señalar que somos cuerpo y mente indisolublemente unidos, y por ello lo que le pasa a la psique también le afecta al cuerpo y viceversa, pero lo que diferencia un ser humano de otro, es el modo en que abordamos nuestras dificultades y esta forma requiere apelar a nuestros recursos, ellos se gestan desde antes del nacimiento y son fundamentales las experiencias con sus primeros objetos: una madre abnegada, "lo suficientemente buena" y un padre que sea capaz de contener la intensidad emocional que trae un recién nacido y las repercusiones buenas y malas que se generan en el vínculo de él y su entorno. Esta suma de experiencias nos distingue y nos brindan la oportunidad de defendernos o de sucumbir.

Obra: Ruptura asimétrica II

Gela, constitución subjetiva, dolor y cuerpo[12]

Leticia Villagómez Tovar
Adriana Meluk Orozco,
Miriam Jacobson Ihlenfeld

El encuentro

Analista: Dra: Leticia Villagómez Tovar
(Sociedad Freudiana de la ciudad de México SFM)

Al recibir a Gela me asombra su aspecto, se percibe una persona tan enferma que apenas se puede sostener para desplazarse, pálida, delgada y cubierta por una chamarra gruesa como si estuviera haciendo un frio de invierno, cuando estábamos en mayo del año 2009. Su rostro y su mirada trasmitían una importante tristeza y desolación, su cuerpo parecía arrastrarla a pedir ayuda. Desde ese momento me percaté de que le era difícil acercarse a sus afectos. Me preguntaba ¿quién será esta mujer de 53 años que tiene la apariencia de alguien avejentada y que está inmersa en tan intenso sufrimiento?

Relata que el motivo de la cita es debido a que está muy lastimada, no puede caminar, ni hacer movimientos físicos porque tiene varias lesiones en la columna y cualquier esfuerzo le provoca un dolor insoportable.

También relata que ha dejado a la terapeuta con la que iba cada semana porque al verla empeorar, una compañera de trabajo le recomendó el cambio de terapeuta.

En esta primera entrevista, habló de la hermana con la que vivió desde niña hasta hace algunos años, ahora ella está enferma y hospitalizada, Gela se ha complicado en su salud y ya no la puede

12 Panel presentado en el 31°Congreso federación Lationoamericana de psicoanáisis, FEPAL. Cartagena de Indias, Colombia. 2016

cuidar. Viviana, como le he llamado a la hermana, tuvo fractura de cadera hace 9 meses, quedando incapacitada para caminar y debido a sus complicaciones, ha empeorado.

La familia de Gela es Viviana y su hijo José con los que ha vivido desde temprano en su vida. En este encuentro relata sobre su vida amorosa, tuvo varios novios y sólo de uno se embarazo, pero ella tomó la decisión de abortar.

Dos sesiones más tarde Gela, habla de la muerte de Viviana en el hospital, casi toda la sesión lloró. Se reprochaba por no haber estado con ella más tiempo durante su internamiento y por estar ausente a la hora de su muerte. En un sin número de ocasiones repetía que José, si había estado pero que para ella era imposible con lo enferma que estaba acompañarlos. Aquí dio inicio a interminables descripciones del cortejo fúnebre, de cómo a ella le hubiera gustado acompañarlos al pueblo a donde la enterraría su hijo, pero por su inmovilidad no fue posible estar presente en el sepelio, solamente le dio dinero a su sobrino para ayudar al pago de los gastos. No recuerdo cuantas semanas o quizás meses se mantuvieron estos reproches.

En estos momentos me percataba de las complicaciones que presentaba, debido a la escoliosis y osteoporosis que le hacían asistir a varios médicos a la vez. Me parecía que, con la pérdida de su hermana, Gela se había agravado en su estado físico y emocional y de esto solo había registros corporales de sufrimiento. Esta pérdida fue tan incapacitante que la imposibilitó asistir a su trabajo por un año.

Sus sesiones estaban inundadas de muerte y en sus relatos solo le era posible acercarse al recuerdo del panteón en donde fue enterrada su hermana, y no al dolor que le provocaba esta importante pérdida.

Presentaba dificultad en su expresión verbal, parecía que en lugar de hablar solo emitía quejidos, lo hacía con voz baja arrastraba los sonidos y juntaba las palabras, pero además este "sonsonete" indescifrable emergía con un aplanamiento afectivo que hacía casi imposible la escucha. En las primeras sesiones mi cercanía era para intentar entender lo que yo estaba viviendo con ella, se imponía en mí un cuerpo sufriente e inmovilizado, con dificultades en el habla, inundaba de dolor y olor a muerte las sesiones. Cuando Gela empezó a mejorar afectivamente y con mis continuas confrontaciones relacionadas a la incomprensión de lo que estaba tratando de expresarme, fuimos construyendo la posibilidad de escucha.

Los trazos del cuerpo a través de su historia

Algunos fragmentos de su historia relacionados a sus síntomas fueron surgiendo en los 5 años de su análisis, pero carentes de afectos, de proceso secundario, de simbolización, no había posibilidad de asociar, sus registros aparecían a través de un cuerpo doliente y llegaba tan sólo a hablar de su dolor físico que cambiaba de un órgano a otros, de una función corporal a la otras. En el curso de las sesiones la fui llevando a un trabajo asociativo y teniendo como fundamento la transferencia, hemos ido descifrando estos trazos de su dolor emocional que han quedado grabados en lo corporal y que nos han conducido a sus conflictos psíquicos.

Parece que sus afectos han estado congelados y ha perdido las sensaciones corporales que la han hecho vivir con una rigidez física y emocional donde se lástima frecuencia. "Aparecía como robotizada". En este descifrar lo que iba viviendo nos encontramos que cada que sentía la posibilidad de una pérdida llegaba con intenso dolor y con lesiones corporales.

En el trabajo analítico dábamos cuenta de las pérdidas que han ocasionado un intenso sufrimiento y que han dejado huellas sólo en su cuerpo. Uno de ellos fue la pérdida de su madre a la edad de 3 años, le dijeron que había muerto a causa de "una inyección mal puesta", le dio gangrena. Gela fue la menor de 7 hermanos, el mayor fue Juan y le siguió Viviana, y luego María, comentó que sus hermanas también han tenido dificultades para caminar.

Desde la muerte de su madre vivió con Viviana, la envió a estudiar la secundaria al pueblo más cercano y para entrar a la preparatoria se la trajo a la Ciudad de México, aquí curso también la universidad. Ella se hizo cargo de Gela en lo económico y sus cuidados, a esta hermana le ha llamado "mami".

De su padre ha hablado escasamente, propietario de parcelas en un pueblo, se dedicó al cultivo de la tierra, poco tiempo después de que muere su madre se casó con su madrastra con la que tuvo otros 6 hijos. Señala que su padre la apoyo para que se fuera del pueblo a estudiar la secundaría, él mure cuando Gela tenía 24 años, por complicaciones diabéticas, entre ellas amputaciones. Tiene desagradables recuerdos de la mujer de su padre, ha hablado de no quería ni darle un huevo para que comiera.

En una de las sesiones habló de Juan, su hermano mayor que murió cuando ella tenía 11 años, lo encontraron colgado en el potrero de un pueblo cercano a su domicilio. Él tenía 29 años y estaba haciendo los preparativos para casarse, han contado que fue muerto 9 días antes de la boda por un novio de su prometida. Recuerda que fue tan fuerte esta muerte para su padre que por eso enfermó de diabetes.

Otro hermano, Lupe, desapareció a los 44 años, lo encontraron tiempo después en una fosa común y han pensado que lo mandaron matar porque el sembraba marihuana en su parcela. El año pasado murió Lila, también a los 44 años, era una de las hijas menores del segundo matrimonio de su padre, ella era alcohólica y las complicaciones provocaron su muerte.

Gela describió que a los 20 años competía en atletismo, apareció un intenso dolor en la columna que al hacerle estudios lo relacionaron a escoliosis por lo que abandona este deporte. De esa época a la fecha acude continuamente a diversos médicos para su atención, acostumbra a tener dos o tres especialistas al mismo tiempo para cada padecimiento, para pedirles sus opiniones y seguir la que ella considere conveniente, por lo general no se apegaba a las indicaciones médicas.

En estos trazos de su historia relató que cuando tenía 32 años se embarazo de un novio del que estaba enamorada, decidió abortar ya que él no quiso apoyarla con este hijo, dos años más tarde rompió con esta relación. Después presentó un cuadro agudo de escoliosis relacionado a estas pérdidas que la incapacitaron por varios meses, el médico traumatólogo que la trataba le señaló que su escoliosis era debida a problemas emocionales.

En sus sesiones aparecen con frecuencia relatos de su historia con Viviana y José. Su hermana trabajo en puestos de comida para sostenerse. Vivieron un tiempo con el padre de José que los visitaba y ayudaba, cuando José fue adolescente, su padre muere. Gela seguía estudiando hasta que se recibió e ingreso a trabajar como psicóloga en una dependencia de gobierno, sus ingresos le permitieron ayudar a su hermana y a su sobrino y más adelante le fue posible su independencia y adquirir su propia vivienda.

Después de la muerte de Viviana, Gela ha intentado acercarse a José, quién tuvo dos hijos y se separó de su compañera. La relación con este sobrino ha sido difícil debido a sus abusos, con frecuencia lo invitaba a salir a comer a distintos lugares y en ocasiones él la visitaban en su casa instalándose en ella, le pedía dinero y luego se le desaparecía. Un día acudió a buscarlo a la casa que había sido de su hermana y se da cuenta que José ya la había vendido, a ella le afecto esta noticia al darse cuenta de que todo lo que su hermana había dejado lo vendió José a los dos años de su muerte. Hasta el momento no tiene noticias de él, relata en sus sesiones el sufrimiento por sus ausencias.

Reflexiones entorno al caso

Leticia Villagómez Tovar

¿Cómo deviene un cuerpo en los sujetos seriamente afectados en el encuentro con el Otro?

El Infans y luego el sujeto se constituyen con el Otro, con un sostén por parte de la madre y de un padre en su función de tercero. Así se articula lo psíquico y con éste, el cuerpo. Este encuentro inaugural, dará lugar a la vivencia de satisfacción y de dolor, (Freud, (1950) [1895]) vivencias que se inscribirán como huella mnémica del objeto, del placer y displacer, fundantes del sujeto, de la sexualidad, del deseo y con estos del cuerpo erógeno.

Para hacer algunas reflexiones sobre la constitución subjetiva en relación al cuerpo, he pensado en Gela. En ella, han predominado las vivencias de dolor, originando serias dificultades en la investidura de su cuerpo.

Al recibir a Gela me asombró su aspecto, se percibía una persona tan enferma que apenas se podía sostener para desplazarse, pálida, delgada y cubierta por una chamarra gruesa como si estuviera haciendo un frío de invierno, cuando estábamos en verano. Su rostro y su mirada transmitían una importante tristeza y desolación, su cuerpo parecía arrastrarla a pedir ayuda. Desde ese momento me percaté de que le era difícil acercarse a sus afectos. Me preguntaba ¿quién será esta mujer de 49 años que tiene la apariencia de alguien avejentada y que está inmersa en tan intenso sufrimiento?

Dos sesiones más tarde Gela, habló de la muerte de Viviana, sucedida tres días antes. Esta hermana la había cuidado a partir del fallecimiento de la madre. Durante varios meses en sus sesiones se mantuvo en reproches relativos a su incapacidad para asistir al entierro en el pueblo.

Presentó dificultad en su expresión verbal, parecía que en lugar de hablar solo emitía quejidos, lo hacía en voz baja, arrastraba los sonidos y juntaba las palabras, pero además este "sonsonete" indescifrable emergía con un aplanamiento afectivo que hacía casi imposible la escucha.

En las primeras sesiones mi cercanía era para intentar entender lo que yo estaba viviendo con ella, se imponía en mí un cuerpo sufriente e inmovilizado, con dificultades en el habla, inunda de dolor y olor a muerte las sesiones. Cuando Gela empezó a mejorar afectivamente y con mis continuas confrontaciones relacionadas a la incomprensión de lo que estaba tratando de expresarme, fuimos construyendo la posibilidad de una escucha.

Sus sesiones estaban inundadas de muerte y en sus relatos sólo le era posible acercarse al recuerdo del panteón en donde fue enterrada su hermana, y no al dolor que le provocaba esta importante pérdida.

Los trazos de su cuerpo a través de su historia, fueron surgiendo en los 6 años de su análisis, al principio fueron carentes de afectos, de proceso secundario, de simbolización, no había posibilidad de asociar, sus registros aparecían a través de su dolor físico que cambiaba de un órgano a otros.

En el trabajo analítico dimos cuenta de las pérdidas, estas ocasionaron un intenso sufrimiento y dejaron huellas en su cuerpo. Uno de ellos fue la pérdida de su madre a la edad de 3 años, le dijeron que había muerto a causa de "una inyección mal puesta", le dio gangrena. Gela fue la menor de 8 hermanos.

De su padre habló escasamente, propietario de parcelas, se dedicó al cultivo de la tierra. Poco tiempo después de que muere su madre se casó con otra mujer, con la que tuvo otros tantos hijos. Señala que su padre organizó a Gela una gran fiesta al terminar sus estudios en el pueblo y la apoyó para que se fuera a la ciudad a estudiar la universidad. El muere cuando tenía ella 20 años.

En una de las sesiones habló de Pedro, su hermano mayor que murió cuando ella tenía 10 años, lo encontraron colgado en el potrero de un pueblo cercano a su domicilio. Estaba haciendo los preparativos para casarse.

Otro hermano, Miguel, desapareció, lo encontraron tiempo después en una fosa común, han relacionado su muerte al plantío de marihuana que él hacía en la parcela. El año pasado murió Lila, era una de las hijas del segundo matrimonio de su padre, era alcohólica.

Relató que cuando tenía 28 años se embarazó de un novio del que estaba enamorada, decidió abortar ya que él no quiso apoyarla.

Una vez que Gela logró expresar sentimientos de tristeza, insistió en ellos. Los relacionó al rechazo que percibía de algunos de sus familiares, llegó a pensar que deseaban su muerte para despojarla de sus bienes.

Sus sesiones transcurrieron en una continua queja del dolor ocasionada por distintas afecciones corporales que en su mayoría eran reacciones psicosomáticas y otras hipocondríacas, donde resaltó la melancolía en la que se había instalado.

Las múltiples somatizaciones que presentó estaban relacionadas a escoliosis, osteoporosis y fibromialgia. He pensado que el intenso sufrimiento que padecía la hacía llevar su libido a lo corporal-somático y quedaba incapacitada de acercarse a mí desde lo transferencial. Me preguntaba en diferentes momentos de su análisis por las modalidades de sus transferencias.

Gela iniciaba sus sesiones al describir las locuras en su cuerpo, este discurso inicial lo he relacionado a la transferencia narcisista en donde se quedaba atrapada en su cuerpo y en relatos autoeróticos, aunque también me parecía que realizaba exhibiciones de sufrimiento. En momentos se acercaba a mi cuerpo y desde ahí se inició la escucha y la mirada en la posibilidad de la cercanía y de esta manera se favorecía la neurosis de trasferencia.

La contratransferencia recobra un tema central en este análisis, es desde esta donde me ha sido posible descifrar algunos contenidos inconscientes en el caminar juntas. Por un largo tramo me sentí excluida y en la medida de lo posible me incorporaba.

En una diferenciación de su cuerpo con el mío y con otros cuerpos, así como de sus relatos y los de otros, se ha dado parte del trabajo analítico con la subjetividad.

Del análisis de Gela he tomado algunos de sus sueños:

Cada uno de ellos pertenecen a diferentes sesiones de la fase media del proceso.

1er. sueño: "Estaba sentada en la sala de mi departamento y frente a mí había una veladora prendida y una carpeta, allá a lo lejos estaba José y Viviana juntos, de pronto veía como la veladora se iba apagando y ahí desperté" De sus asociaciones refiere que ella siempre vio a José y Viviana juntos y ella distante, (José, hijo de Viviana).

2do. sueño: Luego de manifestar su tristeza porque su sobrino José no le contesta el teléfono y en una ocasión le colgó, relata el siguiente sueño: "Estaba en una casa llena de objetos y ya no podía caminar en ella". dice que este sueño es porque no ha podido limpiar su casa y le ha pedido a su hermana María que la ayude.

3er. sueño: Después de decir que se siente muy triste porque María y su familia están esperando que ella muera para quitarle la casa, quiere trabajar este sueño: "Estaba en una lonchería muy sucia, había una mujer muy sucia, gorda, con el pelo rubio y los ojos azules". Bueno Viviana me sostuvo de una lonchería, ella me pagaba todo de ahí, la mujer rubia tiene que ver con Ángela (amiga y compañera de trabajo), ella es rubia y tiene los ojos azules, pero no es gorda. Ángela se ha ausentado en estos momentos.

Mi Gela: Una mirada desde los planteamientos de despersonalización y desmentalización.

Adriana Meluk Orozco (Sociedad Colombiana de psicoanálisis, Psicoanalista invita Asociación psicoanalítica de Madrid)

Voy a hablar de la Gela que apareció en mi cabeza después de ser presentada por su analista, y que me permitió ligarla a mis referentes sobre la psicosomática. Tomaré para mi disertación, ideas de Winnicott y algunos elementos de la psicosomática desarrollada por la escuela de París encabezada por P. Marty.

Gela se presenta como una mujer lastimada y que sufre como consecuencia de múltiples dolores. No puede moverse y ya mi cabeza se ve poblada de imágenes: Gela dolida, Gela sufriente, Gela con una piel externa que la protege del ambiente, Gela atrapada en sí misma, Gela con un cuerpo desinvestido psíquicamente, Gela al borde de sí misma.

Me pregunto sobre todas las cosas que han herido a esta mujer y que hoy hacen que no pueda moverse, ni psíquica, ni físicamente. Petrificada, paralizada, casi congelada, nos devela la pobreza de sus vínculos y el desamparo en que se encuentra su mente. Gela desde muy pequeña sufre pérdidas, y se ve inundada y poblada de objetos muertos, los cuales carga en su cuerpo como un cementerio (su madre, su padre, sus hermanos, su hermana, el hijo que abortó) no logran ser estas muertes procesadas, ni elaboradas, sino que quedan en el espacio del cuerpo como huella permanente de la falta, de la pérdida, de la carencia.

Gela no logra conectarse con sus afectos, y su pensamiento, por momentos impresiona como un funcionamiento cercano al descrito por P. Marty, (1980) como operatorio, donde lo consciente está presente, sin importantes ligaduras con la fantasía, sino que pareciera que la paciente duplica y ejemplifica la acción, sin darles un significado para sí misma. Manteniendo así un contacto muy superficial con los objetos.

Los símbolos para ella han perdido su valor en los procesos psíquicos, con muy pobres cadenas asociativas, que nos dan cuenta de la pobreza de su preconsciente. La analista presta su aparato mental como la madre primitiva y va favoreciendo no solo la mentalización, sino la integración somato psíquica, que Gela ha perdido o no logro estructurar tempranamente.

Ella permite a la manera descrita por Winnicott (1995), instaurar una dependencia relativa que va permitiendo a Gela que su psique vaya habitando su cuerpo y con ello la posible emergencia de la personalización, en contraposición a la despersonalización (entendida esta como la pérdida del contacto de una persona con su cuerpo y su psiquis), y que por tanto se instaure la mente.

La multiplicidad de traumas a lo largo de la vida de Gela no favorecen un continuo funcionamiento, y rompieron el equilibrio psicosomático, llevándola a una importante desorganización.

La ausencia de la madre y el vacío que ella deja con su muerte no logra ser soportada ni compensada por la paciente. Sus pulsiones la inundan y esa sobreexcitación no es atemperada por su ambiente, ni soportadas por sus precarios recursos yoicos, llevándola a una progresiva desconexión psicosomática y por qué tanto que hace que deje de habitarse.

Como lo menciona Smadja (2001), esta pérdida temprana pérdida objetal se inscribe como una pérdida narcisista, que conduciría a una desmezcla pulsional que desencadenará entre otras cosas el proceso de desmentalización, donde las representaciones pierden la capacidad de simbolizar.

La analista recoge los frágiles trozos del yo de Gela, y a la manera de "una madre adecuadamente buena", que se adapta a las necesidades de esta paciente les va dando una integración dentro de sí misma. Y es la calidad de ese vínculo, el que hace que poco a poco Gela se mantenga viva y surja la mente, para tolerar las fallas que se vayan generando en su ambiente y que durante años han atacado de forma permanente, la continuidad de su existencia.

Impresiones y reflexiones acerca de Gela

Miriam Jacobson Ihlenfeld (Asociación psicoanalítica de Asunción APU)

La "aparición" de Gela en el escenario de la consulta con Leticia, tiene una impronta de mucho dramatismo, que produce un impacto fantasmático, alejado de lo figurable, desconcierta, nos enmudece, como la misma característica de la instalación del fenómeno psicosomático en el cuerpo de la paciente, mudo, inesperado y sin posibilidades de ligarlo a su historia.

"Enferma, apenas se puede desplazar, pálida, delgada, cubierta con una chamarra", de entrada, me resonó la descripción, de Gela, tan frágil, tan desamparada, tan a destiempo, como la chamarra, "envuelta en una chamarra gruesa", a pesar de estar en verano, a pesar del calor, como quien, transporta su cuerpo en un envoltorio, un cuerpo inanimado, desinvestido, tal vez vergonzante. ¿Tal vez? Sin embargo, un cuerpo habitado, de marcas de sufrimientos erráticos e interminables, y de objetos sin vida, objetos muertos, los de sus propios duelos sin elaborar, y que ineluctablemente la impele a seguir buscándolos. "Nace de una madre enferma, última hija, y su madre muere cuando Gela tenía 3 años".

La sensación de desamparo es tal, que solo puedo imaginarme a Gela junto a Leticia, ante ese profundo desvalimiento, con tan frágiles y dañinas defensas para sostenerse por sí misma, siempre al borde de lo que destruya más su cuerpo, y cuya única manifestación, es reclamar a través del mismo, lo que no puede asimilar, ni significar.

Pensando en su analista

Gela es una paciente grave, viene a analizarse con Leticia desde hace muchos años, su patología no es fácil de abordar, porque el fenómeno psicosomático muchas veces compromete la posibilidad de interpretaciones, sobre todo en los primeros tiempos, y puede producir un efecto iatrogénico, y llevarla a una regresión progresiva, sin barreras, teniendo en consideración un preconsciente empobrecido en representaciones y con fijaciones en sus etapas evolutivas muy lábiles, (Marty, 1990).

Pienso en las diversas organizaciones psíquicas y especialmente en el intenso trabajo con los pacientes que están en el límite de lo interpretable. En todo caso, pienso, más allá de la real queja somática de las quejas de Gela referidas a sus trastornos somáticos, en ese dueto psicoanalítico y lo que entre ambas se entreteje. Y pienso en Leticia, en el intento de poner palabras que produzcan alguna ligazón, algún vínculo entre el presente y el pasado de Gela. Se puede esperar como dice (M´Uzan, 1994), que, desde ese lugar, el del analista, se aportará algún cambio, una "conmoción económica", que le provoque una salida de esa repetición de lo mismo. Cuantas veces se apela a la construcción para suscitar alguna comprensión, que le dé sentido de vida, al servicio de la ligadura.

Me pregunto sobre la melancolía de Gela, la existencia sin sabor, sin deseo, que la coloca muchas veces al borde de la depresión esencial (Marty, 1990), en el último recodo del narcisismo, donde el Yo Ideal, no tiene nada que ofrecer, es mortífero. Trato de ubicarme en el lugar de la analista, ¿Cuánta libido habrá prestado en su compromiso terapéutico con la paciente?, y más complejo aún, cuando aquello que la analista brinda, es precisamente su propio cuerpo, primero para que el paciente se espeje y luego como decodificador, ante la insuficiencia simbólica; es decir contratransferencialmente atenta a las proyecciones de Gela, arcaicas, primitivas, y a la vez conectarlas con las propias, para conciliar alguna intervención que le signifique a la paciente, un paso, un hallazgo que la saque de la repetición.

Estamos en el campo de lo cuantitativo, de lo traumático, es decir de experiencias intensas con un aflujo de excitación tal, que sin posibilidad ésta, de hacer un recorrido psíquico, tiende a descargarse en cortocircuito por medio de la motilidad y si esta descarga no es posible, queda en el cuerpo como lo destructivo que lleva a la desorganización somática.

Para finalizar; lo traumático sería entonces, lo no representado y lo irrepresentable (Botella, C. y S. 1997), "la esencia de lo traumático, no sería tanto la pérdida del objeto, sino la pérdida de la representación del objeto, que nos dejaría desamparados frente a la excitación".

Referencias

Aisemberg, E. R. (1996-1999). El autorretrato: La dimensión narcisista de la transferencia. *Revista de Psicoanálisis,* LVII(3-4), 2000.

Aisemberg, E. R. (2001). Revisión crítica de las teorías y los abordajes de los estados psicosomáticos. *Revista de Psicoanálisis,* LVII(2). Reeditado en Psicosomática. Buenos Aires: Lugar Editorial, 2005.

Aisemberg, E. R. (2003). Abordaje teórico-clínico a los trastornos psicosomáticos: ¿Trabajo en las fronteras o trabajo psicoanalítico? *Revista de Psicoanálisis,* LX(3).

Aisemberg, E. R. (2005). Trauma, pulsión y somatosis. *Revista de Psicoanálisis,* LXII(2).

Aisemberg, E., et al. (2000). *Psicoanálisis y cuerpo: Clínica de los trastornos psicosomáticos.* Buenos Aires: Lugar Editorial.

Aisemberg, E. R. (2012). El cuerpo en escena. Buenos Aires: Lumen.

Alarcón, J. (2004). Fallo estructural y conflicto psíquico. *Revista Iberoamericana de Psicosomática,* 5. Bilbao: SEPIA.

Alarcón, J. (2010). Modelos en psicosomática. *Revista de Psicoanálisis de la Asociación Psicoanalítica de Madrid,* 61. Madrid: APM.

Anderson, R. (1994). *Conferencias sobre Klein y Bion.* Buenos Aires: Paidós.

Anzieu, D. (2007). *El yo-piel.* Madrid: Biblioteca Nueva.

APdeBA. (2000). *El cuerpo: presencia o intromisión.* Buenos Aires: Asociación Psicoanalítica de Buenos Aires.

Aulagnier, P. (1991). *Cuerpo, historia, interpretación.* Buenos Aires: Paidós.

Aulagnier, P. (2007). *La violencia de la interpretación.* Buenos Aires: Amorrortu.

Bichi, E. (2012). Sobre psicosomática,metapsicología y clínica,100 años después. XXXIII Symposium APA. Buenos Aires.

Bick, E. (1968/1970). La experiencia de la piel en las relaciones de objeto tempranas. *Revista de Psicoanálisis,* 27(1), 111-117.

Bick, E. (1986). Further considerations on the function of the skin in early object relations. *British Journal of Psychotherapy,* 2(4), 292-299.

Bion, W. R. (1967). *Second thoughts.* London: William Medical Books Ltd. [Trad. cast.: Buenos Aires: Hormé].

Bion, W. R. (1972). *Volviendo a pensar.* Buenos Aires: Hormé.

Bion, W. R. (1977/1980). *La tabla y la cesura.* Barcelona: Gedisa.

Bion, W. R. (1987). *Aprendiendo de la experiencia.* México: Paidós.

Bion, W. R. (2011). *Transformaciones.* Valencia: Promolibro.

Bleichmar, S. (2005). *Vigencia del concepto de psicosomática.* Buenos Aires: Lugar Editorial.
Botella, C., Botella, S. (1997). *Más allá de la representación.* Valencia: Promolibro.
Botella, C., Botella, S. (2003). *La figurabilidad psíquica.* Madrid: Amorrortu.
Botero, F. (1992). *Conversaciones con Botero.* Bogotá: Planeta.
Brier, E. (2012). La estructura limítrofe. *Revista de la Asociación Psicoanalítica de Madrid.*
Burde de Izaguirre, L., & Sorribas, E. (2001). *Los enfermos psicosomáticos: Personalidades míticas.* Buenos Aires: Laborde Editor.
Cassorla, R. (2019). Fanatismo: reflexiones a partir de fenómenos del campo analítico. *International Journal of Psychoanalysis*, 100.
Chemama, R., & Vandermersch, B. (1998). *Diccionario de psicoanálisis.* Buenos Aires: Amorrortu.
Chiozza, L., & Green, A. (1998). *Diálogo psicoanalítico sobre psicosomática.* Madrid / Buenos Aires: Alianza Editorial.
De M'Uzan, M. (1994). Les esclaves de la quantité. En La bouche de l'inconscient. Paris: Gallimard. [Versión cast.: *Los esclavos de la cantidad.* En La boca del inconsciente. Buenos Aires: Amorrortu.]
D'Alvia, R. (2005). Realidades, traumas, cuerpos. En *Psicosomática.* Buenos Aires: Lugar Editorial.
Derrida, J. (1971). *De la gramatología* (R. Alonso, Trad.). Buenos Aires: Siglo XXI.
Enriquez, M. (1986). El delirio en herencia. En T*ransmisión de la vida psíquica entre generaciones.* Buenos Aires: Amorrortu.
Faimberg, H. (2010). *Revista Latinoamericana de Psicoanálisis*, 9.
Fain, M., & Marty, P. (1957). Principios de clínica psicosomática con ocasión de la investigación de un caso de glaucoma. *Revue Française de Psychanalyse,* 21(2), 155-170.
Freedman, A., Kaplan, H., & Sadock, B. (1982). *Tratado de psiquiatría.* Buenos Aires: Sabat.
Freud, S. (1890). Publicaciones psicoanalíticas y manuscritos inéditos en la vida de Freud (1886-1899). En *Obras completas* (Vol. 1). Buenos Aires: Amorrortu.
Freud, S. (1893). Manuscrito B: La etiología de las neurosis. En *Obras completas* (Vol. 1). Buenos Aires: Amorrortu.
Freud, S. (1894). Manuscrito E: ¿Cómo se genera la angustia? En *Obras completas* (Vol. 1). Buenos Aires: Amorrortu.
Freud, S. (1894). Fragmentos de la correspondencia con Fliess (1950 [1892-99]), Carta 18 (21 de mayo de 1894). En *Obras completas* (Vol. 1). Buenos Aires: Amorrortu.
Freud, S. (1895). Proyecto de psicología. En *Obras completas* (Vol. 1). Buenos Aires: Amorrortu.

Freud, S. (1895). Sobre la justificación de separar de la neurastenia un determinado síndrome en calidad de neurosis de angustia. En *Obras completas* (Vol. 3). Buenos Aires: Amorrortu.

Freud, S. (1895/2007). Proyecto de psicología para neurólogos. En *Obras completas* (Vol. 1). Buenos Aires: Amorrortu.

Freud, S. (1900 [1899]). La interpretación de los sueños. En *Obras completas* (Vol. 4). Buenos Aires: Amorrortu.

Freud, S. (1901-1905). Fragmento de análisis de una histeria (Dora); Tres ensayos de teoría sexual y otras obras. En *Obras completas* (Vol. 7). Buenos Aires: Amorrortu.

Freud, S. (1907). Acciones obsesivas y prácticas religiosas. En *Obras completas* (Vol. 9). Buenos Aires: Amorrortu.

Freud, S. (1910/2008). La perturbación psicógena de la visión. En *Obras completas* (Vol. 11). Buenos Aires: Amorrortu.

Freud, S. (1911). Sobre un caso de paranoia descrito autobiográficamente (Schreber). En *Obras completas* (Vol. 12). Buenos Aires: Amorrortu.

Freud, S. (1912). Consejos al médico en el tratamiento psicoanalítico. En Obras completas (Vol. 12). Buenos Aires: Amorrortu.

Freud, S. (1912). Contribuciones para un debate sobre el onanismo. En *Obras completas* (Vol. 12). Buenos Aires: Amorrortu.

Freud, S. (1913-1914). Tótem y tabú. En *Obras completas* (Vol. 13). Buenos Aires: Amorrortu.

Freud, S. (1914). Introducción al narcisismo. En *Obras completas* (Vol. 14). Buenos Aires: Amorrortu.

Freud, S. (1914-1916). Contribuciones a la historia del movimiento psicoanalítico; Trabajos sobre metapsicología y otras obras. En *Obras completas* (Vol. 14). Buenos Aires: Amorrortu.

Freud, S. (1915). Lo inconsciente. En *Obras completas* (Vol. 14). Buenos Aires: Amorrortu.

Freud, S. (1915). Pulsiones y destinos de pulsión. En *Obras completas* (Vol. 14). Buenos Aires: Amorrortu.

Freud, S. (1916 [1915]). La transitoriedad. En *Obras completas* (Vol. 14). Buenos Aires: Amorrortu.

Freud, S. (1916-1917). Conferencias de introducción al psicoanálisis (Parte III). En *Obras completas* (Vol. 16). Buenos Aires: Amorrortu.

Freud, S. (1917). Duelo y melancolía. En *Obras completas* (Vol. 14). Buenos Aires: Amorrortu.

Freud, S. (1919). Lo ominoso. En *Obras completas* (Vol. 17). Buenos Aires: Amorrortu.

Freud, S. (1920/2008). Más allá del principio del placer. En *Obras completas* (Vol.

18). Buenos Aires: Amorrortu.

Freud, S. (1923). El yo y el ello. En *Obras completas* (Vol. 19). Buenos Aires: Amorrortu.

Freud, S. (1923). La organización genital infantil. En *Obras completas* (Vol. 19). Buenos Aires: Amorrortu.

Freud, S. (1924 [1923]). Neurosis y psicosis. En *Obras completas* (Vol. 19). Buenos Aires: Amorrortu.

Freud, S. (1926). Inhibición, síntoma y angustia. En Obras completas (Vol. 20). Buenos Aires: Amorrortu.

Freud, S. (1928). Carta a Sándor Ferenczi. En *Correspondencia Freud-Ferenczi*, Vol. 3 (1920-1933). Buenos Aires: Paidós, 2000.

Freud, S. (1937). Análisis terminable e interminable. En *Obras completas* (Vol. 23). Buenos Aires: Amorrortu.

Freud, S. (1937). Construcciones en el análisis. En Obras completas (Vol. 23). Buenos Aires: Amorrortu.

Freud, S. (1940 [1938]). Esquema del psicoanálisis. En *Obras completas* (Vol. 23). Buenos Aires: Amorrortu.

Gracia, A. (2005). Dualidad e intrincación pulsional: Pulsión de vida, pulsión de muerte. En *Conceptos freudianos*. Madrid: Síntesis.

Green, A. (1983/1986). *Narcisismo de vida, narcisismo de muerte.* Buenos Aires: Amorrortu.

Green, A. (1990). *De locuras privadas.* Buenos Aires: Amorrortu.

Green, A. (1990). *La madre muerta.* Buenos Aires: Amorrortu.

Green, A. (2005). *Teoría en psicosomática.* Buenos Aires: Lugar Editorial.

Grinberg, L., otros. (1984). *Psicoanálisis de la migración y del exilio.* Madrid: Alianza Editorial.

Harris, M., & Meltzer, M. (1990). *Familia y comunidad.* Buenos Aires: Patía.

Kaufman, P. (1993). *Elementos para una enciclopedia del psicoanálisis: El aporte freudiano.* Buenos Aires: Paidós.

Klein, M. (1929-1988). *Obras completas.* Buenos Aires: Paidós. [

Kreisler, L. (1984). *La desorganización psicosomática del niño.* Barcelona: Herder.

Kutter, P. (2001). El conflicto básico de la psicosomatosis y sus implicaciones terapéuticas. *Revista Portuguesa de Psicosomática,*

Laplanche, J., & Pontalis, J. B. (1993). *Diccionario de psicoanálisis.* Barcelona: Paidós.

Liberman, D. (1976). *Lingüística: Interacción comunicativa y proceso analítico.* Buenos Aires: Nueva Visión.

Liberman, D., et al. (1986). *Del cuerpo al símbolo.* Buenos Aires: Trieb.

Liberman, D., et al. (1993). *Del cuerpo al símbolo. Sobre adaptación y enfermedad psicosomática.* Santiago de Chile: Ananké.

López Corvo, R. (2002). *Diccionario de la obra de Wilfred R. Bion.* Madrid: Biblioteca

Nueva.
López Corvo, R. (2017). Estados traumatizados y no traumatizados de la personalidad. Buenos Aires: Biebel.
Maestre Alcaráz, E. (2017). *Trastornos psicosomáticos en la infancia* y la adolescencia. Madrid.
Markes, I. (2004). Ángel Garma. Un bilbaíno que dedicó su vida al psicoanálisis. *Revista Iberoamericana de Psicosomática,* 5. Bilbao. SEPIA.
Marty, P. (1966). *L'ordre psychosomatique.* Paris: PUF.
Marty, P. (1968). A major process of somatization: The progressive disorganisation. I*nternational Journal of Psychoanalysis.*
Marty, P. (1976). *Los movimientos esenciales de vida y de muerte.* París: Payot.
Marty, P. (1980). *El orden psicosomático.* Valencia: Promolibro.
Marty, P. (1990/1992). *La psicosomática del adulto.* Buenos Aires: Amorrortu.
Marty, P. (1991, julio). Conferencia presentada en el Primer Simposio Argentino-Francés de Medicina Psicosomática. Academia Nacional de Medicina, Buenos Aires, Argentina. Compilada por L. Sánchez (recop. septiembre 2018).
Marty, P. (1995). *El orden psicosomático. Los movimientos individuales de vida y de muerte. Desorganizaciones y regresiones.* Valencia: Promolibro.
Marty, P. (2005). *Teoría. En Psicosomática.* Buenos Aires: Lugar Editorial.
Marty, P. (2013). *La investigación psicosomática.* Madrid: Biblioteca Nueva / Asociación Psicoanalítica de Madrid.
Marty, P. (2016). *Los procesos de somatización.* Revista de la IEPPM.
Marty, P., Fain, M. (1952/1988). La psychosomatique de l'adulte. Paris: PUF.
Marty, P., de M'Uzan, M., & David, C. (2013). *La investigación psicosomática.* Madrid: Biblioteca Nueva.
Marucco, N. (1990/1992). *La psicosomática del adulto.* Buenos Aires: Amorrortu.
Marucco, N. (2005). Cuerpo, duelo y representación en el campo analítico: Algunas reflexiones sobre la psicosomática hoy. En *Psicosomática.* Buenos Aires: Lugar Editorial.
Matiella, L. (2024). El impacto del fanatismo en la psiquis y sus consecuencias en la sociedad. Recuperado en agosto de 2024 de https://spm.mx/2018/el-impacto-del-fanatismo-en-la-psique-y-sus-consecuencias-en-la-sociedad/
Maudsley, H. (1872). *The physiology and psychology of the mind.* New York: Appleton.
M´Uzan, M. (1994). Los esclavos de la cantidad. En, *La Boca del inconsciente.* Buenos Aires: Amorrortu editores.
McDougall, L. (1982). *Teatros del cuerpo.* Madrid: Julián Yébenes.
Meltzer, D. (1990). *Metapsicología.* Buenos Aires: Spatia.
Meltzer, D. (1990). *Metapsicología* ampliada. Buenos Aires: Spatia.
Meltzer, D. (1993). Implicaciones psicosomáticas en el pensamiento de Bion. *Revista de Psicoanálisis* (APdeBA), 15(2).

Nasio, J. D. (2015). *Los más famosos casos de psicosis.* Buenos Aires: Paidós.

Neborak, S. (2013). Trauma prenatales y perinatales: su expresión en la transferencia y en el cuerpo del analista. *Revista de Psicoanálisis de la Asociación Psicoanalítica Argentina* (APA).

Parat, C. (1983). Psicoterapia de los pacientes somáticos. *Revista de Psicoterapia y Psicosomática,* (6). Madrid: IEPPM.

Parat, C. (1995). *L'affect partagé.* Paris: Presses Universitaires de France.

Parat, C. (2000). Les fonctions de la pensée dans la maladie psychosomatique. En *Corps et psyché: enjeux thérapeutiques.* Paris: Dunod.

Pistiner de Cortiñas, L. (2007). *La dimensión estética de la mente. Variaciones sobre un tema de Bion.* Buenos Aires: Del Signo.

Pistiner de Cortiñas, L. (2011). *Sobre el crecimiento mental.* Buenos Aires: Biebel.

Pistiner de Cortiñas, L. (2019). *Soñar la realidad.* Buenos Aires: Ediciones Biebel.

Smadja, C. (2001). *La vida operatoria. Estudios psicoanalíticos.* Asociación Psicoanalítica de Madrid. Biblioteca Nueva

Smadja, C. (2009). *Los modelos psicoanalíticos de la psicosomática.* Madrid: Biblioteca Nueva.

Smadja, C. (2013). Duelo, melancolía y somatización. Conferencia presentada en el Hospital Gregorio Marañón, Madrid.

Smadja, C. (2019). El trabajo de somatización. Conferencia presentada en el Hospital Gregorio Marañón, Madrid (Trad. J. Alarcón). Mayo 2019.

Solar, M. (2018). Origen del fanatismo: Una comprensión psicoanalítica a la luz del ideal y el duelo. *Revista de Psicoterapia y Psicosomática,* 38(97).

Sor, D., & Senet, M. R. (1993). *Fanatismo.* Santiago de Chile: Ananké.

Szwec, G. (2014). *Los galeotes voluntarios.* Madrid: Biblioteca Nueva.

Tabak de Bianchedi, E., et al. (1999). *Bion conocido/desconocido.* Buenos Aires: Lugar Editorial.

Tenorio de Calatroni, M. (1990). *Pierre Marty y la psicosomática.* Madrid: Amorrortu.

Tenorio de Calatroni, T. (s. f.). Escuela psicosomática de París – Instituto de Psicosomática de París. Recuperado en diciembre de 2013 de http://apra.org.ar/pdf/escuela.pdf

Tizón, J. (1998). *Migraciones y salud mental: Apuntes para una psicología basada en la relación.* Barcelona: PPU.

Tustin, F. (1984). *Barreras autistas en pacientes neuróticos.* Buenos Aires: Amorrortu.

Villagómez, L. (2013). El silenciamiento del delirio y su relación con el padre. Panel presentado en el 48° Congreso de la IPA, Praga, República Checa.

Villagómez, L. (2014). Narcisismo y psicosomática. Conferencia en la Sociedad Freudiana de la Ciudad de México.

Villagómez, L. (2015). La melancolía en un entramado intrafamiliar y transgeneracional. Panel presentado en el 49° Congreso de la API, Boston, MA, USA.

Vispo, C., & Marcos, P. (2002). Cambios de la estructuración psíquica en la migración. *Revista de la Asociación Psicoanalítica de Buenos Aires* (ApdeBA), 24(17), 217-232.

Wilheim, J. (2005). Traumas prenatales. Trabajo presentado en el Congreso Internacional de Psicoanálisis, Río de Janeiro, Brasil.

Winnicott, D. W. (1945). La mente y su relación con el psique-soma. En *Escritos de pediatría y psicoanálisis.* Barcelona: Paidós.

Winnicott, D. W. (1960/1986). La preocupación maternal primaria y la organización del yo. En *Los procesos de maduración y el ambiente facilitador.* Buenos Aires: Paidós.

Winnicott, D. W. (1971). *Realidad y juego.* Barcelona: Gedisa.

Winnicott, D. (1995). *La naturaleza humana.* Paidós: Buenos Aires.

Impreso en la Ciudad de Buenos Aires, República Argentina en Imprenta Dorrego, Av. Dorrego 1102. en el mes de noviembre de 2025
Producción gráfica y editorial Ricardo Vergara Ediciones
edicionesvergara@gmail.com
+54911-6231-2760

www.ingramcontent.com/pod-product-compliance
Lightning Source LLC
LaVergne TN
LVHW050431061026
849532LV00013B/207